新时代公共体育服务
高质量供给研究

张荣华 著

合肥工业大学出版社

前　言

党的十九大报告明确指出，我国已从过去的数量扩张模式进入高质量发展模式，人民群众对物质文化的需要转变成对美好生活的需要，对物质文化的需要体现为更好而不是更多。如何推动公共体育服务高质量发展并满足人民群众美好生活需要成为新时代的新课题。因此，随着需求层次的上升，公共体育服务作为新时代"人民美好生活"的重要组成部分、"健康中国"战略的重要保障，其要求也不再仅限于服务数量，而更多的是追求高质量、高公平的体育服务。但由于过往基于理性"经济人"的发展思维，公共体育服务供给过度追求数量的增长，而忽略了发展中"质"的一面，导致了新时代人民群众对高质量公共体育服务需求的快速增长同公共体育服务供给质量"内卷化""碎片化"之间的矛盾日益凸显。

在适应国民需要和矛盾的新变化下，谋划新时代公共体育服务高质量供给，须坚持和完善中国特色社会主义制度、推进国家治理体系和治理能力现代化这一主轴，以此构建新时代公共体育服务高质量供给体系。公共体育服务高质量供给是指：供给的产品或服务本身质量高；数量与质量能够高精准满足公众的体育需求；注重供给的公平公正，即实现不同区域、不同地域和不同人群拥有平等的机会和权利享用基本公共体育服务；在公共体育服务制度、体制机制、流程等行为层面上实现精细化、规范化、科学化以及现代化，以契合体育治理体系与治理能力现代化的要求。近年来，党和政府把提供高质量的公共体育服务确立为新时代满足人民群众美好生活需要的实现途径之一。新时代满足人民群众美好公共体育需要，须重新认识新时代公共体育服务的新内涵与新要求，把握其变化趋势，并在高质量发展模式下，以人民群众美好生活需要为导向，坚持以人为本、公平公正原则，从供给的源头上贯彻落实高质量，消解供给不充分不平衡、低品质的痼疾。本书以社会主要矛盾的转变为切入点，着力探析公共体育服务高质量供给的现实阻碍，从供给政策、协同供给、供给评价等多个维度推进新时代我国公共体育服务高质量供给策略的实施。

新时代是全国各族人民团结奋斗、不断创造美好生活、逐步实现共同富裕的时代，是坚持"以人民为中心"的立场、为人民服务的宗旨和人民对美好生活憧憬的奋斗目标的体现。随着人民需要从"物质文化"上升到"美好生活"，公共体育需求具有了更加个性化、更加均衡化、更加高端化的特征，面对新时代社会主要矛盾的转变和经济社会的快速发展，根据新时代的新使命、新理念与新要求，新时代公共体育服务具有了新的内涵。据此，通过对公共体育服务内涵进行再认识与总结，结合新时代的使命、要求与理念，总结出新时代公共体育服务是指我国发展处于新的历史方位，在坚持以人民为中心、体现公平公正的前提下，为实现和维护全体人民的体育公共利益，满足全体人民个性化、品质化和公平化的体育需求，以政府部门为供给主导，社会力量有机协同参与，依据法定职责，运用公共权力来提供公共体育产品和服务行为的总称。这不仅包含了公共体育产品、公共体育设施等器物层面上的服务，还包括管理、组织、生产、供给和保障等行为层面上的服务。譬如，公共体育场地设施服务、公共体育活动服务、公共体育组织服务、公共体育指导服务、公共体育信息服务以及国民体质监测服务等器物层面的服务内容；公共体育政策服务、公共体育生产服务、公共体育资源供给服务、公共体育管理服务、公共体育监督服务以及公共体育评价服务等行为层面的服务内容。

新时代人民生活需求呈现出多样化、多层次、多方面、日益广泛等特点，人民不仅有物质文化方面的美好生活需要，更有政治生活、精神生活、社会生活等多方面的需要。从供需角度来看，新时代公共体育服务是随着新时代人民生活需求的变化而变化的，其变化趋势更加全面性、更加多样性、更具公平性、更具发展性。新时代公共体育服务不仅在服务产品的范畴、质量等方面更加广泛和优质，而且从注重管控趋向于新时代注重治理和服务，从粗放供给趋向于规范、精细供给，即在公共体育政策服务、公共体育管理服务等服务行为方面也与时俱进，呈现出新时代公共体育服务发展更加全面性的趋势。

随着"锻炼、观赏和购买服务商品"为一体的需求的快速拓展，体育与休闲、娱乐、旅游、美食等相关行业的深度融合，人们追求更多的是放松、满意、愉悦、刺激等精神与心理感受。这使新时代公共体育服务的供给趋向于软服务，公共体育设施供给也由单一设施向配套设施转变，公共体育服务供给结构和类型越来越丰富多样，展现出新时代公共体育服务越发多样性的趋势。

在坚持"以人民为中心"的服务宗旨下，新时代公共体育服务更加注重公平公正，基本公共体育服务均等化水平得到持续提升。新时代的公共体育服务越来越照顾到不同群体、不同地域的体育需求，这体现了新时代公共体育服务更加公平性的发展趋势。

融入地方传统特色和群众需求偏好的公共体育服务，使得"一地一品""一区一品""一行一品"的格局正在形成，极大地拓展了公共体育服务内涵。同时，VR（虚拟现实）、4K、人工智能等热门的数字技术逐步运用于公共体育服务领域，使得新时代公共体育服务走向"互联网思维""手机思维"，标志着新时代公共体育服务从传统迈向现代，并展现出新时代公共体育服务更具发展性的趋势。

新时代公共体育服务要以满足人民群众美好生活需要为出发点和落脚点，并将其融入中国特色社会主义"五位一体"总体布局与实现国家治理体系和治理能力现代化中，以高质量、高公平的体育服务回应人民群众对美好生活的向往。新时代发展公共体育服务要站在新的历史起点，面对我国社会主要矛盾的转变，对新时代公共体育服务做出战略考量和整体谋划，其要求包括以下三个方面：

第一，在服务品质层面，高质量成为新时代我国经济社会发展的鲜明指向，要求公共体育服务供给遵循新的标尺。党的十九大做出了一个重大政治判断，即中国特色社会主义进入了新时代，这对我国发展新的历史方位进行了明确，成为深刻把握当代中国发展变革新特征的时代坐标和科学依据。从实践上看，新时代回应公众美好体育需求，持续改进公共体育服务质量，是实现体育治理体系和治理能力现代化以及公共体育服务实践发展的基本趋势，个性化、品质化等成为新时代公共体育服务供给的新标尺。在高质量发展的模式下，公共体育服务供给集中表现出公众对需求输入、服务生产、供给输出的全域质量高要求与整体性服务质量偏低之间的矛盾，以及不同区域、不同人群对服务质量分层、差异化供给的高要求与公共体育服务"一刀切"式供给之间的矛盾。面对新的矛盾，要求新时代公共体育服务遵循个性化、品质化供给，以打破服务供给"大一统"的壁垒，打开服务产品低端供给的桎梏，并通过有效的竞争与合作促进公共体育服务个性化供给精准到位、品质化供给精益求精，以此回应公众对获得感和幸福感提升的多层次诉求。

第二，在服务公平性层面，新时代转型期积累了诸多非均衡性问题，要求公共体育服务以人民为中心，更加注重公平公正，保障全体公民体育权益。党的十八大曾指出，社会公平保障体系的建立要以权利公平、机会公平、规则公平为主要内容，这标志着公平正义成为构建新时代和谐社会的基石，"以人民为中心"成为新时代坚持和发展中国特色社会主义的基本方略。就公共体育服务公平性而言，随着公众认知水平和权利意识的不断提高，对其供给方式、供给内容、供给结构等提出了更高的要求，其核心目标在于解决新时代人民日益增长的美好体育需要同供给不平衡间的矛盾。从这个角度理解，新时代公共体育服务高质量供给不仅仅是服务自身品质的改善提升，还关系到公共体育服务供给均衡性的再提升。然而，在新时代转型期间，供给层面表现出的城乡差异、地域差异等，打破了"均等化"愿景下的公平与公正，致使部分群众的体育权益遭受损害。因此，进入新时代，要实现公共体育权益为全民所享，就要求公共体育服务坚持"以人民为中心"的供给导向，更加注重供给的公平与公正，不应以任何理由排斥任何社会个体，以确保全体公民享有公共体育服务的机会均等。

第三，在管理与制度安排层面，网络化供给崭露头角，要求公共体育服务由单一管理向协同治理转变，并实现规范化的制度安排。新时代公共体育服务是由多元主体构成的，而不同主体的行为选择受到法律、协议、物质条件、激励机制等因素的影响。由于社会行为的多样性和复杂性处于一个动态变化状态，以及公共体育服务的特点和性质，多元主体参与形成的网络化供给成为公共体育服务发展的主流方向。这要求公共体育服务由单一管理向协同共治转变以及对制度供给进行创新性变革，以获得可持续性的整体绩效，包含主体责任、供给效益、服务满意等。新时代的社会治理格局要求扩大公共体育服务的市场开放，并在政府宏观调控下，通过"社会＋市场"的新机制整合市场组织、社会组织及个人或团体的资源、能力和技术，构建公共体育服务供给合力，从而形成网络化的供应链。面对新时代公共体育服务网络化供给形态的成形，管理模式既要从以往单向的、非对称的控制取向向协同共治、共建共享的新格局转变，又要防止市场竞争机制的滥用，造成不必要的伪竞争、无序竞争和"双重委托代理"的风险。同时，应在信息对称的基础上，顺应公共体育服务利益相关者的收益预期，构建起长期的战略合作伙伴关系，在优势互补、动态协同中实现公共体育服务高质量供给。

新时代我国公共体育服务高质量供给主要研究以下三个方面的问题：

第一，新时代我国公共体育服务高质量供给的政策保障问题。

公共体育服务是社会公共服务的重要组成部分，其供给体系的建设会直接影响到国家公共治理的质量。在我国致力于经济建设的时期，公共服务体系和制度的建设相对滞后，随着我国经济发展的日渐成熟，公共服务建设也开始被提上日程。公共体育服务建设需要完善的供给政策和制度作为支撑，但是目前来看，我国公共体育服务政策和制度缺位问题较为突出。一是我国现有的公共体育服务制度建设滞后，很多工作的落实和执行缺乏相应的制度支撑，或者现有的制度缺乏预见性，导致公共体育服务只能依靠相关部门和人员的经验摸索进行。二是现行的公共体育服务政策及制度尚在制定的过程当中，政府拥有绝对的话语权，自上而下的机制下，完全由政府来决定政策和制度的指导思想、内容、规划等。这种模式虽然保证了政府的执行力度，但是却忽视了公众对公共体育服务需求和意见的表达，很容易导致公共体育服务发展方向与人民群众的体育需要出现一些偏差，影响我国公共体育服务的质量，阻碍我国公共体育服务的发展。三是公共体育服务缺乏监督管理制度，导致政府对服务质量和效果的监管力度不足，出现了主体责任定位不清、工作落实不到位的问题，由此影响了我国公共体育服务的发展。

第二，新时代我国公共体育服务高质量供给的机制问题。

我国公共体育服务实现了由政府一元到政府—市场二元再到政府—市场—社会多元供给的转变，但在现实操作中，政府长期处于供给的垄断地位，多元主体协同供给不通畅，未形成有效的供给合力，阻碍了公共体育服务高质量供给的进程。从体育场地建设经费投入比例来看，财政投入占据总投入的55％以上，而社会投入仅占1.56％；同时，公共体育服务市场化、社会化改革举步维艰，只有少部分发达地区实现了政府、市场、社会合作供给，却存在竞争机制滥用、反噬供给效率与质量的风险。仅仅依靠政府而缺乏其他主体有机协同的供给模式，因其不能达到体育资源的最优配置，易造成公共体育服务供给质量参差不齐等问题。在"服务型政府"建设下，缺乏市场、社会主体的供给，很难满足人民群众高均等化、高品质化的体育需求。

第三，新时代我国公共体育服务高质量供给的绩效考核问题。

首先，评定主体参与不科学。目前，国内对于公共体育服务绩效考核已经进行了研究与运作，但同时暴露出绩效考核在公共体育服务发展中主体参与结构不科学的问题，缺乏公开性和透明性，缺少公众参与监督评定。其次，考核过程信息不透明。通过调查发现，我国地方体育局官网主要有北京市体育局设有绩效任务窗口。北京市体育局自2016年开始将本年度的绩效任务公布于众，并在2017年初核对、公开2016年度绩效任务完成情况，接受群众监督。为了加强政府网站信息内容建设，2017年北京市体育局增加了政府网站抽查的程序，按照四个季度时限进行检查，便于及时发现问题和进行修改，群众也可以了解政府绩效任务的进度。通过网络公开政府绩效工作的模式有利于增强政府信息透明度，提高政府工作效率，也能够及时接收群众对政府工作的反馈意见，做出有效回应。除北京市体育局外，其余各省（直辖市、自治区）体育局往往只在官网上公开年度报告和财政预算、决算情况，整个过程呈现封闭性，缺乏公开性和透明性，使群众对政府工作的监督较为被动。

新时代我国公共体育服务高质量供给的实现策略：

第一，完善公共体育服务政策制度保障体系。

公共体育服务法治化是我国公共体育服务发展的必然趋势与根本途径。立法，是完善我国公共体育服务法律体系的本源，是公共体育服务法治化的伊始；法律体系的完善，是推动公共体育服务向法治化改革与发展，解决公共体育服务现实问题，实现公共体育服务健康有序发展的必经之路。

新中国成立70多年来，政府不断推进公共体育服务供给进程，供给体制机制逐步优化，供给规模不断扩大，供给范围逐渐拓展，供给效果日益凸显，但仍存在诸如社会公众日益增长的多元化、多层次体育公共服务需求与有效供给不足的突出矛盾，基层体育社会组织发展滞后、全民健身公共服务体系不完善等问题，亟待政策推动与解决。本书立足于政策历史演化视角，回溯与梳理新中国成立70多年来国家层面颁布实施的公共体育服务政策文本内容，旨在厘清政策演进的脉络和特征、展望"十四五"时期我国体育公共服务政策的基本趋向，为制定科学、规范及有序的政策，完善新时代我国体育公共服务政策体系提供参考。

政策执行在整个政策运行的过程中具有十分重要的地位，它是将政策方案付诸实施，把政策内容变为现实以达到政策目标的唯一途径，"在实现政策目标的过程中，方案确定的功能只占10%，而其余90%取决于有效的执行"，如果没有政策执行，再好的政策方案也只能是一纸空文。但是，在公共体育服务供给政策执行的过程中还不同程度地存在着各种"执行阻滞"现象。由于政策执行阻滞的存在，公共体育服务供给政策在执行中变形、走样，政策执行效果偏离既定目标，影响了公共体育服务的质量和效益。

公共体育服务供给政策制定主体的权威性不够、利益主体之间的冲突、政策执行监管不力等原因，导致政策执行过程中出现了选择性执行、替代性执行、象征性执行等阻滞现象。要从根本上治理这些阻滞现象，应该完善公共体育服务供给政策结构，提升政策权威度；认清局部和全局的关系，健全公共体育服务利益平衡机制；加强对公共体育服务供给政策执行的监督，健全责任追究机制。在要素驱动力日益减弱的经济新常态下，要增加公共体育服务供给，必须创新公共体育服务供给方式。究其根本，就是要在公共体育服务供给侧进行改革创新。公共体育服务供给侧结构性改革的顺利推进需要有配套的政策为先导，优化公共体育服务供给政策，有利于提高政策的执行效果和效率，进一步推进公共体育服务供给侧结构性改革。公共体育服务供给政策优化的关键在于政策决策、政策执行、政策评估等各个环节的协同。优化公共体育服务供给政策应以群众需求为导向，充分考虑不同类别群众的公共体育利益诉求，建立群众参与的政策决策模式。加大对公共体育服务供给政策执行效果的评估，将第三方机构纳入监督体系，并加强媒体监督和舆论监督，使公共体育服务供给政策效果更加公平、公正。通过政策优化，更好地满足人民群众日益增长的公共体育服务需求。

第二，协同治理：构建多元主体协同共治机制，提升供给的量与质。

协同治理主要讲述的是，在外界影响因子不断变化和内部因素的相互作用中，政府、社会和市场所形成的非平衡多元供给系统，由"无序"变为"有序"，形成网络化供给系统的过程。协同多元供给主体，要充分分析把握各供给主体的优势与实施条件，在充分匹配需求侧的基础上，强化顶层设计、调动社会积极性、完善市场机制，形成多元主体协同共治机制。此机制的基础不是控制，而是协调，机制的运行不是强制，而是协同。通过给予各供给主体合理的角色定位，明晰各自权责关系，以推动政府、市场和社会的有机协同，构建供给合力。

一是将政府在公共体育服务供给过程中的角色定位为"主导与协同"；二是将体育社会组织在多元协同治理机制中的角色定位为"补充与协同"；三是将体育市场组织在公共体育服务协同供给中的角色定位为"互赢与协同"。

第三，完善新时代公共体育服务高质量供给"绩效考核"机制。

运用谈古论今方法，对我国公共体育服务绩效评价模式进行探析。谈古：依次就政府、社会组织、社会公众以及"第三方"四种评价模式进行历史性回顾。论今：探讨出公共体育服务绩效评价多元主体协同评价模式的构建，即政府主导，协调多元主体合作评价模式间的相互配合；社会组织优化，发挥社会组织主体的重要补充作用；社会公众参与，回归社会公众的主人翁意识；"第三方"协同，凝聚中介组织的协作互助合力。

私营部门以服务质量为导向有利于提高市场竞争力，而公共服务的质量改进要求在考虑公共服务公共属性的前提下来提高效率，不仅仅强调社会公众满意度，还强调对服务过程、服务结果和影响的重视。党的十八大以来，党和国家从质量上对公共体育服务提出了新的要求。公共体育服务关注质量的未来趋势日益明朗，学术研究的前瞻性规定了公共体育服务研究亟须与质量管理理论和方法相结合，质量认证与奖励项目就是最佳切入点。QUEST模式运行多年以来不断调整完善，其专业性与权威性受到了各方认可，并发挥巨大引领作用，对我国公共体育服务质量提升具有重要启示作用，尤其是结果导向、运营机制、评估流程、质量工具、结果运用等制度设计具有显著借鉴意义。

"唯 GDP 论英雄"时代已渐行渐远，更加注重服务质量与公平才是未来发展的主旋律。在体育强国建设背景下，公共体育服务进入高质量发展阶段是驱动新时代我国从体育大国迈向体育强国的"新引擎"，其关乎全民健身计划的实施、体育强国建设目标的实现。准确界定新时代公共体育服务供给内涵，精准把握其发展趋势，精细落实其供给要求，是新时代推进我国公共体育服务高质量供给的关键，并通过一系列供给侧治理举措，来实现我国公共体育服务从量变到质变的飞跃。

本书力争厘清公共体育服务高质量供给影响因素结构以及各因素间的影响机制，为质量理论参与公共体育服务高质量供给的全过程夯实基础。围绕"如何实现公共体育服务高质量供给"这一核心主题，本书从质量管理的基础理论出发，参照国内外公共体育服务实践得失，基于公共体育服务高质量供给的影响因素结构与机制研究结果，设计公共体育服务高质量供给改进策略，从而解决"怎么办"的路径问题，为体育事业相关组织和部门提供参考。

目　录

导　论

一、研究背景及其问题

十九大报告指出：我国经济已由高速增长阶段转向高质量发展阶段，我们要大力提升发展质量和效益。我国"十三五"规划也指出：发展过程中以提高发展质量和效益为中心，坚持质量强国战略，积极推动医疗、养老、文化、体育等领域非基本公共服务加快发展，提高服务质量。可见，新时代发展理念的显著变化趋势就是"质量优位"正在取代"效率优位"，高质量发展已成为经济与社会进入新时代的一个重要标志。

作为"健康中国"伟大进程的重要组成部分，高质量的公共体育服务是人民群众对"美好生活"的追求，理所应当顺应社会发展新趋势，实现更高质量、更有效率、更加公平、更可持续、更为安全的发展。《国务院关于印发"十三五"推进基本公共服务均等化规划的通知》（国发〔2017〕9号）制定了2020年经常参加体育锻炼人数由2015年的3.64亿人增加到4.35亿人的战略目标，重点实施全民健身计划，组织实施国民体质监测，推行《国家体育锻炼标准》，开展全民健身活动，实行科学健身指导。《体育发展"十三五"规划》要求加快建设水平较高、内容完备、惠及全民的基本公共体育服务体系。《体育强国建设纲要》要求持续提升体育发展的质量和效益，努力将体育建设成中华民族伟大复兴的标志性事业。由此可见，公共体育服务立足民众需求，提高服务质量，才能切实提升公众的"获得感"，"质量优位"将成为公共体育服务的未来发展趋势。

公共体育服务质量改进的前提是解决"是什么"的问题，既要明确公共体育服务质量的内涵与外延，也要厘清影响公共体育服务质量的因素。公共体育服务质量概念是进行公共体育服务质量学术研究的出发点和元问题，明确概念是质量理论在公共体育服务领域全面运用的前提。在质量引领公共体育发展的趋势日渐清晰的情况下，质量本身反而变得模糊甚至呈现"碎片化""空泛化"的特点，甚至成为一个包罗万象而又空无一物的政策概念与评估术语。概念不清晰、体系不完整很容易让人忽视公共体育服务质量的存在价值，也很容易被绩效评价或顾客满意度等流行词条所掩盖。质量改进需要过程的展现、工具与方法的选择，也需要不同资源的介入，切入点与落脚点的选择尤为重要，也就是说公共体育服务质量的改进要明确影响因素，并厘清影响因素与结果之间的逻辑关系。只有明确公共体育服务质量概念，才能使后续研究有的放矢；只有明晰公共体育服务质量影响因素，才能明确策略重点，确保质量改进的效率与效益。

国外公共体育服务领域采用的诸多改进措施如服务承诺、标杆管理、质量认证、卓越模型、政府购买等，均是我国公共体育服务质量改进的良好参照。考虑到英国政府在公共体育服务中的主导角色与我国的现实状况相似，英国政府秉持的尊重顾客、结果导向的质量理念与我国"质量强国"战略相符，英国公共体育服务作为全面健康促进者的角色定位与我国"健康中国"战略相通，本书着重借鉴了当代英国的许多经验。但是，这些经验有着自身的发展历程、实施环境与物质条件，甚至还有自身缺陷，存在域外经验与我国国情不相适应的风险，因此，并不能完全照搬，亟须进行全面的系统研究并且针对性地加以引进。如何吸取教训、弥补差距、实现先进经验的本土化并能引领未来实践是本书需要重点考虑的问题。

质量概念源于工商业，最早是从产品质量开始的，之后拓展到服务领域，进而延伸到公共服务部门，其内涵与外延发生了巨大变化。理论研究呈现出由宏观到具体的不断深化，实践中也产生众多跨越性操作。产品质量标准化对于有形的物品来说易于实行，而服务领域的标准化就面临难以量化的困境，服务承诺便成为标准化在服务领域的演化结果。不同服务领域对质量要求的侧重点是不一样的，可能存在质量管理理论与公共体育服务特殊性不兼容的现象。当质量概念引入公共体育服务领域时会面临如何衡量公共性、均等性的要求，也就是当公共体育服务的受益对象从顾客转变成公民的时候，单纯追求利润是不够的，公共体育服务质量需要重点关注公共利益与社会责任。因此，质量理论引入公共体育服务必须克服以上争议，在肯定质量理论价值的前提下，还要充分考量公共体育服务的特殊性。策略设计要符合"国情"与"体情"，也要体现公共体育服务质量改进的专业性，更具针对性地解答"怎么办"的问题。

二、文献评述

公共服务质量管理真正成为研究热点是从 20 世纪 80 年代兴起的"新公共管

理"运动开始的，研究初期主要围绕质量管理理论与公共组织的相关性展开。随着"新公共服务理论"的兴起，"质量"标签受到越来越多的重视，公共服务质量逐渐从质量管理研究中抽离出来并成为政府公共服务职能履行的新参考。近年来，学者逐渐认可了质量管理手段对公共服务质量的提升的价值，开始探讨不同因素对公共服务质量的影响力度以及如何在公共组织中开展公共服务质量管理。对于公共体育服务来讲，西方国家从质量管理角度出发的研究比较全面，影响因素与改进策略的研究与服务质量改进实践形成了良好的互动态势；反观国内实践不足、研究相对零散，借鉴国际先进管理和服务经验，提升公共体育服务供给质量和水平是理论研究的题中应有之义。相关文献梳理如下：

戴健（2013）认为经济发展水平的差异是造成城乡公共体育服务非均衡发展的根本原因。程志理（2016）研究发现公共体育服务支出水平结构不够优化会降低地方公共体育服务的满意度水平。袁春梅（2014）研究发现地区经济发展水平与公共体育服务资源的可及性正向影响公共体育服务效率，而投入规模为负向影响因素。秦勇（2012）认为影响城乡公共体育服务均等化的因素包括城市化进程与城乡人口流动、社会冲突与城乡差异、"相对贫困"与社会贫富差距等方面。刘亮（2012）通过理论模型解释我国公共体育服务均等化的影响因素结构。孙荣辉（2015）从公共服务"投入—产出—受益"三个维度对陕西省公共体育服务均等化进行了分析。纪江明（2015）发现地方体育财政支出水平能显著影响公共体育服务满意度，而人均体育服务支出的影响不显著。丘大为（2019）指出公共体育服务分布均衡性、获取公共体育服务便利性对公众的幸福感不产生显著影响，而公共体育服务资源充足性和公共体育服务普惠性显著促进公众幸福感。

陈旸（2010）发现公众参与和政府形象都影响公共体育服务满意度。曹可强（2012）提出公共体育服务决策信息、公众参与决策方案的选择以及公众体育诉求表达渠道会影响公共体育服务的决策水平。Nuviala A（2012）建立了感知服务质量、感知价值和满意度的预测模型，对西班牙不同运动项目的不同人群调查显示：技能水平与工作人员的评价最高，而信息获取的评价最低，各类指标在不同项目中的差异显著。Lin YD（2007）认为管理类型是导致公共体育服务质量差异的重要因素，外包企业与基金会运营的公共体育设施明显好于政府经营的公共体育设施。陈德旭（2017）从影响公共体育参与的内外因素着手，归纳出了体育参与的基本因素与环境因素。史小强（2018）认为现阶段影响我国公众全民健身公共服务"获得感"的重要因素依然是服务满意度和服务感知构成。袁新锋（2019）在公共体育服务质量概念界定的基础上提出内外环境、工具创新、结果评价和过程设计等方面影响公共体育服务质量改进。

Robinson L（2003）认为有形的设施与无形的服务均为英国公共体育服务质量关注的影响因素。Liu YD（2007）认为公共体育设施管理人员分析能力和参与动机是决定质量管理是否彻底发挥优势的关键因素。Liu YD（2009）提出高层管理人员的交流存在实际和潜在的好处，激发他们的决心和热情，才能更容易获得其他人员的支持。Armada E（2016）调查发现公共体育服务的质量由所有相关资源决定，有些资源的重要性尤为突出，对于民众满意度来说，最重要的是组织中提供服务的人。

Liu YD（2007）基于国家基准服务（National Benchmarking Service）数据找出了公共体育服务质量的影响因素结构。Peric Dusan（2017）认为空手道俱乐部影响锻炼者体验的因素为专业指导、安全措施、活动安排以及项目价格。左群（2018）认为老年人健身行为与对公共体育场地水平、公共体育指导员素质的满意度有关。黄会（2020）运用 Kano 模型研究发现器材设施、教练技术水平、应急措施和承诺履行对不同人群的运动参与水平的影响存在差异。Liu YD（2009）发现英国社会底层群体和 60 岁以上老人的参加人数都不多，11—19 岁的年轻人和 60 岁以下的残疾人的参与率也出现了显著的线性下降。刘倩（2014）认为人口统计学因素如年龄、收入水平、单位性质等对公共体育服务满意度有一定影响，硬件部分的差异最显著。周文静（2017）研究发现健身频率、性别与年龄对体育中心的场馆设施满意度、健身指导满意度、开放现状满意度、交通设施满意度的影响并无显著差异。丘大为（2018）研究发现性别、年龄、婚姻、信仰、健康、城乡对公共体育服务满意度产生显著影响。

Theodorakis ND（2015）通过结构方程建模，揭示了赛事结果与物理环境对赛事满意度的正向影响以及赛事满意度和结果质量对体验幸福感的积极作用。魏琳（2016）研究发现感知质量与公众信息对公众满意度的影响是正向的，公众期望对公众满意度的影响是反向的，感知质量、公众信息、公众期望的影响强度依次减小。

胡庆山（2013）认为农村公共体育服务标准化能推动政府的科学化决策，能保障政府政策的可持续性实施，也是监督考核政府绩效的重要依据。杨明（2013）认为公共体育服务标准化建设需要构建由标准实施的主体、客体以及实施方式构成的完整体系。王学彬（2015）认为公共体育服务标准化建设能提高政府职能建设效率和公众的满意度，建议从宏观、中观、微观三个方面来实施策略，重点做好分期、分阶段制定相应的公共体育服务质量评价要求、标准和方法。

众多学者认为公共体育服务非均等化的最突出的表现在于城乡资源的不平衡。俞丽萍（2011）认为我国公共体育服务区域差异、城乡差异明显及弱势群体的权利被相对剥夺。张利（2010）认为城乡二元社会的格局现状是造成这一问题的根本原因。秦小平（2010）认为我国公共体育服务均等化须基于现有的政治、经济、社会环境。刘玉（2010）认为须加强体育资源整合，建立以政府为主体的多元化公共体育服务供给体系。汤际澜（2013）提出社会组织协同合作能够实现公共体育服务均等化。郝利玲（2014）认为须进一步构建公共体育服务绩效评估体系。胡伟（2013）发现在公共财政制度方面存在诸多缺陷是造成公共体育服务非均等化的原因。花楷（2015）主张完善公共体育服务转移支付要依托政府职能转变，在厘清事权与财力基础上加大公共体育服务转移支付的力度。

国内公共服务质量改进的研究是从公共服务绩效评估开始的。张凤彪（2017）认为公共体育服务质量的研究也是从公共体育服务绩效评估开始的，公共体育绩效评估研究主要集中在绩效评价意义和内涵、指标体系构建、实证分析与检验研究等方面。从指标体系的构建上来看，群众满意度、均等性等与质量相关的指标设定和权重明显增加，成为绩效结果的重要评价标示。从评价范围来看，基本涵盖并拓展了公共体育的传统范畴，涉及群众体育、竞技体育、体育场馆与体育组织等领域。从研究方法来看，采用了德尔菲法、平衡计分卡法、数据包络分析法、模糊综合评价法、结构方程模型等众多方法，呈现出管理学、数学、心理学等多学科交融，理论层面向实证层面过渡的态势。

汤际澜（2010）认为英国体育设施建设的狂热最终并没有带来成功，缘于很多体育设施从建设之初到运营都处于绩效评估的真空状态。袁新锋（2019）发现1997年9月英格兰体育理事会（Sport England）发起的国家基准服务（National Benchmarking Service，简称 NBS），为地方政府、基金会和休闲中心提供严谨稳健的质量评价信息，为体育中心个体改进提供参考，为行业宏观监控提供依据，经过20多年的调整完善逐步成为英国最重要的公共体育设施绩效评估系统。

Yildiz（2012）提出公共体育服务的质量评价维度还没有达成一致，因为体育服务业不仅具有与其他服务业不同的属性和维度，而且其内部也应该有所区别。Serrano JA（2015）分析了2000年以来21种不同的体育服务质量测量工具，明确基于 SERVQUAL 和 SERVPERF 量表的发展趋势。

大量实践证明了质量管理手段与方法的采用极大促进了英国公共体育服务质量的提升。陈洪（2015）发现英格兰体育理事会在2004年推出的社区体育俱乐部的标准化认证项目已成为英国体育俱乐部广泛认可的质量认证项目。袁新锋（2019）发现认证与奖励是公共服务质量持续改进的重要工具，英国体育与休闲质量计划（QUEST）作为行业普遍认可的专业质量认证与奖励项目，对英国体育与休闲行业服务质量持续改进贡献颇多，值得深究。Alfonso Martinez Moreno（2016）应用情境化处理后的欧洲质量管理基金会（European Foundation for Quality Management，简称 EFQM）模型对穆尔西亚地区进行了公共体育服务质量评估，最终得到可接受的结果。付冰（2017）借鉴欧洲通用评估框架（Common Assessment Framework，简称 CAF）分析了公共体育服务的运行管理，提出从"行政权力本位"到"公众利益中心"的转变。

社会组织能力建设（Capacity Building）是由国际非政府组织培训与研究中心（International NGO Training and Research Centre，简称 INTRAC）发起的。苏格兰社区体育俱乐部发展的关键挑战是服务设施、合作关系及资金变化。Misener K（2009）提出 Westbury 体操俱乐部人力资源和规划能力对目标实现关系重大并且不同能力之间具有一定的关系。Doherty A（2013）认为加拿大安大略省的体育俱乐部建立了包括人力资源、财务、基础设施、发展规划、外部关系在内的多维能力框架，为进一步改进公共体育服务质量奠定了基础。

从宏观层面来看，已有研究以实证分析为主，注重外生影响因素的验证性分析。但是，学界对财政支出、地域差距是否对公共体育服务质量存在影响及影响方向未达成一致意见，并未得出稳健的模型与结论。部分研究更多的是强调公共体育服务资源的外部供给，忽视了实践过程的服务环节。公共体育服务质量影响因素的研究需要回归服务本身，也就是说外部公共资源的整合只有参与具体的服务过程才能发挥作用，既要有技术性服务也要有功能性服务，既要有硬件的支撑也要有软件的支持，最终需要公众长期感知的认可。

从中观层面来看，现阶段关于服务满意度的影响因素的研究比较集中，这对本书的研究具有参考价值。但是满意度与服务质量不能等同，倚重主观满意度的调查分析，所得结论存在一定的局限性，难以全面囊括服务质量。公共体育服务质量影响因素的研究需要考虑民众对服务属性的预期，既要更加符合公共体育服务的特殊性，也要更符合质量管理的理论逻辑。

从微观层面来看，资源条件与因素结构的研究比较集中，人力资源、制度设计、场地设施、体育活动、体育组织和效果评价等方面的影响比较清晰，符合"明确影响因素—改善条件—提升服务质量"的逻辑思维。人口统计学方面的影响程度存在各执一词的现象，并无定论。部分研究将人口统计学变量作为公共体育服务质量的影响因素，忽视了质量生成过程与质量结果的区别。另外，关于公共体育服务人员素质及影响机制的研究相对缺乏。

　　总体来看，国内外研究在方法上表现出了量化研究主导的趋势，结构方程模型成为重要的研究工具。近年来，国外关于公共体育服务质量的研究，在影响因素结构划分的基础之上，开始集中研究因素之间的影响机制与作用关系。而我国关于公共体育服务质量影响因素的研究相对分散，仅有的研究集中分析了公共体育服务质量影响因素的结构，忽略了各因素间的相互影响关系，无法完全阐释公共体育服务质量的形成机制。这就导致了公共体育服务质量管理理论研究缺乏立足点，实践推进模糊了着力点。后续研究要从公共体育服务的本质出发，立足民众感知需求，聚焦质量生成过程，着重探究影响因素间的复杂交互关系，才能为公共体育服务质量改进的策略设计找到方向与抓手。

　　从现有的公共体育服务标准化研究来看，学术界已经开始将标准化作为公共体育服务质量改进的重要举措，也看到了发展过程中存在的问题与障碍，尤其是注意到了均等化水平较低的农村体育。这符合现实需要，也是对国家政策的响应。但是，从研究的数量与深度来说基本还处在起步阶段，公共体育服务标准的评价以及执行等核心问题并未涉及，研究方法也仅限于对策性探讨。现有研究并未纳入质量管理体系，几乎割裂了与质量改进的关系，势必会对理论研究与实际推进带来阻滞。因此，后续研究应该进一步加强标准建设与质量改进的关联。

　　从现有的公共体育服务均等化研究来看，国外研究在公共体育服务实践中逐步发现的"公共性"丧失问题，国内研究已经提前意识到并开展了深入研究。公共体育服务领域引入质量管理必须重点考量如何保障公共利益，现有的公共体育服务均等化研究，已经初具规模，也形成了自己的方向与研究体系并呈现出量化研究的趋势，尤其是对城乡公共体育服务失衡的关注切实体现了理论研究立足实践的责任所在，符合全民共享改革成果的要求。但是，现有研究成果缺少均等化与服务质量相关性的关注，尤其是现阶段公共体育服务非均等的问题依然突出。因此，将公共体育服务均等化置于质量提升的大语境下进行深入研究是非常必要的。

　　从现有的公共体育服务质量评价研究来看，国外研究比较丰富，理论与实践的互动效果显著。国内关于公共体育服务绩效评估的研究比较集中，质量评价的研究刚刚起步。学界已经开始关注到公共体育服务供给并不是单纯的技术过程而应该更加重视结果导向以及顾客满意度，并努力将公共服务领域或国外公共体育服务领域的管理工具引入我国公共体育服务实践中。但是，满意度即对服务质量的理解偏差严重，忽视专家评价与标准化建设的价值而片面专注于使用者的主观感受的收集，势必会丧失质量管理的优势。另外，现有研究基本停留在横截面的评价阶段，并未体现质量持续改进的要求，未出现实现过程与结果运用方面的研究。

从现有的公共体育服务质量认证研究来看，国外公共体育服务质量认证对国家政策要求响应积极，促进了公共体育服务质量改进，确立了"工具—问题"的应对思路。QUEST 等在设立之初，经过了大量的研究论证，发展过程中也进行了不断完善。经过多年的积累，QUEST 等项目所获取的数据已成为公共体育服务研究的信息资源，对标准制定与均等性测量、未来趋势的把握与决策水平提升意义重大。目前，我国实际工作中系统采用质量认证手段提升公共体育服务质量的实例并不多见，因此，后续研究需要着重探索并推进实践验证。

从现有的公共体育组织能力建设的研究来看，公共体育服务供给主体的"多元化"既是国外公共体育服务改进的重要经验，也是未来的发展趋势。国外的相关研究与实践表明，要从财务、人力、营销、治理、文化等多方面改进体育社会组织的能力，才能使其在公共体育服务供给体系中找到自己的位置、承担应有的责任。但是，能力建设是一个复杂的系统，需要内外环境的优化与多元机制的配合。另外，能力建设也应该向政府部门与商业组织提出要求，这更符合治理能力现代化的要求。

三、研究思路

新时代公共体育服务进入高质量供给模式，是实现体育治理体系和治理能力现代化的整体战略部署，是满足新时代人民群众体育需求的积极响应，同时是供给观念的转变、供给动力的转型以及对民生水平的关注。本书是在当今社会供需矛盾逐渐凸显的背景下，以人民的现实需求为中心，将新时代公共体育服务高质量供给作为研究对象，以协同学等理论作为研究的理论支撑，对国内外相关研究进行梳理与评述，分析我国公共体育服务供给机制的演化特征与变迁历程，找出目前公共体育服务供给存在的不足与困境，探讨公共体育服务供给机制的发展趋势；同时，借鉴国外部分发达国家公共体育服务协同供给的经验，得出对我国公共体育服务协同供给运作的启示；随后从多个层面剖析公共体育服务高质量供给的实现机制，深入钻研新时代公共体育服务高质量供给的机理和场域，以此构建起新时代公共体育服务高质量供给的对策建议。

四、研究方法

不同学科之间是研究对象的不同，而不是方法的不同。在社会科学研究领域，实证研究与规范研究均可采取定性或定量两类研究方法。两类研究方法不存在孰优孰劣的问题，不同的研究问题与研究阶段，需要发挥不同研究方法的优势并综合应用，才能实现研究的科学性与目的性。

（一）文献研究法

本书围绕相关研究主题进行了文献检索与资料收集、加工及整理，为进一步研究做好准备。通过对公共管理、质量管理以及健康促进等领域代表性著作的研读，找出质量理论的普遍性与体育特殊性的逻辑契合点，以此夯实本书的理论基础。通过中国知网等数据库，下载相关论文并分类研读，总结现有研究的主要观点与分歧，重点探究质量管理趋势下的研究缺口，进而明确本书的关注点。通过浏览国家体育总局、国家统计局、中国质量协会、国家标准化管理委员会、中国质量认证中心等权威网站，全面和准确获取与公共体育服务相关的政策文本，从而明确质量引领的未来趋势，确定研究价值。外文文献主要是通过百度学术和谷歌学术等相关学术资料库进行检索，试图找出国别间的环境差异与理论相通之处。通过浏览英格兰体育理事会官网等专业网站获取了丰富的资料并进行了信息间的验证与延伸，尤其是对成熟案例的分析为本书的研究拓展了思路。

（二）问卷调查法

问卷调查法的优点在于：节省时间、成本低、规模可控，调查结果便于量化统计和处理分析；其缺陷在于：难以获得被调查者的动机、目的以及思维过程，难以揭示现象背后的实际问题。因此，研究中需要将问卷调查法与数理统计法、访谈研究法配合起来综合使用以克服其自身缺陷。本书采用调查问卷进行了小样本调查并确定了正式问卷；通过正式问卷调查获得数据，进而验证了公共体育服务质量影响因素理论模型。

（三）访谈研究法

访谈研究法分为结构式访谈和半结构式访谈。其优点在于：过程可控、机动灵活、回应率高。与问卷调查法相比，具有面对面深层探究的可能，调查结果更能反映实际问题。本书在研究中所进行的实地考察与扎根理论的运用都结合访谈研究法进行，尤其是对公共体育服务管理者的访谈获取了管理过程中的经验和障碍。

（四）统计分析法

从国家统计局和《体育事业统计年鉴》中提取本书所需要的数据，并对"体育场地面积""社会体育指导员""体育事业财政支出"等数据进行统计，根据统计结果分析相关公共体育服务发展现状。

第一章　新时代公共体育服务高质量供给内涵研究

第一节　概念界定

如前文所述，新时代发展理念的显著变化趋势就是"效率优位"正在被"质量优位"所取代。《体育发展"十三五"规划》要求加快建设水平较高、内容完备、惠及全民的基本公共体育服务体系，逐步推动基本公共体育服务在地域、城乡和人群间的均等化；推进基本公共体育服务示范区建设，制定结构合理、内容明确、符合实际的基本公共体育服务标准体系。《全民健身计划（2016—2020年）》鼓励各地结合实际，制定全民健身公共服务体系建设地方标准，推进全民健身基本公共服务均等化、标准化。由此可见，公共体育服务"质量优位"发展的图景也将逐步呈现。然而，在质量引领公共体育服务发展趋势日渐清晰的情况下，质量本身在公共体育服务领域反而变得模糊，并呈现出"碎片化""空泛化"的特点，甚至成为一个包罗万象而又空无一物的政策概念与评估术语。学术研究的前瞻性需要以溯本清源为基础，当务之急就是要界定公共体育服务质量的概念，梳理其相关影响因素。

一、概念界定的必要性分析：理论"源头混乱"与实践"靶心模糊"

概念是一切人文社会学研究的逻辑起点，公共体育服务质量概念，是进行公共体育服务质量学术研究的出发点和元问题，也是质量管理在公共体育服务领域全面运用的前提。理论界关于公共体育服务质量管理的研究刚刚起步，有学者建议将分期、分阶段制定相应的公共体育服务质量评价要求、标准和方法设定为工作重点；把公共服务满意度、公共服务预期与服务感知之间的测量作为评价全民健身公共服务的基本标准；尝试采用 IPA 分析法（Important-Performance Analysis）评价县域公共体育设施服务质量与全民健身路径服务质量；运用顾客满意度模型（Customer Satisfaction Index，简称 CSI）来评测大型体育场馆服务质量；借鉴绩效感知服务质量度量模型（SERVPERF）设计大型赛事服务质量测评体系。以上仅有的研究，突出了质量评价工具与方法的特殊性，也尝试把握质量管理的关键环节。然而，缺少基础理论的支撑使得评价结果与影响因素的逻辑解释并不清晰，尤其是公共体育服务质量概念的混乱，很容易使人忽视质量本身的价值，被绩效评价或顾客满意度等流行词条所掩盖。另外，在实践中公共体育服务领域为改进服务成效也做出了大量的尝试，不同程度地运用政府购买、凭单制、公私合营、标准化等手段并呈现出相应的效果。但以上探索并未纳入质量管理的范畴，相关质量改进体系并未同步完善，可操作性也就大打折扣。究其原因，公共体育组织并未顺应质量管理由私营部门扩展到公共部门的潮流，对质量管理引入公共体育服务领域的敏感性有所滞后，导致公共体育服务实践推进无法找到落地"抓手"与操作"切入点"。

二、公共体育服务质量概念界定的理论趋势与时代背景

公共体育服务质量概念的界定，不能是各种定义的简单叠加，那种做法难以解释和覆盖当今日益丰富的公共体育服务实践与形态。尤其是近年来公共服务理论的嬗变、公共体育服务时代责任的凸显以及质量理论向公共部门的扩展，都是公共体育服务质量概念内涵和外延的确定依据。因此，必须全面把握公共服务的理论走向、公共体育服务的政策脉络以及质量理论的演化过程。

（一）公共服务：多元主体与公共利益融合的理论走向

公共服务作为"实现人的全面发展所需要的基本社会条件"，是社会发展的重要标志，必然将质量追求纳入其发展过程之中。以往关于公共服务的研究，被分别划入经济学或政治学领域。公共物品理论对其有所解释并形成一条鲜明的路线为学界所熟知，认为公共服务主要是指由法律授权的政府和非政府公共组织以及有关工商企业在纯粹公共物品、混合性公共物品以及特殊私人物品的生产和供给中所承担的职责。萨缪尔森所归纳的公共产品在供给和生产中区别于普遍商品所特有的两大特征（非排他性与非竞争性）已然被奉为圭臬。而另一条循着公共行政学的发展而前行的路线，最近几年才开始逐步被人所知，其实，这条路线才能使公共服务在不同领域的扩展更具解释力。公共服务这个词被频繁提及，是在公共行政向公共管理发展之后。但是，真正对公共行政学起到颠覆性作用的是后

来的新公共管理理论：政府作为公共服务的提供者但不一定是生产者，公私界限不再泾渭分明，消费者参与提供或与生产者合作而不是被动接受。但是，私营部门的管理实践与技术优于公共部门的假象忽视了公私部门的区别，尤其是企业家政府理论提出的"掌舵"还是"划桨"的观点也备受质疑。于是，新公共服务理论在反思中逐渐成形，登哈特提出政府的职能是服务而不是"掌舵"，公共服务应该追求公共利益，为"公民"服务而不是"顾客"。

（二）公共体育服务：全民健身与健康战略互动的时代要求

从传统公共物品理论视角来看，公共体育服务的公共物品属性特征突出，政府是公共体育服务最适合的供给主体。随着研究的不断深入，发现只有部分公共体育服务具有纯粹的公共产品性质，很多公共体育服务既有公共产品的性质，又有私人产品的性质，属于半公共产品或准公共产品。《国务院关于印发国家基本公共服务体系"十二五"规划的通知》（国发〔2012〕29号）中，明确了基本公共服务是指建立在一定社会共识基础上，由政府主导提供的，与经济社会发展水平和阶段相适应，旨在保障全体公民生存和发展基本需求的公共服务。一般包括保障基本民生需求的教育、就业、社会保障、医疗卫生、住房保障和文化体育等领域的公共服务。我国"十三五"规划要求满足多样化公共服务需求，开放市场并完善监管，努力增加非基本公共服务和产品供给；积极推动医疗、养老、文化和体育等领域非基本公共服务加快发展，丰富服务产品，提高服务质量，提供个性化服务方案。由于关注视角与操作层面的差异，公共体育服务的理论研究与实践探索存在众多争辩之处。但是，公共体育服务的概念已逐步达成共识：在政府主导下，由政府主体、社会主体和个人主体共同提供的，为满足公共体育需求而提供的各种体育产品和行为的总称。新时期公共体育服务属性的分化使其超越了单一的公益性，而兼具营利性、生产性、消费性、层次性和多样性等多重属性。但是，"全民健身"依然是公共体育服务现阶段的基本内涵，是凸显体育事业公共性的着力点。各类公共体育组织需要提供的产品与服务应包括组织制度、场地设施、赛事活动、信息服务、健身指导和体质监测等内容。

（三）质量概念：属性演化与边界拓展

1. 产品质量：有形与客观

质量被广泛应用于各个领域，但或许是一个十分令人困惑的概念，部分是由于人们根据个人在生产与销售价值链上所扮演的不同角色而采取不同的标准来认识它；另外，质量的含义也随着质量专业的发展和成熟而不断演变。质量管理大师戴明（Deming）认为，一项产品或服务，如果对某人有用，或是能保持良好而长久的市场地位，就是有质量的。J. M. Juran 精炼地表达了质量的含义：产品在使用时能成功满足需要的程度。ISO 9000：2000 标准关于质量的定义为：一组固有特性满足要求的程度。以上经典定义，从不同侧面揭示了质量概念的内涵，为产品质量阶段做出应有的总结，为其他领域中相关质量的概念界定奠定了理论基础。

2. 服务质量：无形与感知

服务业开始实施质量方法，要比制造业大约晚十几年。服务质量研究与有形产品质量管理的研究不同，有形产品质量管理的绝大部分方法和理论都无法直接应用到服务质量管理中，服务质量的概念也有别于产品质量。Gronroos 根据认知心理学理论，提出服务质量属于主观范畴，可分为功能质量（functional quality）与技术质量（technical quality）两个维度。Lewis 和 Boom 从服务提供者的角度出发，支持了 Gronroos 的观点，认为服务质量是提供服务和期望服务吻合的程度，即提供的服务要和顾客期望的服务一致。Parasuraman，Zeithaml 和 Berry 提出了著名的 SERVQUAL 服务质量差距模型，认为服务质量是顾客期望服务水平与感知服务水平之间的差距，并将顾客感知服务质量精简到五个维度：移情性（empathy）、有形性（tangible）、可靠性（reliability）、响应性（responsiveness）和保证性（assurance）。至此，服务质量概念从制造业的质量管理理论中剥离出来，有关服务质量的内涵开始清晰。

3. 公共服务质量：复杂与公平

质量一直在公共行政领域发挥作用，至少是隐含的，其含义随着时间在不断改变。在新的行政范式下，质量不再被视为隐含的辅助性要求，而是作为一个独立概念，以及一种行政理念和价值追求被显性强调。质量管理理念与实践开始被引入公共组织，主要受到新公共管理运动的影响。在公共组织效率低下、职能模糊等质疑和反思的浪潮中，许多产生于私人领域和商业部门的技术与方法被引入公共组织，公共服务成为质量管理的新兴领域。然而，公共服务提供主体的垄断性、公共服务质量测量难度大、公共服务质量边界的非确定性以及公共服务对象的劣势地位等，使公共服务质量管理的推广深受限制。尤其是流行于私营部门的质量概念，直接套用到公共服务中的做法深受质疑，简单模仿和沿袭产品或服务质量的概念界定，过分强调感知与期望、满意度等服务质量表述，极易使公共服务质量的概念界定产生偏差，陷入服务质量概念界定的窠臼。"公共性"是公共服务区别于一般服务的根本特性，这就要求有质量的公共服务要维护公共利益、重视均等公平。公共服务质量概念可描述为政府等公共服务供给主体满足公众公共服务需求的能力；也指终端使用者获得、享用公共服务的实际水平、可获得性、及时性、经济性、准确性和响应性等。尽管研究者对公共服务质量的表述并未达成一致，但是都认同公民对公共服务的感知和评价至关重要，并认为公共服务质量是由主观评价和客观数据构成的综合体。

三、公共体育服务质量概念界定与解析

以公共管理学发展脉络为参照，以质量管理新视角为引领，全面审视公共体育服务发展的时代要求，从质量的经典定义出发，借鉴基于感知与期望的服务质量实践经验，充分吸收公共服务质量研究成果，结合公共体育服务自身特性，依循逻辑学"种差＋临近属"的模式，本书将公共体育服务质量界定为政府等公共体育组织提供公共体育服务过程及结果的特质属性满足相关规定要求和社会公众需求的程度。这一定义虽然简短，但却不失规范和准确，它以过程关注与结果导向为指引，以公共体育服务所具有的功能为载体，以相关规定要求与公众需求为基本参照，突出了质量管理的专业性与公共体育服务的特殊性。在质量管理的视角下，这一概念界定充分延展了"质量—服务质量—公共服务质量—公共体育服务质量"的逻辑路线，具有以下理论呼应与价值导向。

（一）厘清了结果导向的概念边界

首先，该概念厘清了绩效与质量相互客串的角色错位。不可否认，对于公共体育服务成效与结果的关注是从绩效评估开始的。当前，公共体育服务质量与公共体育服务绩效有着十分密切的联系，二者都关注结果，均需要依照一定的标准进行评判，甚至互为标示，但是二者在出发点、落脚点以及思考路径上是有区别的。政府作为公共体育服务体系建设的核心主体，有责任对"公共组织"供给的公共体育服务质量提出要求，但从"投入—收益"的经济学角度做出的政府绩效评估，关注投入是否"物有所值"，出发点在政府；质量评价是公众对不同主体协同供给公共体育服务的认可程度，落脚点在民众。另外，体育社会组织、市场主体所提供的公共体育服务已经超出了政府绩效评估的范畴。

其次，公众满意应该是公共体育服务质量的归宿，但这一理念容易产生公众主观感受代替公共体育服务质量的惯性操作。由于调查方法的局限与公众素质的差异，单纯通过主观评价得到的公众满意度可能会存在一定的偏差。"相关规定要求"，即针对性的法规制度与专业性标准规范，相关专家与组织的客观评价与认证是"符合性质量"在公共体育服务领域的体现。

（二）兼顾了公共体育服务的通用性与特殊性

国际标准化组织（ISO）明确了质量特性为产品、过程或体系与要求有关的固有特性，包括物理、感观、行为、时间和功能等方面。质量管理由产品向服务的延伸超越了产品质量的描述方法，需要认识到服务所具有的无形性、易逝性、不可分离性、异质性和顾客参与性等自身特性，这对服务质量测量提出了要求。SERVQUAL模型曾一度成为国外体育服务领域最为流行的质量评估手段，但也有学者提出质疑：不同行业的服务维度与具体属性不尽相同，体育领域所提供的服务有别于其他领域，使用服务领域通用的质量评估模型并不能获取体育服务的实际质量。因此，公共体育服务质量还需立足自身的"特质属性"：体育参与的身心体验过程需要在特定的场地空间中来实现；体育项目的多样性需要对体育器材、规则的复杂性与专业性提出要求；身体参与导致的生理回馈与表现要求专门的措施与设备应对；健身参与对技能要求的递进性亟须获取指导与培训；体育竞技的本性需要竞赛的历练与组织的协调；健康价值的追求依赖专业评价与指导。这些特性决定了公共体育服务质量对有形设施与无形服务的专业性、多样性、复杂性和层次性要求。

（三）顺应了多元主体与协同机制互动的趋势

新时期，完全由政府提供公共体育服务的传统模式已经走进死胡同，社会、市场和政府均在公共体育服务供给中发挥了重要作用，形成了当前体育公共服务供给的双重特性。一方面，我国传统的体育管理体制刚性没有消失，体育公共服务供给中政府控制依然较强；另一方面，随着社会主体和市场主体的不断介入，体育公共服务供给多元化发展态势越来越强。公共体育服务供给多元化趋势深受学界推崇，也逐渐被各级政府认可，并成为职能改革的重要方向。政府须将"划桨"的职能让渡出来而专注于"掌舵"能力的提升，明确引导、支持、协调、监督等角色定位；市场实体发挥敏锐的市场反应能力，满足公众多样化、多层次的健身需求；体育社会组织以其非营利性、公益性、专业性等自身特点，成为承接政府职能转变的最佳主体。因此，公共体育服务供给过程中需要强调政府主体责任、市场利益驱动以及社会组织能力提升并重，并建立顺畅的多元协同机制。概念中，"公共体育组织"的表述甚至涵盖社区与家庭，顺应了时代要求，实现了现实跨越。

（四）关注了公共利益的整体性与过程的公平性

公共利益可以理解为来源于生存与发展的需求，从质量的角度来讲更多的是指来源于整体性态度、长期性经验、重复体验交流和组织承诺水准。将公共性这一社会发展命题置于体育事业发展的大视野与大命题之中，才能彰显公共体育服务的价值规范与现实定位。公共性的内涵之一就是，以满足公共需要为发端和归宿，由于发展的不平衡，公共体育服务表现出明显的主观性与历史性特点。公共体育服务的对象是全体公民，而不仅是"消费者"，服务质量的评价者也不仅是"顾客"，更为重要的是机会均等与过程公平。公共服务质量不仅具有交互、不可传递、模糊和依附等内在固有属性，也具有公平正义性、参与性、规范性和目标相容性等外界赋予属性。

可见，质量概念引入公共体育服务领域后，效率与利润已经不是首要目标，公共价值与社会结果将成为关注重点。因此，公共体育服务质量应该更多关注过程的公平性、回应性、参与性以及结果的共享性、可及性、均等性，以此来充分体现"社会公众需求"。

第二节 理论基础

任何一种成功的理论，其本身就是一种可以启迪后人的方法，它可以为人们提供一种新的或特殊的视角与观点，具有方法论的意义。公共体育服务质量的实践推进必须借助相关理论明确方向。公共体育服务的呈现状态在不断发生变化，既有内涵与外延的扩展，也有供给主体的多元化，还有实现方式的丰富。质量管理理论引入公共服务领域并非无迹可寻，随着公共理论把竞争、结果、满意度等概念运用到实践中来，质量管理也就成了实现手段的最佳选择。然而质量管理的表现形式与价值体现也在发生变化，公共利益的保障是公共服务领域对于质量的核心追求，公共体育服务质量改进的重要标准就是国民健康水平的提升。理论在演化过程中不断完善，但也存在无法克服的局限。公共体育服务理论研究必须具备扎实的理论基础才能发挥理论指导的相通性，克服"国情体情"的不适应。因此，本书对公共管理理论、质量管理理论以及健康促进理论的发展脉络、交叉演化、自身局限进行了全面梳理，从而实现批判性的借鉴。

一、公共管理理论

（一）理论概述

现有研究普遍认为公共管理作为一种独立的范式还没有出现，公共管理是公共行政的一个分支学派。西方传统的公共行政理论有三个主要基础：韦伯的官僚制、威尔逊的政治与行政二分法、泰勒的科学管理理论。可见，从历史语境来看，行政就是政策的执行，其核心理念是价值中立和效率优先。在 20 世纪 70 年代后期，适应社会和科学技术发展的要求，公共行政理论界出现了反思，公共管理界出现了新的思潮和流派。1991 年美国的公共管理学术研讨会是公共管理学作为一个新的分支学科产生的标志。大会论文集《公共管理：艺术的现状》，可以看作公共管理学派的"宣言"。

（二）公共管理理论在本书中的应用

任何具有生命力的理论都带有鲜明的时代特色，回应了所处时代的实践要求。公共行政理论向公共管理理论转变，但并未将其取代。尽管公共管理理论后来演化出多种流派，但是提高政府效率的主题与目的没有改变，只是理念与手段的变化。目前，我国基本公共体育服务的均等化还未全面实现，政府在提供基本公共体育服务上责无旁贷。

二、新公共管理理论

（一）理论概述

新公共管理起源于欧洲"管理主义"对韦伯官僚制的持续争论中。随着私营企业的管理技术才能解决官僚主义的僵化痼疾的管理至上学说逐渐占据上风，形成了"新公共管理"流派，成为欧洲各国行政改革的主要指导理论。新公共管理理论认为，私营部门的管理实践和技术优越于公共部门并且可以用于公共部门，公私管理之间的区别是一种假象。新公共管理有两个重要的价值取向：市场化与顾客导向。政府应减少对市场的干预和监管，集中精力"掌好舵"，而非"划好桨"。政府不再以官僚机构自居而是作为市场上的企业主体与其他的市场主体竞争；公民被视为政府的顾客或消费者，有权选择公共服务的种类、质量和效果。奥斯本、盖布勒强调运用企业家精神对政府进行重新塑造。

（二）新公共管理理论在本书中的应用

新公共管理理论的核心价值取向是要政府成为"企业家政府"，提高工作效率，政府甚至要做"精明的买家"。我国在经济体制改革进程中，逐步确立了市场对资源配置的决定性作用，也抓住了市场机制的核心就是竞争，公私合营、政府购买、特许经营等方式都是这一理念的实际推行。对于公共体育服务来讲，政府通过购买的方式，可以弥补政府资源的有限性，同时也将政府组织、市场主体放在同一平台，由广大民众做出选择，由此，可通过竞争来提升公共体育服务质量。政府不再是公共体育服务供给的唯一主体，这是为各国实践证明的，也是为我国理论界普遍接受的，这种理念既可以缓解政府压力又可以合理调动社会资源。然而，新公共管理理论也遭到了多方质疑，作为其思想精髓的企业家政府理论也受到众多学者尖锐批评。因此，本书在借鉴新公共管理理论的同时，也注重权衡实际条件，提倡构建公共体育服务多元供给的格局，并注重不同主体间的协同合作。

三、新公共服务理论

（一）理论概述

新公共管理仅仅涉及技术层面的问题，让规则和效率主导公共服务领域，而忽视了公共行政的价值理念、个人情感以及政府、市场、社会三者之间的关系如何协调等问题。21世纪初，人们开始反思新公共管理运动的理性化运作是否合理。登哈特指出，当我们急于掌舵时，我们忘记了是谁拥有这条船，公共服务要以公民为"核心"，就是说要注重公民的地位，公共服务的目的是为公民服务，而不是提高效率、完善组织规则。新公共服务理论试图剥去新公共管理的理性化外衣，将注意力重新集中在我们所作所为的基础上，用一种基于公民权、民主和为公共利益服务的新公共服务模式来替代那些基于经济理论和自我利益的主导模式。

（二）新公共服务理论在本书中的应用

政府的公共责任、公平正义等公共精神如何体现，这是一个理论问题，也是一个实践难题。新公共服务背后的逻辑起点是对个人价值的张扬，在批判理性化牢笼禁锢着公民的同时，探讨如何弘扬人的主体性。政府管理的最终目标不像私营企业那样确保延续，而是为社会创造公共价值。公共价值来源于公众的期望和感知，是公民对政府期望的集合。无论是市场化工具的运用还是多元供给模式的采用，都不能脱离公共服务的公共性追求。因此，本书认为公共体育服务质量改进过程必须强调公共利益的维护，体现人民的主体地位。

四、质置管理理论

私营部门以服务质量为导向有利于提高市场竞争力，而公共服务的质量改进要求在考虑公共服务公共属性的前提下来提高效率。公共管理理论在政府与市场的边界、竞争与控制的选择、效率与效益的追求等方面的不断演化，为质量管理引入公共管理领域提供了机会，但也对两者的结合提出了相应要求，尤其是主导价值的融合与相互理论重建促进了质量管理理论与公共服务的成功对接。因此，对于质量管理理论的梳理，尤其是基本理念、演化过程、自身缺陷以及纠正策略的深入研究是突破理论壁垒，扬长避短，实现无缝对接的前提。

（一）理论演化

质量管理最早出现在私人企业当中，管理对象最初是企业所生产的有形产品。在产品质量管理的初期阶段，企业家主要通过严格设定产品的误差范围和质量标准，对产品的质量进行严格的检测与把关，主要通过外在和事后的干预提升产品质量，质量控制延伸到企业生产的各个阶段。20 世纪 20 年代，"统计质量控制之父"沃尔特·舒瓦特提出了统计过程控制，主要是通过统计取样和过程控制来克服传统检测质量控制流程复杂、费时费力等缺点，这种统计过程控制便是质量管理理论的起源。

20 世纪 50 年代，全面质量控制理论促使企业开始真正从管理的角度看待质量问题，产品质量管理也逐渐从质量控制与检查向全面质量管理方向发展，零缺陷管理理论、ISO 9000 标准体系、六西格玛理论在此阶段产生。二战后的美国并未对这种理论产生应有的重视，反而是亟须战后重建的日本接受了这种理论并将其发展成为全面质量管理理论。随后，公共和私人组织用通常看起来像一种宗教热情接受这种理论。虽然它如今被广泛视为另一种失败的管理时尚，但它却继续对许多公共管理者和机构人士产生着强烈的影响，尤其是质量的持续改进成为全面质量管理的基本特征与原则影响深远。

20 世纪 70 年代初期，服务质量被定义为服务是否能达到预设的标准。然而，服务质量在本质上区别于产品质量。服务具有的无形性、易逝性与不可分割性等特性决定了服务质量是一种基于顾客感知的主观判断，必然呈现出一定的主观性、差异性、过程性和依附性。时代的发展使质量管理不断超越界限，进而囊括服务领域而不仅仅是产品。

20 世纪 80 年代，西方新公共管理运动如火如荼地开展起来，质量管理的理念被引入公共组织实践。商业化手段在公共部门逐渐流行，商业计划、市场营销、绩效管理等质量管理手段也日益被公共服务管理者接受。公共组织开始尝试像私人组织那样运作与思考问题，强调顾客服务与结果导向的市场竞争机制与工商业的管理技术开始应用于公共服务。在丧失"公共性"质疑与生搬硬套的诟病当中，公共服务质量研究开始重视"公共利益"，强调感知与期望、满意度、社会包容等服务质量维度。

（二）持续改进

质量管理的基本理念是清晰可循的。首先，高质量的服务并不是事后监督产生的，而是设计出来的，需要把质量端口前移，从源头上查找影响因素以保证质量。其次，优质产品与服务不会一步到位，应该是在持续改进的螺旋上升过程中实现。质量的过程性需要明确持续改进的价值，也需要深入解析质量循环的演化过程与应用优势。

（三）质量管理理论在本书中的应用

当前，公共部门采用商业部门与制造业部门开发的工具、技术和方法并加以调整取得了不同程度的成功。但根植于私营部门的质量管理方法扩展到公共服务后是否得当一直存在争议。政府资源的有限性和公众需求的无限性之间的矛盾是必然存在的，质量管理注重过程控制从而保证质量的做法容易忽视服务设计阶段的成本与结果的权衡；质量管理容易重视服务接受者的个体利益，忽视社会共同利益，甚至对公共利益一知半解。另外，尽管质量管理已经突破了客观标准与专家驱动的质量准则，并强调顾客需求驱动，但是，需求的无止境与多样性，对于政府来说容易顾此失彼。为应对经营压力，将质量管理应用于公共体育服务领域，在整个行业传播商业理念，容易造成推广商业竞争的假象，存在公共体育服务管理者忽视社会目标、无视社会责任的风险。

巴纳德认为企业组织和政府组织，具有相同的要素，在逻辑上也具有相同的性质。组织的真正差异，只是地区和技术上的不同。德鲁克也认为各种组织里，90%的问题是共同的。这为现代管理学的基本原理打造出了一个共用平台，也为质量管理理论运用到公共体育服务领域找到了逻辑支点。将广泛应用于商业部门的质量改进方法运用到公共体育领域是当前被逐渐认可的路径选择，但又面临难以操作的现实困局。因此，公共体育服务在审慎借鉴质量管理理论精髓的基础上，需要对其进行适应性修正，寻求其他管理理论和工具手段的配合辅助，从而弥补缺陷，避免偏差。首先，将公共价值应用于公共体育服务全面质量管理中并将之嵌入融合，能够将质量管理强调的个体利益追求转换到组织对公共利益追求的轨道上。其次，高质量的公共体育服务需要大量的成本支持这是显而易见的，质量的追求并不意味着与绩效管理分道扬镳，两者互为标示是理论的必然也是实践的需要，将过程开端的质量设计置于绩效管理的全局中，既能保证质量与成本的平衡，还能充实绩效评估的说服力。

五、政府工具理论

质量管理把组织作为一个相互联系的整体，既有过程的阶段划分，也存在实现工具的相互融合，过程的连续性表现、需求收集、质量控制与评估等各个环节，离不开多种分析方法与技术工具的支持。行政学研究的目标在于政府要做什么的职能问题和政府如何才能做好的工具问题。政府工具作为政府履行职能的载体，可以追溯到政府诞生之初，并伴随着政府行为的科学化而不断丰富。1964年，荷兰经济学家科臣对64种常用政府工具的识别是政府工具研究的开端。近年来，学界对政府工具的研究开辟了全新理论视角，既为实际操作提供了方法论，也为质量战略与政策执行之间建起了桥梁，为公共服务质量改进提供了可资借鉴的"工具箱"。随着理论与实践的发展，规范与实证并重发展对政策过程更具解释力，多学科的研究背景增强了工具途径的预见力，广泛的实践应用增强了政府工具的影响力。国内外关于政府工具的研究是一个不断顺应时代要求、克服理论滞后性的过程。尽管学术侧重点有所差异，但以工具分类为起点、工具选择为落脚点的研究进程基本相似，尤其后者对我国公共体育服务质量改进的实现过程具有重要的启示价值。

（一）工具识别：特性与分类

工具自身的优势与局限不清晰，使研究结果在推行过程中难免出现说服力不足的局面。公共组织的管理问题很大程度上缘于工具选择不当，归根到底是对政府工具的特性不清楚。因此，运用与研究政府工具的一般逻辑，应该首先研究各种工具的特性，再探究适用情境。学者们基于特定的标准，结合不同的情境，帮助人们更清楚地认识各种工具的不同属性与分类。迄今为止，关于政府工具分类的研究成果丰富，但是令人信服的分类似乎并不存在。分类不能穷尽、排他性不清晰、静态化严重的困难似乎难以克服。但在公共行政实践中，"强制—混合—自愿"的三分法被广泛认可，以"强制—自愿"关系为轴线的基于政府权威的强制性工具、基于交易竞争的市场化工具、基于顾客为先的工商化工具、基于协同自治的社会化工具四种分类符合实际，较为合理。

（二）环境分析：因素与情境

工具选择需要从广泛的背景和复杂的环境中发掘选择过程面临的各种影响因素以及工具与情境需要的匹配性。权变主义理论把工具特征作为适用情境的基础，试图通过分析工具应用过程中实施主体、目标群体及利益相关者的环境变数来解释工具选择的规律。胡德很早就给出了政府工具选择的四种影响因素：替代性、环境适应性、伦理性和经济性。陈振明指出影响工具选择的因素主要有五种：以前的工具选择、意识形态、政策目标、工具特性和应用背景。毛寿龙认为政府工具的选择是复杂的，是多种价值和标准权衡的结果，它涉及历史背景、文化和制度等因素。

（三）理性辨析：突破与融合

马克斯·韦伯对人类理性的划分是一种二维结构："形式合理性"和"实质合理性"。前者主要关注可计算性的程序和手段，即"工具理性"；后者则依据结果的价值做出判断，即"价值理性"。两者在启蒙运动之前处于相互渗透、相互统一的状态中。近代以来，人类理性简化为工具与价值的二元结构，没有看到第三种理性即"制度理性"的存在，它是工具理性与价值理性在制度与体制上的共同体现。不同类别的政府工具承载着不同的价值取向与意识形态，政府工具的选择过程是一个多元主体在多种价值之间相互博弈与妥协的过程。因此，政府工具在公共体育服务领域的选择与应用，必须体现工具理性、价值理性与制度理性的互融互通。

（四）工具审视：标准与维度

政府不可能不受限制地从"工具箱"中选择"最适当的"工具，工具选择的过程也是一个从不同的维度出发、依据一定的标准进行评估的过程。萨拉蒙在其著作《政府工具：新治理指南》中归纳出政府工具的评估标准和关键维度：（1）评估标准：政府选择工具首先需要一系列共同的标准，对各种政府工具进行评价。评价标准归纳为五个方面：有效性关注的是结果，达到预定目标；效率关注收益和成本之间取得最佳平衡；公平性引导收益分配给那些最需要的人们；可管理性，即最简单和最直接的操作工具是最好的政府工具；合法性和政治可行性的支持与公民认同程度影响着政府工具的选择。（2）关键维度：为更好地认识不同政府工具的优势与劣势，还要建立一个多维度的分析框架，对政府工具进行多视角的分析。分析维度分别为：强制性程度主要用以判断政府工具限制个人和集团行为的程度；直接性程度反映的是为实现目标而加入行动实体的复杂程度；自治性程度指的是利用已有的政府机构还是创建自己的机构为公民提供服务；可见性程度要求工具选择要尽可能被公众理解，特别是能否在预算过程中反映。由此，不同政府工具的优势与特性可依据以上标准划分，并可从不同的维度评估效果，从而使得工具选择更具针对性。这种权变思想与评估依据为公共体育服务质量改进策略的工具选择提供了思路。

（五）政府工具理论在本书中的应用

治理范式的转变在一定程度上给予政府工具更大的机遇与空间，其核心在于将关注的重心转移到了解决公共问题的独特工具与技术之上。政府工具选择不是对"机制""手段"的简单词汇转化，而是有其自身的发展历程并已建立起成熟的理论体系，在公共体育服务领域的运用也早有国外实践经验。作为可辨识、有预见性的"方法群"，不同政府工具的综合运用可解决不同的公共体育问题。公共体育服务质量提升战略目标的实现需要操作层面具体手段的支撑，现阶段已经超越了政策、机制等层面的传统做法，需要采用当代公共服务领域普遍接受的政府工具理念。政府工具在公共体育服务领域的运用必须构建起坚实的理论基础并结合实际探寻找出二者的契合点。政府工具作为工具的特性在于达成结果的确定性和预见性，但是又不同于现实世界中关于普通工具的描述，具有显著的多样性与复杂性。这不是工具思路的缺陷，反而是一种优势，更加适合复杂的现实需求。当前，公共体育服务引入政府工具理论正是对国家治理体系与治理能力现代化的响应，也是公共体育服务自身对时代要求的适应，方法论的丰富与视野的拓展可以为公共体育服务质量改进提供得心应手的工具选择。

六、健康促进理论

（一）理论概述

健康促进是提高健康水平的最佳过程与途径，其使个人、集体乃至整个社会，在更大程度上主动修正不健康行为，优化生活方式，促进环境改善，从而达到控制影响健康的各种危险因素，增进身心健康，提高生活适应状态的良好健康素质。考虑到不同的关注焦点，健康促进理论通常分成两类：解释理论与改变理论。前者着重研究问题产生的原因，帮助人们理解目标人群中为何存在问题行为；后者主要用以指导制定干预策略。近年来，现代健康促进的理论构建逻辑范例发生了改变，很多行为改变技术开始建立在减少行为改变的障碍因素上，努力营造有利于健康行为实施的环境，帮助人们做出行为改变的选择，而不是简单地迫使人们改变其行为。

（二）健康促进策略

健康问题的背后都有着深层次的社会原因，需要运用多部门合作、多方力量综合的方式加以解决，仅仅依靠个人或医疗卫生系统无法解决一系列的居民健康问题和公共卫生问题。1986 年，首届国际健康促进大会通过的《渥太华宣言》明确指出，健康促进涉及五个主要策略：制定能促进健康的公共政策、创造支持的环境、加强社区的行动、发展个人技能、调整卫生服务方向。2013 年 6 月，第八届国际健康促进大会提出将健康融入所有政策。健康中国战略推进要强调政府的主导作用，也强调社会共同参与的公共健康协同治理。社会政策是推动健康中国建设的重要工具，要积极运用社会政策促进国民健康。要将确保民众健康作为一项重要的议题列入各级政府的发展规划中，通过政府、社会与市场等方面的跨域合作，全方位、全周期地保障国民健康。

（三）公共体育与健康促进的互动

2007年，美国运动医学会倡导"运动是良医"的理念，鼓励临床医生将"体力活动"作为基本生命体征融入问诊体系，提倡健身指导人员与临床医生共同参与疾病预防与治疗，提高民众科学健身水平。以治疗为中心的被动依赖型健康干预已经无法有效保证我国全体人民的健康，应逐步转化为主动自助的干预。全民健身作为非医疗干预健康的重要手段，在主动干预中占有很重要的地位，是实现全民健康的重要途径，在实现健康中国过程中体现着多元价值。全民健身与全民健康深度融合的本质是探索一条运动促进健康之路，最终目的是解决我国面临的健康问题，促进健康中国战略的实施。

（四）健康促进理论在本书中的应用

"健康中国"上升为国家战略，以提高人民健康水平为战略核心，以最终实现全民健康为基本目标。为发挥公共体育服务的健康促进价值，公共体育服务质量改进要把人民健康放在优先发展的战略地位，将提升国民健康水平作为目标和评价标准。公共体育服务质量影响因素分析要以健康促进理论为指导，通过为民众健身创设场馆设施、组织活动等环境支持，进而提高公众主动参与健身的意识与科学健身的能力。在公共体育服务质量改进策略设计上，明确人民主体地位，树立全方位、全周期保障人民健康的"大健康"理念，构建覆盖全人群、全生命周期的公共体育服务体系，确保实现均等化。遵循"国家治理体系和治理能力现代化"趋势，构建协同治理框架，推进多元主体跨域合作，打破体育、医疗卫生等部门的边界与壁垒，创新全民健身与全民健康的融合模式。

第三节　新时代公共体育服务的内涵、特征

一、新时代公共体育服务的内涵

新时代是全国各族人民团结奋斗、不断创造美好生活、逐步实现国民共同富

裕的时代，是坚持"以人民为中心"的立场、为人民服务的宗旨和人民对美好生活憧憬的奋斗目标的体现。随着人民需要从"物质文化"上升到"美好生活"，公共体育需求具有了更加个性化、更加均衡化、更加高端化的特征，面对新时代社会主要矛盾的转变和经济社会的快速发展，根据新时代的新使命、新理念与新要求，公共体育服务具有了新的内涵。据此，通过对公共体育服务内涵进行再认识与总结，结合新时代的使命、要求与理念，总结出新时代公共体育服务是指我国发展处于新的历史方位，在坚持以人民为中心、体现公平公正的前提下，为实现和维护全体人民的体育公共利益，满足全体人民个性化、品质化和公平化的体育需求，以政府部门为供给主导，社会力量有机协同参与，依据法定职责，运用公共权力提供的公共体育产品和服务行为的总称。这一内涵不仅包含了公共体育产品、公共体育设施等器物层面上的服务，还包括管理、组织、生产、供给和保障等行为层面上的服务。譬如，公共体育场地设施服务、公共体育活动服务、公共体育组织服务、公共体育指导服务、公共体育信息服务和国民体质监测服务等器物层面的服务内容；公共体育政策服务、公共体育生产服务、公共体育资源供给服务、公共体育管理服务、公共体育监督服务以及公共体育评价服务等行为层面的服务内容。

　　公共体育服务是保障和改善人民群众最直接的体育需求与利益的重要途径，其服务质量直接关系着公众生活质量和幸福指数。现阶段我国已基本形成"比较完整、覆盖城乡"的基本公共体育服务体系，处于"广覆盖，低水平"的层次，但人民群众日益增长的多元化、多层次的体育需求与公共体育服务有效供给不足的矛盾依然突出。因此，我国公共体育服务事业必须站在新的历史起点上，加快高质量发展的步伐，优化公共体育服务供给结构，切实提升公共体育服务供给体系的质量。因此，本书从社会质量视阈出发，着眼于公共体育服务发展的"社会性"，借用社会质量理论的分析框架，探讨公共体育服务高质量发展的内涵，将"高质量"取向进一步延伸至公共体育服务建设的社会领域，促进公共体育服务的优质、高效、可持续发展，为更全面地开展公共体育服务高质量发展研究提供理论参考和依据。

　　社会质量视阈下的公共体育服务的高质量发展是指公共体育服务的公众感知质量，公众满意度，资源要素分配质量，供给过程的质量，以及经济社会效益在覆盖数量、规模与程度、质量层次、效益水平、切合需求等方面达到最优的状态。因此，从社会质量的四个维度出发，公共体育服务高质量发展的内涵包括以下四点：其一，公共体育服务社会经济保障作为公共体育服务高质量发展的最基础要素，是指提供公共体育服务的基本经济保障及相关制度保障；其二，公共体育服务社会融入是公共体育服务高质量发展的基础和铺垫，关系到公众公共体育服务的需求满足和权利实现，可通过公众的服务感知、空间感知、效能感知、资源感知等方面的满意度调查，反映公共体育服务社会融入程度；其三，公共体育服务社会参与是公共体育服务高质量发展的内生动力，其关键是公众有效表达体育需求与参与供给和建设的过程，使人民群众在共创共享中提升获得感、幸福感，通过公共体育服务信息公开情况、社会体育组织供给主体参与度、公共体育设施维护状况、公众公共体育服务需求表达和权益申述以及参与公共体育服务建设发展的意愿和途径，可以反映公共体育服务参与的水平；其四，公共体育服务社会赋权的关键是坚持人民群众的主体地位，进一步保障和维护公众公共体育权益，实现公共体育服务的更高质量、更有效率、更加公平、更可持续、更为安全的发展，以期更好地满足人民日益增长的美好生活需要和多元化、多层次的体育需求。

二、新时代公共体育服务的本质特性

（一）新时代公共体育服务的公共性分析

公共性是公共体育服务的核心属性。具有公平与正义特征的公共性是一种价值理论，客观要求政府满足公众要求，让公民享有平等参与权和参与机会，并强调公共服务舆论的监督和批判作用。公共性包含了服务、回应、透明、平等、法治、民主和问责等价值维度。汤际澜认为公共体育服务的公共性体现为供给主体、供给目标、供给客体以及供给内容四个要素。供给主体的公共性不仅是指政府的公共性，私人组织同样具有公共性的要求；供给目标的公共性是指社会成员对体育需求的共同倾向和经济社会发展水平相适应；供给客体的公共性要求公平地向所有社会成员提供公共服务；供给内容的公共性则是指应当满足社会及成员的公共需要并为其带来公共收益。但是，公共体育服务公共性不能简单地从四个要素去分析，公共体育服务是各要素构成的有机整体，其公共性体现为实现公共体育服务公共性的发展过程中建立的制度安排。由此看出，公共体育服务是顺应时代发展而不断变化的动态过程，会随着构成要素的变化而改变，也会随着制度安排的完善而改变。结合我国人民日益增长的美好生活需要和不平衡不充分的发展之间的社会主要矛盾来看，人民期待更充分、更平衡和更丰富的公共体育服务供给。目前，在深化体育改革的背景下，我国公共体育服务的供给主体多元化已见雏形，所以新时代公共体育服务的公共性在已形成多元供给主体的基础上，要更加注重如何做到优化供给。针对公共体育服务的主要矛盾和供给主体的转变，优化供给的关键在于解决不平衡、不充分两个问题。在公共体育服务供给中，不平衡是指公共体育服务资源没有合理分配，不充分是指公共体育服务资源没有充分利用。基于这两个问题，公共体育服务的公共性应强调提供公共体育服务资源主体之间的合作性和效能性，以此来提高公共体育服务资源分配的公平性，还要特别注意公民和供给主体之间信息的公开性，有效提高公共体育服务的供给效率，让公共体育服务的供给落实到每一个公民身上，满足其多层次、多元化的体育需求。

（二）新时代公共体育服务的整体性分析

公共体育服务的整体性是指公共体育服务是一个有序的系统组合，其建立应着眼于公共体育服务的统筹和运作。习近平新时代中国特色社会主义思想明确全面深化改革的总目标是完善和发展中国特色社会主义制度，推进国家治理体系和治理能力现代化。在这一时代背景下，公共体育服务也要从单一的政府主导模式转变成多元化协同治理模式。其实"协调发展"早在我国《体育发展"十三五"规划》中就已提出，是体育发展五条基本理念之一，要求不断增强各项体育工作的系统性和协同性。新时代公共体育服务的整体性可以从两个方面来阐述：一是供给体系内的整体性；二是公共体育服务中多元供给主体之间的整体性。我国公共体育服务的供给主体虽然已经开始呈现多样化，但是，由于各个主体之间未形成协同治理的格局，信息共享不通畅、参与比例不均衡，以至于各个主体之间出现分散化、碎片化现象，造成有限的公共体育服务资源被浪费，这也是公共体育服务供需不充分匹配的主要原因。新时代的协同治理针对的是多元化主体之间的治理方式，治理主要是通过协同、合作、竞争、联动的形式，以政府与其他社会主体之间的利益契合点为治理原点，突出政府引导扶持的服务职能，强化社会资本融入，培育公众参与治理的机制与路径保障，实现多元主体的功能联动、制度约束、优势互补、协作竞争，实现多元社会力量与政府的有效整合，尤其是多元主体协作、合作治理，通过主体间的协同关系发挥治理效能，降低治理成本。所以，这一科学治理模式运用到公共体育服务的构建当中，有利于解决我国公共体育服务的整体性问题。

（三）新时代公共体育服务的效能性分析

目前，我国人民的公共体育服务需求已经不再局限于公共体育服务的基本保障，这表示人民对美好体育的需求日益旺盛，且对公共体育服务的要求也逐渐提高。提升公共体育服务水平的关键在于完善各级地方政府公共体育服务绩效考核体系，党的十九大报告将"全面实施绩效管理"写入其中，意味着在今后的全民健身管理工作中，绩效都将成为一项非常重要的内容。随着政府由经济建设型政府向服务型政府的转型，如何改善和提高政府工作的效率、效能和效果变得日益迫切。新时代公共体育服务提出转变政府职能需要研究制定综合评价体系。综合评价体系的构建要精确把握我国公共体育服务发展的不平衡、不充分的问题，"以人民为中心"作为绩效考核机制的价值取向，从多方面综合评价政府的体育工作。在公共体育服务领域中，作为服务型政府，政府的位置要逐渐向总领方向、制定政策、监督管理等方面转变。执行政策是提高公共体育服务效率的手段之一，而我国公共体育服务政策有效执行的情况不容乐观。所以，提高公共体育服务政策执行的有效性，也是新时代公共体育服务效能性要多加关注的方面。除此之外，新时代公共体育服务效能性的提高要充分结合大数据这一技术手段。大数据已成为国家基础性战略资源，既是推动经济转型发展的新动力，也是提升政府治理能力的新途径，必须加快政府数据开放共享，推动资源整合，提升治理能力，从而提高我国公共体育服务供给的质量与水平。

第四节　新时代公共体育服务的价值取向与发展方式

一、新时代公共体育服务的价值取向

"包容性增长"译自英文 Inclusive Growth。2007 年，亚洲开发银行首次提出"包容性增长"的概念。包容性增长强调实现经济社会协调可持续发展，让全体人民共享发展的成果。其中，机会平等是包容性增长的核心，"参与"和"共享"是内涵，且是益贫式增长，并逐渐成为民生发展的制度诉求。因此，包容性增长是提倡公平合理的分享经济增长，体现出公平与效率的内在一致性，"包容性"意味着机会平等和制度公平，"增长"意味着效率。"包容性增长"理念对于我国公共体育服务地区发展不平衡、城乡差距突出以及相关政策法规缺失等问题的解决具有很强的针对性。公共体育服务作为融合政治、经济、社会发展理想的政策目标，它本身承载着广泛而深厚的价值诉求。公共体育服务价值取向的选择为公共体育服务的政策手段及制度措施设定了原则和依据。按照"包容性增长"的理念，公共体育服务建设必须以公平与效率为价值取向。具体来说，需要从以下几个方面进行把握。

（一）核心理念：注重共享和参与

共享和参与不仅是机会的平等，也是实质的公民权利，更是让社会弱势群体有着真正公平参与的机会与实质的自由，旨在实现机会平等、过程公平直至结果正义的目标。1975 年的《欧洲体育运动全员宪章》，1978 年的《体育教育和体育运动国际宪章》，以及 1996 年的《奥林匹克宪章》均强调了公民参与体育的权利，因此，享受公共体育服务自然成为公众参与体育的权利之一。

在传统的公共体育服务模式下，公民只是被动地接受服务，其需求和偏好相对被忽视，这就形成了公众影响较为有限的不利局面，缺乏必要的公民参与。随着公共管理改革和"以人为本"理念的影响，共同参与公共体育服务建设可以较好地解决公共体育服务建设中供给与需求之间的偏差问题，进而保障公众接触和享受公共体育服务的机会以及基本无差别的公共体育服务，且所有的服务措施均应该无条件地向公众开放，接纳公众参加各种活动，接受公众的管理和监督。公众参与公共体育服务建设，有利于反映公共体育服务需求和对公共体育服务进行有效评价。当然，不仅要扩大公众参与渠道，强化政府服务过程中公众参与途径的制度设计；还要加强对政府公务人员的道德教育，提高政府的责任意识和对公众参与的回应性，以保证公众参与的实现。而对公众来讲，主要强化自身素质培养，培养参与能力，增强权利意识，培养责任感。

（二）内在要求：实现政府部门、社会组织、市场主体的有效互动

公共服务是一个复杂性系统，其复杂性来源于自身结构、参与方关系、供给方式和所处的社会环境。基于这种复杂性，公共服务供给中往往存在着各种不同机制的混合。公共体育服务不仅是一个不断推进和逐渐实现科学发展的过程，还与供给机制、品质评价及成本构成息息相关。政府与市场、政府与社会在提供公共体育服务过程中的角色定位、边界所在及其有效互动是构建公共体育服务体系的内在要求。

公共体育服务供给的内在要求使其理应符合"公平"标准。但是随着经济领域和社会领域自组织力量的发展，政府与市场、政府与非政府组织间的传统界限逐渐被打破。政府、私营部门、第三部门之间的关系有主有次，体现出很大的竞争与合作性，而公共体育服务供给过程也演变成为由各种不同角色所组成的复杂的合作网络的过程。公共体育服务供给强调政府、市场与社会的有效互动，归根到底就是为了满足公众对公共体育服务的需求，是一种以公众需求为导向的社会

活动。公共体育服务各供给主体保持着一种相互独立、相互竞争、相互合作和制衡的关系，并在特定规则的制约下实施行动。任何一供给主体都无法完全准确地反映公众需要偏好和现实的利益诉求，各供给主体也会因其自身的价值判断而造成供给结果与需求公益目标不一致问题的出现。政府应着力构建公共产品供给多元主体之间的对话合作机制，建立起共同承担风险的公共体育服务供给联合体；政府应建立合理的激励和约束机制，提高私人部门的社会声誉，加大政府补偿力度，对非营利组织提供财政资金支持等，激励其参与公共体育服务供给，满足公共利益；进一步完善公共体育服务的市场价格形成机制，约束各主体市场利益最大化的冲动，保证每个公民公平享有权利。因此，兼顾效率与公平的公共体育服务成为新时期我国公共体育服务发展的重要内容。

（三）实践导向：实现公共体育服务均等化

目前，我国公共体育服务供给不仅水平较低，无法切实满足群众日益增长的文化消费需要，而且供给在城乡之间、区域之间与群体之间的差距依然存在。所以，公共体育服务体系必须关注弱势群体的偏好差异，在满足人民群众基本需求的前提下尽可能尊重不同群体的自由选择。公共体育服务建设必须使得城乡之间、区域之间、群体之间的公共体育服务成果享用更加趋于协调、均衡，在尊重实际差异和自主选择的基础上实现公共体育服务的普遍受益。

公共体育服务均等化意味着必须保证公众享用公共体育服务需求、权利、能力及结果的均衡平等，实现公共体育服务区域均等化、城乡均等化以及不同群体之间均等化。具体需要做到如下几点：

（1）关于财政保障。要明确中央与地方的事权，健全财力与事权相匹配的财税体制；完善与规范中央财政对地方的转移支付制度，提高财力性转移支付的比例，实行纵向转移与横向转移相结合的模式；建立公共财政投入增长机制，增加其对公共体育服务更大的覆盖领域，促进公共体育服务均等化的实现。

（2）关于组织保障。公共体育服务组织保障除了纵轴结构与横轴结构外，还应具有空间轴结构，即政府组织、非营利组织、私人组织以及各种公共体育服务机构在地理位置上的分布形成的空间轴结构。

（3）关于政策法规保障。要整合现有公共体育服务的法律、法规和部门规章条例，为逐步实现公共体育服务均等化奠定坚实的法理基础。在法律体系的纵向层次上，尽快整合政策、法规，清理不符合公共体育服务均等化原则的法规、规章、政策，将较为成熟的政策、法规通过立法的途径上升为基本法律，提高其权威性、统一性。

（4）加强绩效评价。要制定科学的公共体育服务绩效评价标准，注重评价的可操作性，做到定量分析和定性分析相结合，为公共体育服务均等化提供改善建议。

二、新时代公共体育服务的发展方式

近年来，国家出台各种政策法规大力支持社会公共体育服务的发展，以确保人们能够享受到广泛均等的体育服务。政府供给是维持我国公共体育服务发展的主要方式，政府承担着公共体育服务的规划、建设、购买、监管等工作，是公共体育发展的重要保障。但是随着社会发展和人们体育需求的增长，政府供给下的公共体育服务日显不足。因此，在政府的引导下越来越多的社会组织参与到了公共体育服务发展建设中来。当前，我国的公共体育服务发展方式开始变得越来越多样化，主要体现为：其一，政府主导。国家和各级地方政府是公共体育服务的主导者，政府领导其下属体育行政部门共同开展各项服务工作，其中包括制定公共体育服务政策、协调购买公共体育服务的相关设施资源、管理监督公共体育服务的运行等，以此保证公共体育服务的质量。其二，社会非营利性组织参与。由群众自发组织的体育社团、体育基金会等，不仅不以营利为目的而且服务也比较灵活高效，在很大程度上缓解了政府在公共体育服务供给方面的压力，目前社会非营利性组织在我国公共体育服务供给体系中的地位日益凸显。其三，市场供给。在政府和社会非营利性组织无法满足体育服务需求的情况下，政府将一些体育服务工程或项目外包给市场上的营利性体育企业或体育组织，让其在正常盈利的前提下，为社会提供更多的优质公共体育服务，以此来分担政府的公共服务职能。

第五节　小结

质量正在超越组织的界限，进而囊括顾客对组织而不仅仅是产品或服务的质量的整个体验，很快质量将会被应用来解决社会问题，塑造社会。当前，公共服务质量成为公共管理的重点领域，也就验证了这一点。当代中国质量强国战略必将引领社会各个领域的发展，优质的公共体育服务是"人民美好生活"的重要组成部分，也是健康中国战略的重要保障。为顺应质量引领的发展趋势，全面研究质量管理专业知识，构建公共体育服务质量管理体系是当前的研究方向所在。本章对公共体育服务质量的概念及内涵的界定，初步解决了"是什么"的问题，为未来研究做出了基础理论的铺垫，接下来要重点解决"怎么样"的实现路径问题，也就是要深入研究如何通过改善影响因素条件，实现公共体育服务质量的持续改进。

本章以公共服务理论为基础，按照公共服务、基本公共服务、公共体育服务的逻辑顺序，对相关概念进行了辨析，明确了公共体育服务的内涵、边界、属性和特征，并在不同学者界定公共体育服务的基础上，根据公共体育服务的内涵和特征，提出了本书研究的公共体育服务的概念，认为公共体育服务是以政府为主导、以公共财政投入和政策为保障、以提高全民族健康素质为目的、以建设体育强国为重要任务，社会多方参与形成的满足群众体育需求、保障群众体育权益、面向群众提供的公共体育产品和服务的总和。同时，本书对治理理论、新公共管理理论和新公共服务理论进行了阐述，并分析出对公共体育服务建设有重要意义的观点：一是鼓励社会力量参与公共体育服务；二是转变政府职能，构建服务型政府，大力培育体育社会组织；三是公共体育服务供给机制应该以公众体育需求为导向；四是应该在公共体育服务供给过程中确立效益观念；五是以人为本，而不只是重视生产效率。

全面把握公共体育服务的内涵、特征、价值取向与发展方式，对于保障公共体育服务建设，促进公共体育服务高效、均衡发展有着重要意义。本书认为：其内涵主要是指政府部门、市场组织与非营利组织为满足公民及其组织需要的有关服务内容、服务形式、服务机制与服务政策等的制度安排；其特征主要包括系统性、公共性、统筹性、服务性、保障性、科学性与创新性等；价值取向是指要注重共享和参与，重视公共体育服务均等化的实现以及达成公共部门、社会组织、市场主体的有效互动；发展方式一是政府主导，二是社会非营利性组织参与，三是市场供给。

第二章　新时代公共体育服务供给现状及策略研究

第一节　公共体育服务供给的实践进展与问题审视

从理论与实践互动的基本逻辑出发，质量追求为我国公共体育服务未来发展明确了方向，相关理论研究开始逐步展现推进实践的指导价值。为响应国家政策要求与民众健身需求，我国各级各类公共体育组织做出了积极的实践探索，体现了应有的责任担当。但是，目前的公共体育服务质量依然不能尽如人意，通过对现实问题的梳理，可为后续研究明确着力点与落脚点，体现问题导向。创造性地利用矛盾，通过创新摆脱和解决矛盾，恰恰是政府改革本身的应有之义。

一、实践进展

高质量的公共服务是人民群众的期望，也是推动社会治理创新的重要保障。改革开放 40 多年来，我国走出了一条中国特色的群众体育发展道路，政策引领、服务体系以及执行工具日趋完善；形成了体育政策与体育法治交融，体育理论与体育实践互动，奥运争光与全民健身并进的体育发展特点。政府对公共体育服务的财政投入持续增长与优化扩大了公众体育参与的机会，提升了公众体育参与体验，保证了公众公共体育服务权益的均等化。

（一）引领政策日趋丰富

现阶段，我国关注发展质量的趋势日益明显：中共中央、国务院《关于开展质量提升行动的指导意见》（中发〔2017〕24 号）要求提升社会治理和公共服务水平；党的十九大报告指出大力提升发展质量和效益。我国"十三五"规划要求发展过程中以提高发展质量和效益为中心，坚持质量强国战略。《国务院关于印发"十三五"推进基本公共服务均等化规划的通知》（国发〔2017〕9号）要求全面提升基本公共服务质量、效益和群众满意度。《质量发展纲要（2011—2020年）》提出将国家和地方质量奖励制度作为质量提升激励机制的重要手段。《关于加快发展体育产业促进体育消费的若干意见》（国发〔2014〕46号）明确提出将全民健身上升为国家战略。

（二）服务体系不断完善

近年来，我国公共体育服务财政投入稳中有升，体育场馆资源建设进程加快，体育群众组织建设不断加强，体育人力资源总量发展迅速，覆盖城乡、比较健全的全民健身公共服务体系基本形成。2013年，国家体育总局本级体育彩票公益金共计230544万元，其中用于体育场地设施建设高达174772万元，占总数75.81%。"十二五"期间，政府对公共体育设施建设共投入体育彩票公益金13.3亿元。2017年，全国用于全民健身的经费共197.59亿元，国家体育总局用于全民健身的经费是20亿元，比上一年增长23.38%，其中彩票公益金19.68亿元，比前一年增长23.85%。2019年，国家体育总局本级使用彩票公益金386900万元，其中援建公共体育场地设施和捐赠体育健身器材投入152327万元，资助或组织开展全民健身活动投入100462万元，组织开展全民健身科学研究与宣传投入5555万元。截至2017年底，我国体育场地已超过195.7万个，人均体育场地面积达到1.66平方米，全国各市、县、街道（乡镇）、社区（行政村）已经普遍建有体育场地，配有体育健身设施。

近年来，体育健身组织网络日益完善，社会体育组织在全国正式登记的数量增长幅度上升至10.86%，县级以上体育总会覆盖率为72%，平均每万人的全民健身站点数量达到3个。2016年，全民健身工作部际联席会议制度建立，全民健身工作机制实现重大创新突破。2018年，全民健身领导协调工作机制建设启动，到目前为止全国已有90%的省区市、78%的地市、61%的县级政府构建完成，各级政府全民健身齐抓共管机制初步完成。体育健身赛事活动纷纷实施，仅2017年"全民健身日"前后举办近3300场活动，参与人数逾9000万人，按年来计算每年参加赛事人数超过1亿人次。

（三）执行工具日趋多元

当前，公共体育服务领域已经进行了大量的实现机制探索与落地操作尝试，标准化、市场化、社会化政府工具开始不同程度地运用并取得了相应的效果。

2018 年，国家体育总局和国家市场监督管理总局正式联合印发《体育标准体系建设指南（2018—2020 年）》，为公共体育标准化未来发展提供了方向标和路线图。《2018 年体育标准立项指南深化标准化改革》指出体育行业标准的制定以体育事业管理、服务为主，逐渐优化标准体系结构。2014 年，江苏省在全国率先探索地方政府购买公共体育服务。上海、广东等地也尝试政府通过购买公共体育服务实现资源配置的实践活动，主要内容包括业务培训、群体赛事、健身活动、场（馆）设施开放、场（馆）设施建设与维护、国民体质监测与指导等方面。2017 年，江苏省从省级体育彩票公益金中安排 5000 万元体育消费券专项资金，采取"体育＋互联网＋金融"的模式向市民发放，全省共 350 家指定健身场馆参与消费券发放活动，申领消费券的健身群众达到 46 万人次，拉动体育消费近 4 亿元。截至 2017 年 9 月末，我国公共体育服务领域 PPP 项目投资 998 亿元，比重占到管理库中基本公共服务领域项目的 10％。

二、问题审视

新时代群众体育应以提高体育参与水平和质量为核心目标，为实现"两个一百年"目标、推进健康中国战略发挥积极作用。但是，现阶段我国公共体育发展还不能满足人民群众多元化、多层次的体育需求。公共体育服务问题突出表现为以下几个方面：

（一）公共体育服务顶层设计滞后

我国公共体育服务相关法律制度不健全并相对滞后，以质量统领公共体育服务发展的法规文件并不多见。1995 年通过的《中华人民共和国体育法》（以下简称《体育法》）实施至今，在保障现实公共体育服务方面收效甚微，并且远远落后于现实需求。2003 年颁布的《公共文化体育设施条例》显然已落后于时代发展，亟待修订与完善。我国公共体育服务质量改进的规章制度仍不健全，有关公共体育服务建设、运行方面的专门性法律法规几乎空白。顶层设计在落实过程中呈现逐级衰减执行的现象。

公共体育服务标准化体系尚未建立，缺乏全国统一标准，标准制定滞后，标准化的研究力度不足，缺乏宣传培训及政策法规引导等。《社会管理和公共服务标准化发展规划（2017—2020 年）》要求研制与应用公共体育服务、竞技体育、全民健身、国民体质监测、体育场馆设施标准。但是，公共体育服务方面的国家标准明显不符合文件要求，仅有《体育场所开放条件与技术要求》（GB 19079）、《公共体育设施 室外健身设施应用场所安全要求》（GB/T 34284—2017）与《公共

体育设施 室外健身设施的配置与管理》（GB/T 34290—2017）等几项。2017 年，国家体育总局发布了《体育标准化管理办法》，鼓励各级体育行政主管部门运用标准化手段提供公共服务。但是此文件对公共体育服务涉及较少，仅仅停留在理念指导层面的条文势必削弱实施过程的可操作性，也无法应对公共体育服务的复杂性。

迄今为止国家层面体系化、制度化的公共体育部门质量认证设计一直没有建立，利用"公共服务质量奖"激励相关部门改善服务质量的效果也未曾展现。公共体育服务质量仅是在国家质检总局 2015 年发布的我国首个关于公共服务质量的评价报告中有所提及。尽管国家认证认可监督管理委员会和国家体育总局联合制定的《体育服务认证管理办法》自 2006 年 1 月 1 日已经开始施行，但是目前国内仅有北京华安联合认证检测中心一家体育服务认证机构，认证内容也仅以各类场馆开放、商业健身俱乐部星级评定为主，专门化的公共体育服务质量认证与奖励并未涉及，认证结果的行业影响力与认可度有待提高。

（二）公共体育服务主体间协同机制不畅

目前，公共体育服务的供给主要来自各级政府，体育社会组织与各类体育企业承担公共体育服务的角色并不清晰，体医融合的壁垒未能打破。组织间协同能力不足、协同意识缺乏、协同形式单一、协同内容不丰富、协同层次不深入。国家与市场不同逻辑制度的双重限制，削弱了体育社会组织"共荣利益"的可能性，结构性视角下的权力观阻碍了体育社会组织身份合法性的实现，使得其应标承接公共体育服务显得困难重重。在承接政府职能转移过程中，公共体育组织在服务的数量、规模、专业化和社会公信力方面均存在较大的问题。另外，还存在定位不准、行政化严重、职能转移不当、发展不平衡等"特殊问题"。2014 年，上海市各级各类体育协会有 918 家，主动提出参与投标承办市民体育大联赛的体育协会只有 36 家。近年来体育社会组织的增幅除 2017 年略微上升外，整体呈逐步下滑的总趋势，与 2017 年相比，2018 年体育社会组织的增幅下降了约 3.9%。

（三）公共体育筹资渠道单一且效率偏低

近年来，我国体育事业支出绝对规模逐年增长，但相对规模处于逐年递减的状态，并且财政投入结构不尽合理，经费投入依赖体育彩票公益金的局面依然存在。2013 年，全国地方财政投入用于全民健身 170.21 亿元，其中财政拨款 105.72 亿元，彩票公益金 64.49 亿元，全国全民健身事业经费人均仅为 6.16 元。2018 年，海口市财政拨款至体育事业发展的经费有所提高，但对于一个当时有 260 多万人口的省会城市而言，3568 万的经费基本是杯水车薪。2019 年，河南省农村体育公共服务经费中，39.1%是社区通过自筹的方式获得，32.6%是依靠政府扶持拨款，企事业单位的赞助占15.2%。

很多地方存在挪用、不按规定批复体育彩票公益金的状况。2012年，湖南省体育彩票公益金投入群众体育的比例仅为3%，远远低于60%的要求。山东省2011年有3.58亿元体育彩票公益金未纳入财政预算；2012年，该省及8个市、62个县的体育部门还将应用于资助开展全民健身活动、整修和增建体育设施的体育彩票公益金3447.28万元，用于办公经费、办公楼维修及车辆购置等。山东省对中小型的体育场馆进行了财政补贴，据调查部分体育场馆领取补贴后并未按要求免费对社会开放。

我国公共体育服务财政投入效率总体偏低。江苏省2015—2016年公共体育服务财政支出不同地区的综合效率差异明显，仅有23.08%的地区财政支出的综合效率达到DEA（Data Envelopment Analysis，简称DEA）有效。成都平原城市群公共体育服务整体效率不高，存在投入冗余和产出不足等问题，所有城市都未在最优规模收益下进行公共体育服务建设。

（四）公共体育设施数量不足且管理落后

我国公共体育场地设施的数量、质量和服务水平，还远远不能满足广大群众的体育健身需求。《中国公共体育服务发展报告（2013）》指出：影响参加体育锻炼的原因中缺乏体育设施排在第二位。传统公共体育设施与大众对公共体育设施功能和品质日益增长的需求之间的矛盾日渐突出。2019年的调查显示，当前人民群众在社区文体中心和全民健身中心进行锻炼的较少；能开展户外运动的场地设施数量少、质量差、离家较远；在商业性体育经营场所中，人们认为场地和服务收费太高是突出问题。城市公共体育服务空间存在局部负荷过重、局部资源浪费、服务对象单一以及布局不合理等问题。设施规划不合理，15分钟健身圈的设想并没有全面落实，健身生活化难以实现。

在体育设施数量仍普遍不足的同时更普遍存在着过程管理落后的问题，这进一步降低了公共体育设施的服务效率和效果。2019年的调查显示，部分省份体育基础设施存在设施老化、生锈和损坏的情况，在部分农村地区还存在根本没有健身设施和体育指导员的情况。部分地区公共体育设施对外开放水平低、收费高、政策落实不到位、缺乏日常维护等问题严重。学校和企事业单位体育场地开放率低，全国公共体育场馆平均开放率为86%，有7个省（区、市）开放率在80%以下。全国有15个省（区、市）学校体育场地开放率在50%以下，只有5个省（区、市）学校体育场地开放率在80%以上。

（五）公共体育健身参与度低

与传统体育强国相比，我国经常参与体育锻炼的人数比例较低。调查发现，黑龙江省居民很难从大众渠道获取公共体育服务的相关信息；兰州市仅有20.6％的人达到经常参加体育锻炼的标准；太原市健身人群的体育运动需求多为场地设施服务与体育活动服务等，需求层次处于初级阶段；传统的农民体育活动已经满足不了现实需求，不能从根本上促进农民体育的发展。

（六）公共体育服务满意度差

《中国公共体育服务发展报告（2013）》显示，我国居民对公共体育服务总体的满意度不高，仅有14.1％的城乡居民对公共体育服务持"满意"态度，超过1/3的居民认为自己所享受的公共体育服务"一般"，有18.5％和13.7％的居民对当前公共体育服务"不太满意"或"不满意"。近年来，各地民众对公共体育服务满意度依然不高。2017年，河南民众对大型体育场馆健身完全满意的比例为0，比较满意的比例仅占17.9％。2018年，广东省21个城市的居民对公共体育服务经费支持和公共体育服务设施不满意。2019年，上海市民对公共体育服务的整体满意度处在"一般满意"的水平，对公共体育服务中的硬件设施、健身步道的维护满意度较低。2020年，河南省农村公共体育服务满意度调查中，64％的村民选择无体育健身指导员，70.1％的村民选择村里从未组织过任何体育活动。

（七）公共体育服务均等失衡

《中国公共体育服务发展报告（2013）》指出我国体育公共服务资源配置呈现出不均等的趋势，即区域差异十分明显，省际差距不断拉大，城乡之间存在鸿沟。不同区域的居民对公共体育服务总体状况的满意程度存在差异，东部地区的居民对公共体育服务的满意度最高，西部地区其次，中部地区满意度最低，仅有5.8％的中部地区居民对公共体育服务持"满意"态度。我国三大区域体育公共服务财政支出数据（2008—2016）显示：从支出总量上看，除2015年外，其余表现为东部地区＞中部地区＞西部地区，公共体育服务财政支出差异主要来自区域间差异。近年来，我国体育场地公共体育服务供给综合水平的空间差异相关性较大，东部地区省份体育场地公共体育服务供给水平较高，中部地区省份次之。我国公共体育资源发展数据（2008—2016）显示：公共体育资源整体发展水平有所提升，但区域非均衡发展特征依然明显。县域经济百强县公共体育资源配置不协调、不平衡和不充分问题突出。

2019 年，广东省不同年龄阶段的居民对于体育公共服务的满意度存在显著差异，20—39 岁、40—59 岁的城市居民对体育公共服务满意度的得分较低；70 岁以上居民对体育公共设施和组织非常满意。2020 年，我国 60—69 岁及 70 岁以上老年群体对健身指导、体质监测等体育公共服务的不满意人数，分别居第一及第二位。"空心村"现象明显，农村体育人口"二元性"情况严重。农村妇女体育的整体发展水平低下，大部分农村妇女缺乏锻炼身体的意识，体育锻炼的强度达不到预期效果。

第二节　公共体育服务供给的发展趋势与要求

一、发展趋势

新时代人民生活需求呈现多样化、多层次、日益广泛等特点，人民不仅有物质文化方面的美好生活需要，更有政治生活、精神生活、社会生活等多方面的需要。从供需角度来看，新时代公共体育服务是随着人民生活需求的变化而变化的，其变化趋势具有全面性、多样性、公平性、发展性等特点。新时代公共体育服务不仅在服务产品的范畴、质量等方面更加广泛和优质，而且从注重管控趋向于注重治理和服务，从粗放供给趋向于规范、精细供给，在公共体育政策服务、公共体育管理服务等服务行为方面也与时俱进，呈现出更加全面的趋势。

随着"锻炼、观赏和购买服务商品"为一体的需求的快速拓展，以及体育与休闲、娱乐、旅游、美食等相关行业的深度融合，人们追求的更多是放松、满意、愉悦、刺激等精神与心理感受。这使新时代公共体育服务的供给趋向于软服务，公共体育设施供给也由单一设施向配套设施转变，公共体育服务供给结构和类型越来越丰富多样，展现出新时代公共体育服务越发多样化的趋势。

在坚持"以人民为中心"的服务宗旨下，新时代公共体育服务更加注重公平公正，基本公共体育服务均等化水平得到持续提升。新时代的公共体育服务越来越照顾到不同群体、不同地域的体育需求，这体现了新时代公共体育服务更具公平性的发展趋势。

融入地方传统特色和群众需求偏好的公共体育服务，使得"一地一品""一区一品""一行一品"的格局正在形成，极大地发展了公共体育服务内涵。同时，VR（虚拟现实）、4K、人工智能等热门的数字技术逐步运用于公共体育服务领域，使得新时代公共体育服务走向"互联网思维""手机思维"，标志着新时代公共体育服务从传统迈向现代。这展现出新时代公共体育服务更具发展性的趋势。

二、供给要求

新时代公共体育服务要以满足人民群众美好生活需要为出发点和落脚点，并将其融入中国特色社会主义事业"五位一体"总体布局和实现国家治理体系和治理能力现代化中，以高质量、高公平的体育服务回应人民群众对美好生活的向往。新时代发展公共体育服务要站在新的历史起点，面对我国社会主要矛盾的转变，做出战略考量和整体谋划，其要求包括以下三个方面：

第一，在服务品质层面，高质量成为新时代我国经济社会发展的鲜明指向，这是公共体育服务供给要遵循的新的标尺。党的十九大做出了一个重大政治判断，即中国特色社会主义进入了新时代，这对我国发展新的历史方位进行了明确，成为深刻把握当代中国发展变革新特征的时代坐标和科学依据。从实践上看，新时代回应公众美好体育需求，持续改进公共体育服务质量，是实现体育治理体系和治理能力现代化以及公共体育服务实践发展的基本趋势。个性化、品质化等成为新时代公共体育服务供给的新标尺。在高质量发展模式下，公共体育服务供给集中表现出公众对需求输入、服务生产、供给输出的全域质量高要求与整体性服务质量偏低之间的矛盾，以及不同区域、不同人群对服务质量分层、差异化供给的高要求与公共体育服务"一刀切"式供给之间的矛盾。面对新的矛盾，要求新时代公共体育服务遵循个性化、品质化供给，以打破服务供给"大一统"的壁垒，打破服务产品低端供给的桎梏，并通过有效的竞争与合作促进公共体育服务个性化供给精准到位、品质化供给精益求精，以此回应公众对获得感和幸福感提升的多层次诉求。

第二，在服务公平性层面，新时代转型期积累了诸多非均衡性问题，要求公共体育服务以人民为中心，更加注重公平公正，保障全体公民体育权益。党的十八大曾指出，社会公平保障体系的建立要以权利公平、机会公平、规则公平为主要内容。这标志着公平正义成为构建新时代和谐社会的基石，"以人民为中心"成为新时代坚持和发展中国特色社会主义的基本方略。就公共体育服务公平性而言，随着公众的认知水平和权利意识的不断提高，对其供给方式、供给内容、供给结构等提出了更多更高的要求，其核心目标在于解决新时代人民日益增长的美好体育需要同供给不平衡间的矛盾。从这个角度理解，新时代公共体育服务高质量供给不仅是服务品质的改善提升，还关系到公共体育服务供给均衡性的再提升。然而，在新时代转型期，供给层面表现出的城乡差异、地域差异，打破了"均等化"愿景下的公平与公正，致使部分群众的体育权益遭受损害。因此，进入新时代，为实现公共体育权益为每个人所享，要求公共体育服务坚持"以人民为中心"的供给导向，更加注重供给的公平与公正，不应以任何理由排斥任何社会个体，以确保全体公民享用公共体育服务的机会均等。

第三，在管理与制度安排层面，网络化供给崭露头角，要求公共体育服务由单一管理向协同治理转变，并实现规范化的制度安排。新时代的公共体育服务供给具有多元主体，不同主体的行为选择受到法律、协议、物质条件、激励机制等因素的影响。由于社会行为的多样性和复杂性处于一个动态变化状态，以及公共体育服务的特点和性质，多元主体参与形成的网络化供给成为公共体育服务发展的主流方向。这要求公共体育服务单一管理向协同共治转变以及制度供给进行创新性变革，以获得可持续性的整体绩效，包括主体责任、供给效益、服务满意等。新时代的社会治理格局要求扩大公共体育服务的市场开放，并在政府宏观调控下，通过"社会＋市场"的新机制整合市场组织、社会组织及个人或团体的资源、能力和技术，构建公共体育服务供给合力，从而形成网络化的供应链。面对新时代公共体育服务网络化供给形态的成形，管理模式既要从以往单向的、非对称的控制取向向协同共治、共建共享的新格局转变，又要防止市场竞争机制的滥用，造成不必要的伪竞争、无序竞争和"双重委托代理"的风险；应在信息对称的基础上，顺应公共体育服务利益相关者的收益预期，构建起长期的战略合作伙伴关系，在优势互补、动态协同中实现公共体育服务高质量供给。

第三节　新时代公共体育服务高质量供给策略

一、完善公共体育服务政策制度保障体系

目前，一些发达国家的公共体育服务已较为完善，而我国公共体育服务构建还处于摸索阶段，借鉴国外先进经验可以加快体系建设速度。西方国家在建设公共体育服务过程中非常重视政策法规及相关制度的制定和定期调整，这样保证了公共体育服务发展的有法可依。基于此，建立和完善政策制度保障体系是我国公共体育服务构建的必经之路。可实施途径有三种：一是加强公共体育服务立法建设。针对公共体育服务的各个环节，如公共体育服务购买、服务管理、服务标准

等，出台相应的法律法规或管理制度，保证各项工作的开展都有相应的规范可以遵守。二是明确规定公共体育服务的法律地位。用法律法规的形式鼓励引导更多群众参与到公共体育运动中，通过法律制度规定政府、社会、市场等公共体育服务供给主体的地位、职责等，以保证各供给主体有序服务。出台公共体育服务场所、设施等的管理使用及维护保养规定，充分发挥各种体育资源的效用，提高服务供给质量。三是定期组织专家学者对公共体育服务法律法规和制度进行研究和梳理，废止不合理规定，根据现实需要修正原有规定等，提高法律法规和制度保障体系的有效性，促进公共体育服务的有效构建。

二、多元渠道：增加财力、物力、人力投入，保"量"促"质"

补齐供给投入，提升供给质量，重在拓宽供给渠道，加强资金、人力投入，在做足"量"的基础上，促进"质"的发展。多元渠道是指供给渠道的多样化，是通过转变思维，发挥各渠道供给优势，使公共体育服务财力、人力等资源的投入满足高质量发展的需求，做足高质量供给保障工作。

一是通过多元渠道加强财力投入，形成以政府的专项资金为主导、社会资金为辅助、慈善捐赠为补充的多元财力投入渠道。首先，各级政府要完善公共财政投入机制，根据人民群众需求层次的变化，加大公共体育服务财政投入比例和体育彩票公益金支持力度。根据不同区域经济水平实现公共体育服务资金的精准供给或差异化供给，同时加强财政管理，使财政真正用于"养事"，避免腐败与浪费；建议有关部门研究并制定将体育健身消费支出纳入个人所得税扣除的可行性办法，将财政补助直接补贴给消费者而不是补贴给社会组织、企业组织等供给主体，减少财政补助在供给过程中的"损耗"。其次，发挥社会资金投入作用。一方面，体育社会组织要加强资金发展能力，通过活动赞助、减免税收等方式获取社会资金，实现社会资金对公共体育服务供给的支援。另一方面，利用慈善捐赠"查缺补漏"，通过制定相应的优惠政策鼓励吸引社会组织、企业、个人或团体以社会捐赠、社会基金的方式补充公共体育服务资金投入。

二是拓展公共体育服务的设施资源。一方面，政府要转变体育设施建设思路，建设重点可由大型专业场馆设施转为实用性比较高的小型基础运动场地，如可以在社区、广场、公园等区域建设一些小型的、便民的基础运动健身设施以及活动中心等，还可以将闲置厂区、办公楼等改造为体育运动场地，切实增加普通群众需要的体育活动场所和设施。另一方面，还要提高现有体育场馆和设施的利用效率，将可以对外开放的场馆划分为免费使用和付费使用两类，并制定完善的体育场馆开放和收费管理制度，让群众能早日享受到公共体育服务资源共享的益处。

三是形成政府、区域高校、社会组织等主体参与的多元培育渠道，加强体育社会组织专业人才和社会体育指导员培育。首先，政府要增加管理知识和体育知识兼备的高素质复合型专业人才的投放，落实"专业人做专业事"的用人理念，加快退役运动员向体育管理人员的转变，着重培养其管理能力，落实志愿服务记录制度，为公共体育事业的蓬勃发展注入新鲜血液。其次，加快社会组织孵化基地建设，建立体育社会组织骨干人才库。根据公共体育服务的发展趋势、体育社会组织的职责和目标，充分发挥孵化基地培育体育社会组织的优势，对口培育体育专业人才，对接建立体育社会组织骨干人才库，强化骨干人才资源的流通与精准配送。再次，与区域高校达成体育人才专项培养战略合作关系，发挥高校专业师资的优势，并通过创办基层社会实践基地，提供社会实践机会，加强体育人才的培训指导与交流。最后，各协会积极改革社会体育指导员技术等级制度，建立健全有效的激励机制，并结合当下热点运动项目，按照参与人数比例培育急需类型的体育专业人才，并依托"互联网＋"建立社会体育指导员数据库，共享社会体育指导员信息，构建"上下联动"的健身指导服务网络，面向不同人群，开展精细化、专业化和常态化的健身指导服务。

三、协同治理：构建多元主体协同共治机制，提升供给的量与质

协同治理主要讲述的是，在外界影响因子不断变化和内部因素的相互作用下，政府、社会和市场所形成的非平衡多元供给系统，由"无序"变为"有序"，形成网络化供给系统的过程。协同多元供给主体，要充分分析把握各供给主体的优势与实施条件，在充分匹配需求侧的基础上，强化顶层设计、调动社会积极性、完善市场机制，形成多元主体协同共治机制。此机制的基础不是控制，而是协调，机制的运行不是强制，而是协同。通过给予各供给主体以合理的角色定位，明晰各自权责关系，以推动政府、市场和社会的有机协同，构建供给合力。

一是将政府在公共体育服务供给过程中的角色定位为"主导与协同"。首先，政府应从观念上转变以往的单一供给模式，通过建立职责细化的事权管理机制，进一步厘清政府、市场和社会组织之间的责权关系；明确各主体的独立、平等地位，跨越政府与社会、市场的组织边界，形成多元主体平等、互动的网络结构。其次，政府"掌舵"与制度设计驱动，扎实推进底线服务法治化、基本服务均等化、一般服务专业化、高端服务市场化。以人民为中心制定科学合理的方针、政

策、法规、规划等，并主动加以引导，形成规范化、科学化、系统化的公共体育服务供给制度。再次，通过发挥财政拨款、专项资金、法律监管等优势，为协同供给做足保障，制定合理的奖惩制度，利用有效的反馈机制持续改进主导与协同，让人民群众共建服务质量、共享发展成果。最后，针对政府与社会的信息不对称问题，建立政府、社会、市场的多元供需信息共享平台，在不涉及国家机密的情况下，主动、及时、全面公开财政资金投入、政策法规保障、绩效评价结果、体育活动安排、体育场馆建设与使用等公共体育服务信息，满足其他主体的体育信息需求，调动社会力量参与基层公共体育服务供给的积极性，同时接收体育市场组织和体育社会组织提供的可用体育资源信息，实现体育需求和体育资源的有序对接，从而进行多元供给主体的重塑。

二是将体育社会组织在多元协同治理机制中的角色定位为"补充与协同"。首先，鼓励与支持体育社会组织发挥其在体育专业人才、组织网络体系、社会体育资源募集、信息收集与发布等方面所具有的优势，对上准确表达公众体育需求，提供更接地气的建议和反馈意见，对下协助体育部门落实好公共体育服务政策，通过高专业性、高耦合性的体育服务满足居民高质量的体育需求。其次，体育社会组织在获得合法性和政策支持的情况下，在政府未能、市场未愿涉足的领域，开展服务与治理，弥补政府和市场服务的不供给。最后，扩大体育社会组织承接公共体育服务的范围。体育社会组织通过政府的资金支持来提供公共体育服务，政府通过服务外包和体育社会组织通过承接服务生产而达成一种互动的协同关系。

三是将体育市场组织在公共体育服务协同供给中的角色定位为"互赢与协同"。首先，进一步规范市场组织资质认定、招标采购、第三方监督等规则和管理办法，并加大向市场开放公共体育资源的力度，发挥市场调节在体育资源配置中的主导作用，同时规避市场总是以等价交换追求利润的风险。其次，发挥政府购买的"杠杆"作用，撬动体育市场组织参与积极性，通过市场资源配置以及各主体间的良性耦合，获得多元主体供给效果。再次，体育市场组织要积极主动地将市场调研信息共享，充分交流沟通，积极参与公共体育服务决策，并向公众提供个性化体育服务，使"个性"市场供给与"基本"政府供给、"专业"社会组织供给相互协同。最后，做好利益分配与风险分担工作，以激励市场组织积极、舒适地参与协同供给。利益分配要综合考虑各供给主体的支付成本、投入要素的稀缺程度与风险承担程度，适当增加市场组织的利益分配比例；风险分担要基于各协同供给主体的风险偏好和承受能力，设计合理的风险分担方案，确定最优的风险分担比例。

四、区域协同、城乡一体化发展：优化供给结构，提升均等化水平

我国公共体育服务的供给应重在全面，坚持以人为本的原则和区域协同、城乡一体化的发展理念，真正做到人人共享。《体育强国建设纲要》指出将全民健身公共服务资源向农村倾斜，重点扶持边疆地区和贫困地区发展全民健身事业。首先，建议政府应根据各地区经济发展情况、民族风俗以及公众需求偏好，在利用大数据分析、需求调研以及科学规划的前提下，精准识别公共体育需求，加大财政转移支持力度，制定公共体育服务空间协调供给、差异化供给的办法，发挥政策"指挥棒"的作用。其次，欠发达地区的各地政府要以群众的真实需求为前提和导向，兼顾发掘群众的公共体育潜需求。利用媒体进行公示与听证，建立与完善民意表达机制，畅通需求信息反馈渠道，把自上而下的识别与自下而上的传递结合起来，确保供给及时有效。再次，必须树立以人为本的供给意识，从破解"去哪儿健身"难题入手，打破城乡、地区间的分割，充分考虑不同地区的经济差异和文化差异，通过统筹协调、互联互通方式大力完善区域协同、城乡一体的公共体育服务，构建"十分钟体育休闲生活圈"。最后，发挥基层政府、群众性体育社会组织联系群众的优势，通过深入走访瞄准基层体育人群的切身需求，实施差别化策略，根据所在地的人口数量和体育消费能力采取不同的供给模式，形成各地区在制度、机会上的"一视同仁"。

五、第三方监督：健全监督机制，提升供给水平

随着供给主体的多元化、监督对象的隐蔽性以及关联方监督的低效性的凸显，寻求专业、独立的第三方监督已成为必然趋势。公共体育服务供给监督层面的第三方主体是指除政府以外的、与供给主体无依附和隶属关系的、有意愿且有能力参与公共体育事务治理的企业、社会组织等专门机构。首先，进一步健全和完善第三方监督的法律法规，从立法上保证第三方监督的独立地位，并明确第三方监督的职责和权利，从而对各供给主体的内部管理和供给流程进行全程监督。其次，建议建立第三方集体诉讼制度，强化第三方监督激励措施。通过集体诉讼，众多集体成员能够凝聚形成与不规范供给主体对抗的第三方力量，遏制供给腐败利益共同体的违法行为。再次，减少政府干预，还其"应然"面貌。第三方监督既可由民间成立，也可由政府倡导而成，但在管理、经济、人事等方面要做到与供给方没有关联。通过明确的监管形式和流程、具体化的监督内容，对供给主体实施独立、公正、透明的监督，同时完善第三方监督人员的自我监督和外在

监督，防范监督人员的寻租行为，提高监督人员的职业道德，将监督行为控制在制度的藩篱内。最后，发挥"互联网＋监督"的作用，实现供给监督的智慧化和便捷化，通过数据共享网络以保障第三方监督的信息通畅，变被动为科技驱动的动态监督、主动监督，实现高质量供给监督的时效性、便捷性。一方面是联合各供给主体的信息网站与第三方信息网站联合组建公共体育服务监督与评估信息公告平台，帮助公众了解和对比供给主体的工作绩效和诚信度；另一方面，在网络自媒体时代，建立起服务监督的"法链"，通过"以链治链"发挥监管科技的主动性、动态性、分布性和及时有效性的优势，创造优质环境，健全监督反馈渠道，激活包括行业协会在内的社会监督主体的活力。

第四节　小结

面对民众公共体育服务需求的不断高涨，各级政府做出了大量的改革与创新，取得了一定的实践进展：政策导向日趋清晰，服务体系逐步完善，执行工具不断创新。然而，公共体育服务质量偏低的状况依然普遍存在。从客观上讲，我国公共体育服务的质量不高与我们所处的社会主义初级阶段不平衡不充分的发展水平有很大关系。从主观上来讲，与公共体育领域自身问题有关，公共体育领域对质量战略的响应迟缓以及对质量引领趋势的理解偏差导致"质量问题"的出现。各项主客观原因交织在一起，最终导致了体育公共服务的数量与规模虽然逐年有所增加，但无法接受市场的检验，不能获取公众的认可。归根到底，缘于理论与实践的互动不够深入，理论研究对质量管理引入公共体育服务领域的敏感性有所滞后，忽视了"因素分析—策略设计"的基本路径，导致公共体育服务质量改进的策略设计缺乏依据，实践效果也就大打折扣。面对"质量优位"的发展趋势，需要依据基础理论、参照现有研究，既要体现理论价值又要立足实际需要，把问题导向与因素识别同步，才能确保公共体育服务质量改进导向明确、因素清晰、路径可见。

"唯 GDP 论英雄"的时代已渐行渐远，更加注重服务质量与公平才是未来发展的主旋律。在体育强国建设背景下，公共体育服务进入高质量发展阶段是驱动我国从体育大国迈向体育强国的新引擎，其关乎全民健身计划的实施、体育强国建设目标的实现。准确界定新时代公共体育服务供给的内涵，精准把握其发展趋势，精细落实其供给要求，是推进我国公共体育服务高质量供给的关键，并通过一系列供给侧治理举措，来实现我国公共体育服务从量变到质变的飞跃。

第三章　发达国家公共体育服务供给经验及对我国的启示

21世纪以来，公共服务成为社会关注的焦点。在实施健康中国战略的时代背景下，我国的公共体育服务须"守土有责"。公共体育服务作为社会基本公共服务的一种，其建设需要保证公平性与均衡化，这就需要建立一定的公共体育服务体系。而公共体育服务的发展，最早源于西方发达国家，经过多年的发展，其公共体育服务的理论与实践均已趋于成熟和完善，已形成职责分工明确、组织制度完善、运行过程和程序规范的公共体育服务体系。我国公共体育服务，无论是在理论还是实践上，均处于不成熟的初级摸索阶段，在公共体育服务的建设上，迫切需要借鉴国际先进经验，加速推进公共体育服务发展进程。美国、英国、德国、日本是目前国际上公共体育服务发展比较成熟的发达国家，这些国家公共体育服务的建设经验对我国公共体育服务供给具有一定的借鉴作用。本书在研究过程中所进行的公共体育服务标准指标体系专家问卷调查的结果显示，构成公共体育服务标准体系的一级指标主要包括组织保障、制度建设、场地设施、经费投入、健身指导和监督评估。此外，美国、英国、德国、日本四国公共体育服务所涵盖的范围与我国不尽相同。四国公共体育服务范围大多包括大众体育、竞技体育、体育产业和学校体育等领域；而在我国，虽然有些学者认为公共体育服务领域应包括社会体育、竞技体育、学校体育和体育产业等，但大多数学者的研究主要偏重于对社会体育公共服务实践与理论的探讨。基于上述原因，本书选择上述四个国家，分别从公共服务的组织保障、制度建设、场地设施、经费投入、健身指导和监督评估等六个方面与大众体育（与我国社会体育相对应）的相关内容入手，分析公共体育服务供给的经验，并从中获取有益启示。

第一节　发达国家公共体育服务供给经验

一、美国公共体育服务供给的经验

作为一个历史较为短暂的新兴移民国家，美国受英国影响较深。自由主义市场经济在美国占据主导地位，经济政策的自由主义模式对美国公共服务管理模式和服务供给模式产生了深刻影响，联邦政府在对公共服务的态度上深深地打上了自由主义的烙印，很少干预教育、文化和体育的发展。由于殖民地时期，欧洲大批移民的涌入，使美国在建国初期主要以欧洲大陆移民为主，体育作为文化的一部分，随着欧洲移民进入美国，特别是起源于德国和瑞典的体操与欧洲的基督教文化相结合传入了北美洲，成为美国独特的体育文化。在这一时期，美国职业体育开始迅速发展，职业体育相关政策开始出现，而大众体育政策却不见踪影，联邦政府和州政府还没有形成公共体育服务的意识。1932 年，富兰克林·罗斯福（1882—1945）当选总统时，美国正处于资本主义大萧条时期，罗斯福采纳凯恩斯的主张，凯恩斯主义强调"看得见的手"的作用，主张推行国家干预主义，认为市场不能有效解决某些公共物品与服务的供给问题，对于外在性市场无能为力，市场会造成经济危机和分配不公平等。美国政府按照凯恩斯经济理论在二战后普遍确立了政府干预体系，形成了从"摇篮到坟墓"的福利经济体系，政府行为影响到个体生活的方方面面。最具有代表性的社会福利保障制度是美国在1935 年颁布的《社会保障法》，该法是一部涉及保障公民社会福利、健康和收入的制度，是政府干预行为的制度化体现。此后，政府开始注重公共服务的供给，体育作为公共服务的组成部分也开始引起关注。

（一）间接的公共体育服务管理体制

美国是典型的联邦制国家，由 3 级政府构成，即联邦政府、州政府和地方政府。联邦由 50 个州组成，联邦政府与各州政府不是中央与地方的关系，联邦与州分享政治权力，公共体育服务由联邦政府、各州和地方政府 3 级行政机构制定政策并提供资金来保障和推进。美国联邦政府是按照三权分立和联邦制度的政治思想而建立，因此，联邦政府支出和政府机构规模受到限制。有限政府的观念在美国政治文化中根深蒂固，加上新公共管理理论的影响，政府的主要职责是"掌舵"而非"划桨"。美国联邦政府对体育事业干预有限，既无专门的体育管理机构，也没有单一、垂直的权威机构管理体育事务，不管是竞技体育、体育产业还是大众体育都采用间接管理，而成熟发达的社会组织和企业在体育发展中起重要作用，如美国政府总统健康与体育委员会组织的"全国健身与体育活动月"开展的各种活动由体育社会组织具体实施和负责管理。

在"小政府，大社会"的管理理念指导下，政府较少参与体育管理，但并不意味着不管体育，实际上，联邦政府下属的多个部门间接参与体育管理。美国政府有12个部门间接参与公共体育事务管理，分别是总统健康与体育委员会、卫生与公共服务部、内政部、教育部、农业部、国防部（军事工程部）、司法部、劳工部、商务部、交通部、住宅与城市规划部、环保署等。但这些管理大多是间接的，如总统健康与体育委员会负责对公众进行健康教育，开发体育活动项目；卫生与公共服务部负责制定公民健康政策、大众体育活动标准；内政部管理户外运动休闲场地；国防部（军事工程部）管理大众水上活动场所；住宅与城市规划部提供资金修建体育与娱乐设施等。这些部门对体育的间接管理体现在两个方面：一是制订公共体育服务的发展计划，如卫生与公共服务部制定的"健康公民"系列政策，2008年颁布了《美国人锻炼指南》；二是修建体育设施和开发体育资源。

（二）健全完善的公共体育服务政策

20世纪70年代以来，为了提高国民整体健康水平，联邦政府制定了若干个国民健康促进政策。美国健康公民计划项目由美国卫生与公共服务部牵头与地方政府、社区和民间及专业组织合作，每10年更新一次，计划—执行—评价，循环往复，旨在不断提高居民健康水平。自1979年颁布《健康公民1990》以来至2009年12月颁布的《健康公民2020》，已经连续颁布了4部健康公民计划，都将体育活动作为预防疾病、促进健康的重要手段。与此同时，各类政府机构和社会组织采取行动，响应健康公民计划的号召，制定了相关对策。如每年5月开展的"全国健身与体育活动月"始于1983年，由美国总统健康与体育委员会设立，在此期间开展与健康相关的健身活动。2000年，美国卫生与公共服务部发表《通过身体活动和竞技运动提升青年人健康水平》，通过一系列行动策略促进青年人参与体育活动；2001年的《增进身体活动：社区预防服务工作小组的建议报告》强调在社区中为公民参与身体活动创造条件是政府的职能所在；2001年，联邦政府颁布的《国家蓝皮书：促进50岁以上成年人身体活动》旨在促进中老年人的体适能与身体活动。2001年，美国还推出了《大众体育计划》，该计划的具体实施由体育社会组织负责。2008年，美国卫生与公共服务部推出的《美国人体育活动指南》分人群制定了体育活动标准，不但按照年龄分类，而且对特殊人群（孕前产后妇女、残疾人）也制定了锻炼标准，为其体育锻炼提供科学指导。2010 年 5 月，美国卫生与公共服务部颁布了《全民健身计划》，该计划提出了专门通过参加体育锻炼来防控疾病的系列措施，主要是针对"美国肥胖人群比例的迅速增加，青少年、儿童体育参与极度缺乏"的现状，旨在通过形成积极参与体育活动的生活方式和社会环境，使体育在预防疾病、提高生活质量方面发挥最大的效能。此外，美国部分州在《全民健身计划》颁布之前，先后制订了州立全民健身计划，如亚利桑那、爱荷华、佐治亚、马里兰等 12 个州。至此，美国已经形成较完善的公共体育服务政策体系，促进了美国公共体育服务在政府、社会组织、公民的自觉协同下的良性运转。

（三）发达的公共体育设施网络

美国政府历来重视公共体育场地设施的建设，其参与公共体育服务的主要方式是修建"就地、就近、就便"的公共体育设施，上至联邦政府，下至社区政府都在政府财政预算支出中拨款修建公共体育休闲场所和设施，这些设施大多数是公益性质的，即使收费也极低。美国修建公共体育休闲设施的热情，没有因为经济危机后的大萧条和第二次世界大战而停止，1932—1937 年美国处在经济大萧条时期，但是在这一时期美国政府仍然从紧张的财政预算中以专款的形式拨出 15 亿美元用于修建社区体育中心。这主要是因为美国政府看到修建公共体育设施与开展大众娱乐活动、竞技体育和娱乐表演等发展体育产业和公共体育服务的举措，可以促进就业，有助于经济的快速复苏。因此，美国就业促进管理局拿出 10％的经费预算用于修建体育场地设施，到 1937 年已经修建了约 1 万个体育场地。二战期间，联邦政府继续增加体育设施的供给，修建了运动场、游泳池以及配备体育设施和场地的森林公园等，同时，通过政府购买的方式委托社会组织（红十字会等）与军队培养体育管理和服务人才。这一时期既增加了体育场地设施，又提高了体育与娱乐活动服务质量。二战后，美国政府更加重视公共体育服务场地设施的建设，特别是社区公共体育设施。其中，社区体育中心是美国政府提供公共体育服务的重要载体，政府制定社区体育中心的建设标准，并作为政策在全国推行，社区体育中心的建设经费主要来源于政府拨款和设立基金。因此，社区体育中心在美国非常普及，几乎遍布各个社区。美国社区体育中心设有室内和室外设施，室内设施主要是综合性体育馆、健身房、游泳池等，室外设施主要包括游泳池、网球场、高尔夫球场、钓鱼池、野营地等。室内外体育场地设施均能开展多样化的体育活动，能够满足社区居民的日常健身、锻炼和比赛的需要。此外，社区体育中心配套有齐全的设施，如更衣室、休息大厅、游戏室、会议室、餐饮店和阅览室等。社区体育中心由市政府下设的公园与休闲部门负责管理。

美国的社区公园系统是开展社区体育活动的又一个重要场所。在美国城市社区中，平均每1000人就拥有1~2英亩的社区公园。美国的社区公园大多数都配备相对完善的体育设施，可以同时满足大量社区居民的各种体育需求。除一些常规性的体育设施外，社区公园还辟有高尔夫球场、儿童游戏场、野餐区域、运动场、游泳池、自行车与徒步旅行道等。美国政府在1956—1968年间颁布了许多促进公共体育设施建设的法律法规，如1965年的《土地与水资源保护法》《联邦水上娱乐法案》以及1968年的《野外风景区法案》等，这些法律法规推动了美国户外运动设施的建设，为美国户外运动休闲业的兴起奠定了坚实的基础。在此期间，约翰逊政府还推行了旨在提高美国公民社会福利的法案即"伟大社会计划"，其中，联邦政府投入6.5亿美元用以建造社区公园并配备简单的健身设施，方便城市居民参与锻炼。20世纪30~70年代，联邦政府建立起来的完善的公共体育设施，为后来美国成为世界体育大国和体育强国奠定了基础，并且保证了美国公民体育权利的实现。在此基础上，美国进行了公共体育服务的市场化和社会化改革，形成了完善的公共体育设施网络，公共体育设施与大众零距离。以纽约为例，运动场和体育设施合理配置和分布在每个街区，体育场地设施分为专门的运动场地和公园内配置的运动场地，篮球架、健身休闲设备基本是必配设施。许多运动场大小合理搭配，空间充分利用，如运动场中间的高墙用于壁球或网球练习场。纽约各种公园都配备运动场地，其中曼哈顿中央公园建设有各种运动场所，几乎可以开展所有运动项目。

此外，美国的大中小学里建设有大量的体育场馆，几乎每所学校至少有一座体育馆（场），美国的中小学拥有约3万个体育馆，近2万套综合性体育设施。为了使学校体育馆尽可能向社区居民开放，早在1927年美国就有32个州通过立法规定："社区可以使用学校的建筑作为社区体育中心"。为方便社区开展体育活动，政府与学校协调配合制定学校体育设施的使用计划，使学校体育场馆的利用率非常高。学校的各种体育场地设施为大众性体育活动的开展提供了便利。学校体育设施的开放是在不影响学校基本教学的前提下进行的，时间通常是在放学以后、双休日和学校的假期等。数量众多、功能完善的公共体育设施，满足了公民的体育健身、休闲和娱乐需求。

（四）健全的体育社会组织网络

美国提供公共体育服务的社会组织主要包括体育协会、宗教组织、体育俱乐部、相关的社会组织和企业等，仅全国性体育协会就有 206 个，这些协会大部分都在各州和地方设有分会，通过网络化的组织布局推广其体育项目，吸引更多人特别是青少年从事该项目。如美国的职业篮球联盟和职业冰球联盟都注重在社区推广他们的运动，派优秀教练员和球星给青少年传授技能，并推广街头篮球和冰球运动。美国几乎所有的单项体育协会都制订了社区推广计划，吸引青少年参加运动。美国的宗教组织也是公共体育服务的重要供给主体，具有代表性的宗教组织是基督教青年会和基督教女青年会，均为美国奥委会会员，他们传授体育知识、训练年轻队员和为不同年龄段的人群制订健康计划。美国提供公共体育服务的社会组织和企业仅全国性的就多达 317 个，地方性的更加难以统计，许多社会组织和私人企业在美国大众体育发展中发挥着重要作用。政府对民间体育俱乐部扶持力度较大，鼓励建立民间体育俱乐部，学校体育馆和地方体育馆大部分设立了多个体育俱乐部。数量众多的俱乐部吸纳了大量的会员，对美国大众体育的发展起到了重要作用。此外，美国鼓励非营利性体育组织发展，并给予减免税收的政策支持。各种体育组织，为美国大众体育的蓬勃开展不断注入活力，如青年组织（基督教青年会、男孩和女孩俱乐部、男童子军、女童子军等）、本地服务社（乐观主义者的国际俱乐部、狮子会、红帽子协会）等。

（五）健全的体育志愿服务体系

美国开展体育志愿服务的主要力量是体育指导员和志愿者。美国有比较健全的健身指导员资格认定制度，如美国运动医学学会指导员资格认定制度、美国有氧运动教练资格认定制度以及美国教练员协会体育教练认定制度，这 3 大健身指导员认定制度对美国大众体育影响最大。美国运动医学学会指导员资格认定制度主要认定医学健身指导员资格，针对与医学有关的体育运动，包括预防性运动损伤领域和运动疗法领域。美国有氧运动教练资格认定制度主要是对美国有氧运动教练进行认定和更新认定。美国有 50 多个有氧运动教练培养和资格认定机构，其中最具权威性的组织是全美有氧健身协会和国际舞蹈训练协会，两个组织都在1983 年建立了有氧健身教练的资格认定制度。美国要求健身指导员必须持证上岗，保证了健身者可以享受到高质量的健身指导。美国是体育志愿活动开展得十分活跃和成功的国家，1994 年美国社区体育志愿者就多达 2000 万人，名列世界前茅。这与美国健全的法律保障和灵活的激励机制密不可分。美国 1973 年就颁布了《志愿服务法》，此后，相继颁布了一系列与志愿服务相关的法律，主要有1989 年的《国内志愿服务修正法》、1990 年的《国家和社区服务法案》、1993 年的《全美服务信任法案》、1997 年的《志愿者保护法》和 2009 年的《服务美国法》等。此外，美国还建立了自愿服务激励机制，包括国家"志愿者总统奖"、税收优惠和建立体育志愿服务组织网站等。美国每年免费从事社区志愿服务的人数多达 3800 万人，其中从事社区体育服务的至少有 1700 万人，占总人口的 5.5%。美国提供体育志愿服务的组织有两类：一是青少年志愿组织，如美国男、女童子军营，美国男、女童俱乐部，美国青年俱乐部等，这些组织里有许多专职的体育志愿者，通过组织丰富多彩的体育活动吸引青少年参与体育活动，同时，他们还经常培训地方的体育指导员；二是宗教组织，如天主教青年会、基督教青年会、基督教女青年会等，这类组织主要以服务大众体育为目的，是美国体育志愿组织的中坚力量。

二、英国公共体育服务供给的经验

英国是一个历史上就比较重视体育的国家，英国的户外运动被称为现代体育的"三大基石"之一，对全球现代体育的发展产生了深远的影响。英国人对体育充满激情，于 1908 年、1948 年和 2012 年在伦敦举办过 3 届奥林匹克运动会，激励了英国民众在运动场与生活中的热情和斗志，为英国人留下了丰厚的体育文化遗产，体育成为大部分人生活中不可缺少的组成部分。第二次世界大战后，英国的公共体育服务经历了以下几种不同的供给模式：

第一，福利国家制度的公共体育服务供给模式。战后初期（20 世纪 40～70 年代），为了维护国家稳定和重建社会秩序，政府以凯恩斯主义为指导，推行国家干预经济社会发展的政策，并采纳了《贝弗里奇报告》中关于构建公平、全面、高质量的全国性的福利系统的建议，加快了福利国家制度的建立，形成了公共服务的国有化供给模式。艾德礼政府建立了英国的公共服务体系，通过实施公共事业国有化，把这一时期公共服务的工作重心放在就业服务、公共医疗卫生服务、社会保障服务、教育和住房等领域。福利国家系统为英国国民提供了公共体育场地设施，公共体育服务成为公众有权享受的国家福利。

第二，公共体育服务市场化模式。20 世纪 70 年代，公共服务自上而下的国家供给模式，致使国家财政负担沉重，连年出现财政赤字和通货膨胀，供需不对称，"福利国家制度"弊端充分暴露。1979 年，撒切尔政府对经济制度进行了改革，摒弃了凯恩斯主义的经济政策，大力推行私有化；同时，英国是新公共管理理论的发源地，受新公共管理理论影响，英国开始了大规模的公共服务改革，推动传统公共服务模式向新公共服务模式发展，试图将市场机制引入公共服务领域。英国的福利制度进入了新自由主义模式，公共体育服务不再是政府的义务，公共体育设施的管理和建造进行了市场运作，商家可以通过参与竞标而获得公共体育设施管理权。1995 年，英国政府颁布的《体育：发展游戏》中体现出了公共体育设施管理实行商业化管理的倾向，资本的逐利性破坏了原来的公共体育服务理念，加上政府取消了对公众享受公共体育设施的补贴，公众参与体育的机会大大减少。公共服务私有化模式使英国政府短期内财政支出减少，但 20 世纪 90 年代，公共服务碎片化、国家空心化、公平性降低等公共服务私有化的缺陷不断暴露。

第三，公共体育服务的多元治理模式。1997 年，布莱尔担任英国首相后，以"第三条道路"的政治理论为执政理念，按照吉登斯提出的"社会投资型国家"理论推进英国从政府包办的福利模式向社会办福利模式的转型。吉登斯提出在任何情况下都尽可能地投资于人力资本，而不要直接给予经济资助，也就是所谓的"社会投资型国家"。其重要思想就是公共部门和私人部门合作，优势互补，携手提供公共服务，是一种积极的福利政策。其结果是英国形成了治理型政府和积极的公民社会，政府与社会和公民合作互动，公民根据需求主动争取福利，政府通过社会力量间接给公民提供福利服务，为公民充分创造享受福利的机会，公共福利事业由政府、企业、社区、社会组织以及个人共同参与和分担。在吉登斯社会投资型国家理论的影响下，公共体育服务供给成为一项重要的社会投资被用在了提升公民健康和教育水平、降低犯罪率、提高社会包容性和凝聚力、保障公民权利等方面，并通过体育参与率来评估公共体育服务供给对这些方面产生的效益；同时，英国政府出台了一系列体育政策，明确指出了地方政府、体育俱乐部、体育协会等应该在公共体育服务供给方面共同发挥重要作用。英国政府的体育政策强调让更多的人参加体育活动，特别是要促进低收入群体、青少年、老年人和女性参与体育活动。为了确保尽可能多的人参加体育活动，英国政府资助英格兰体育理事会，促进社区体育发展，扩大学校游戏计划，为年轻人提供更多的参加竞技性体育项目的机会。

（一）"一臂之距"的体育管理模式

英国体育事业管理实行的是"一臂之距"（Arm's Length）的分权式行政管理体制，体育事务分权管理表现为中央政府和地方政府的分权以及政府和准政府性质的非营利性体育组织的分权。英国的体育行政体制较为复杂，涉及体育的部门较多，主要有文化传媒体育部、教育部、卫生部、财政部、社区与地方发展部、内政部等。其中，文化传媒体育部处于核心地位，统一管理国家体育事务，主要负责体育政策的制定和分配中央政府体育拨款。文化传媒体育部对英国体育事业的管理，通过英国体育理事会和英格兰体育理事会执行实现。英国体育理事会和英格兰体育理事会是准国家体育行政机构，也是体现"一臂之距"原则的中介组织，由国家财政拨款和国家彩票公益金拨款资助，通过地方体育理事会把政府体育拨款落实到符合条件的体育组织和个人。英国体育理事会是英国政府文化传媒体育部下属的专门机构，对英国议会负责，管理英国体育运动领域的公共投资，肩负着推动英国体育运动发展的职责，主要负责资助英国竞技体育的发展。英格兰体育理事会的职责包括推动政府体育运动目标的实施，鼓励社会大众参与运动，负责体育项目投资，影响体育方面的政府决策和公众舆论。如何对地方公共体育活动进行资助，主要由英格兰体育理事会和地方体育理事会决定，而不是文化传媒体育部。另外一个体育组织机构是英国青年体育基金会，是教育部对青少年体育进行管理的中介组织。其职责是通过体育教育和运动促进英国青年的全面发展，致力于促使更多的青年人参与学校体育活动和体育教育课程，为青年人提供体验运动乐趣的机会，为有运动天赋的青年人提供教学、训练和一切尽可能的帮助，以及指导青年人培养健康的生活方式。除了国家层面的英国体育理事会、英格兰体育理事会和英国青年体育基金会这3大体育组织机构外，英国还设立有地区级的苏格兰体育理事会、北爱尔兰体育理事会以及威尔士体育理事会。英国文化传媒体育部和英格兰体育理事会对其他3个地区的体育事务不进行统一的、直接的管理，而是通过3个地区的主管体育工作的部门部长和体育理事会进行间接的协调管理。中央政府直接任命英国体育理事会和英格兰体育理事会的主席及财务部门的负责人，但是不存在上下级隶属关系，理事会具有高度自主权和独立性。4大地区体育理事会的主席是英国体育理事会的主要成员，但4大地区体育理事会和英国体育理事会也不存在上下级隶属关系。

政府对体育采取间接管理模式，进行体育资源的分配和体育事务管理，保障了政府主管部门工作的高效率，使其将主要精力用于制定体育政策和统筹财政预算。

（二）多样灵活的公共体育服务资助措施

英国公共体育服务的经费来源主要是国家彩票公益金和政府财政拨款，其中2009—2014年彩票公益金支出比重呈逐年增加趋势，除2009—2010年度低于政府财政拨款外，其他年度均高于政府财政拨款。国家彩票基金在英国公共体育服务供给上发挥了重要作用，近5年来，英国公共体育服务投入资金中，国家彩票基金资助占61.5%。此外，政府还利用各种政策鼓励企业、非政府组织和个人捐赠赞助公共体育事业。如政府采用"配套投入制"，规定企业首次赞助时，政府按照 1∶1 的比例配套投入，第 2 次赞助政府配套投入比第 1 次多 50％。这一措施在很大程度上激励了个人与企业对公共体育事业的捐赠和赞助，促进了公共体育事业的发展。英格兰体育理事会主管大众公共体育服务供给体系的投资，英国文化传媒体育部的公共体育服务拨款，通过英格兰体育理事会具体落实。英格兰体育理事会对公共体育服务的投资分为 3 类。一是资助已征集的申请项目。英格兰体育理事会投资于预先确定的、有非常具体的社区体育目标的组织和计划，如国家单项体育管理组织、国家合作伙伴、区域合作伙伴、郡体育合作伙伴、地方当局以及儿童青少年体育参与计划。二是开放的资金资助。如小额补助金、激励性体育设施计划、体育场地保护基金、社区体育启动基金等，范围广泛的项目或组织都可以申请开放的资金支持。小额补助金额度为 300～10000 英镑，用来支持社区体育；体育激励设施基金 2014 年投入 1.1 亿英镑，资助地方体育设施的现代化改造，到目前为止，已经资助了 1 300 多个改进和更新体育俱乐部或变非运动场所为现代基层体育设施的项目；体育场地保护基金用来改善失修或水淹的社区体育场地，此方案共有 8 轮资助，每轮大约资助 400 万英镑，资助的结果使 500 多个体育场地得到改善，更多的人能够在家附近的、质量好的体育场地运动；社区体育启动基金提供 4 000 万英镑支持本地化的体育项目需求。三是混合型资助，包括标志性体育设施建造计划和提高公共体育服务质量计划。在过去 3 年里，英格兰体育理事会投资了 3 000 万英镑建造标志性体育设施。所谓标志性体育设施是指大规模的多功能场馆，是基层体育发展的标志。此外，通过战略计划推动多元化公共体育服务投资。《英格兰青年和社区体育战略（2012—2017）》每年投入大约 30 亿英镑（2013—2014 年投入 29.91 亿英镑）在公共体育服务供给上；为了 2012 年伦敦奥运遗产持续发挥作用，英国政府和伦敦市政府发起一项新的计划——"运动越多，生活越好"，从 2013 年 9 月起，在 3 年时间里，为小学体育课和体育活动投入 4.5 亿英镑，促使小学生更多地参与运动；交通部和卫生部拨款 7800 万英镑用于鼓励骑车和步行项目；约 300 家企业和组织机构在卫生部的体育运动责任协议网络上登记，承诺采取行动使员工、顾客和地方社区居民更多地参与运动。

（三）健全发达的公共体育服务组织网络

英国政府很重视公共体育服务供给，致力于提高国民体育活动的参与率，各种体育社会组织和机构（如体育社团、体育俱乐部、体育基金会等）、社区都能采用各种形式为公众提供公共体育服务。

（1）体育俱乐部数量庞大。英国体育俱乐部类型多样，包括单一项目的俱乐部和综合型俱乐部。体育俱乐部是群众体育最基本最有效的组织单位，对发展和稳定体育人口有重要影响。英国约有 15.1 万个体育俱乐部，根据英格兰体育人口调查中的数据，英格兰有近 1000 万人是体育俱乐部会员，占总人口的 23.3%。平均每个俱乐部拥有 117 名成年人会员和 107 名青少年会员。体育俱乐部利用学校与社区的体育设施以及专业技术人员和体育志愿者为会员提供优质、个性化服务。

（2）体育志愿服务发达。体育志愿服务在英国的公共体育服务中扮演着重要角色，英格兰志愿工作协会、国家志愿和青年行动委员会、全国青年志愿服务协会等都与英格兰体育理事会建立了合作伙伴关系，担任公众健身的志愿者。为了激励更多国民投入体育志愿服务中，英国推出了《志愿者参与计划》和《经营体育计划》。《志愿者参与计划》旨在支持社区体育，重点是培训志愿工作的统筹协调人员，其运转模式可被概括为 3 个环节：招募（志愿者）、激励（从事志愿工作）和保持（志愿者人数稳定）。《经营体育计划》的目的是帮助体育俱乐部和志愿者高效地经营和运转俱乐部。因此，英国有着数量庞大的体育志愿者队伍，为国民提供公共体育服务。以英格兰地区为例，按 1 年至少参与 1 次体育志愿活动的标准，英格兰地区有 20.9% 的人属于体育志愿者，他们每人每个月贡献的活动时间长达 8 小时 20 分钟。志愿者担当着教练员、司机、比赛主管、裁判员、会计、管理人员以及其他服务人员，遍及整个英国的各类体育俱乐部，为多达千万的会员提供服务。

（3）关注弱势群体。英国重视社区中弱势群体和特殊群体的体育需求，在不同时期的体育政策中都规定为儿童、青少年、妇女、低收入者、残疾人提供高质量的体育参与机会。英格兰体育理事会与妇女体育和健身基金会、体育平等协会、残疾人体育联合会建立起了合作伙伴关系，为女性、残疾人提供特殊体育服务。

（4）重视青少年体育服务。体育社团、体育俱乐部、体育基金会除了为竞技体育输送人才外，都向公众提供健身、休闲体育服务。以英国足球俱乐部为例，足球联赛的商业化运作使英国各足球俱乐部获得不菲的收入，然而，他们不再单纯是利润最大化的追求者，社区公共服务已经成为足球俱乐部的责任，通过向所在社区居民开放体育场地设施、传授体育知识技能和组织各种体育活动来增加社区居民的体育活动意识，激励青少年参加体育锻炼。例如，曼联俱乐部的"社区足球"项目，1992 年以来曼联俱乐部每周六都会派青年教练对 6～14 岁的社区儿童进行训练，每次活动收费仅 4 英镑，让孩子锻炼身体、交朋友和培养社会技能。各体育组织还注重同其他机构的合作，以提供更加丰富的公共体育服务。

（5）社区体育中心普及。20世纪80年代中期，英国体育理事会制定了社区体育中心的基本标准，规定每2.5万人的社区要建设一个能够开展17个体育项目，有健身房、会议室及更衣室的社区体育中心。17个体育项目包括5人制足球、篮球、羽毛球、壁球、健身操、保龄球、室内曲棍球、柔道、空手道、健身、舞蹈、网球、迪斯科、旱冰、乒乓球、蹦床、排球。英国社区体育中心分为两个层次：第一，村镇与社区厅。英国村镇与社区厅位于社区的中心地带，是一个多功能、综合性文体活动中心，能够开展一系列的体育活动和文化活动，并兼作会议室，大型的村镇与社区厅还设有第2体育活动厅。村镇与社区厅需要建设有高质量的体育设施，能够满足社区居民不断增长的体育需求，为社区居民提供各种体育服务。村镇与社区厅必须能够在原有的基础上进行改扩建，增加公共文体服务功能，满足更多的社区居民需求。第二，社区体育厅。高质量的社区体育厅比村镇与社区厅功能更多，拥有放松身心的环境，能够满足不同层次的健身需求。社区体育厅内部场地的面积通常是以羽毛球场作为参照标准来进行设计，其一般有4个、6个、8个、9个、12个羽毛球场的大小。相对于影院、商场或其他休闲活动场所，社区体育厅更有吸引力。社区体育厅基本都配备休息、餐饮、更衣、洗涤和急救设施，再大一点规模的社区体育厅还配备会议室、健身房、工作人员室、理疗室、全天候户外体育场等。

三、德国公共体育服务供给的经验

德国人热衷于体育运动，其体操运动是现代体育的"三大基石"之一，德国竞技体育水平高，是名副其实的世界竞技体育强国，历届现代奥运会的金牌和奖牌数量都名列前茅。据统计，2010年大约49％的德国人每周至少锻炼1次以上，2012年约有9万多个体育俱乐部，2700多万会员（约占全国人口的1/3），定期参加俱乐部的各项体育活动，被誉为"全民体育"的国度。数量庞大的体育人口和德国发达的公共体育递送体系密不可分。

（一）政府分级治理和体育组织自治协同的公共体育服务供给模式

德国政府机构由联邦政府、州政府和地方政府3级构成。德国政治制度采用分权体制，地方政府享有自治权，根据基本法，不同级别政府职责明晰。这种政治体制对德国体育治理产生了重要影响，德国对体育事业采用"掌舵"而非"划桨"的管理模式，"掌舵"表现在各级政府把体育纳入其政策目标体系，通过政策推动公共体育服务发展。德国的联邦、州、地方3级政府分别采用不同方式支持公共体育服务。（1）联邦政府：主要发挥总揽全局、协调各方的作用。当有些体育事务对国家有重要意义，而各州又不能单独承担任务时，由联邦政府负责。德国联邦政府中有 11 个部门职责涉及体育事务，内政部负责支持竞技体育的开展，国防部负责管理军队体育，家庭、老年人、妇女和青年部积极支持特殊群体的体育活动，外交部在政治文化事务的范围内促进体育运动的发展等，其中内政部最能代表政府对体育的关注。（2）州政府：州政府都设有主管体育的部门，通常由文化、青年和体育部管辖，个别州的体育事务由社会部和内政部主管。学校体育是德国各个州政府管理体育的主要体现，此外，也参与体育设施的建设与维护工作。（3）地方政府：城镇地方政府主要负责支持体育俱乐部的发展，管理体育设施的建设、维修和翻新。这一级政府通常设有专职的体育管理机构，有专门的分管体育工作的负责人。

二战后，德国联邦政府没有设立专门的体育管理行政机构，体育管理体制采取自治模式，体育社会组织承接了体育管理的任务。德国主管体育的非政府组织是德国奥林匹克体育联盟，由 16 个州的体育联合会，62 个全国性质的单项协会以及 20 个特殊体育协会组成，独立于政府部门之外。联邦德国的宪法规定，体育联合会和俱乐部享有组织上的自治，原则上，体育类协会和俱乐部实行经费自筹、自我管理，政府辅助性地给予资助。尽管联邦政府不干涉体育的内部管理事务，但为了公民获得更多的运动机会，联邦政府会向体育社会组织提供财政支持，把体育事业作为公益事业发展，鼓励公民参与体育活动。此外，政府会通过灵活的税收政策，支持非营利性体育俱乐部和协会发展，如减免俱乐部自身运营的税收、减免俱乐部使用乡镇和学校体育场馆的费用等，鼓励非营利性体育组织为公民提供更多的公共体育服务。

（二）以体育俱乐部为核心的公共体育服务发展模式

体育俱乐部是德国体育组织的基本形式，当前德国已经建立了以俱乐部体制为基础的社会主导型体育体制，在德国人的观念中"体育俱乐部会员"和"参加体育锻炼者"几乎成为同义词，可见，体育俱乐部在提供公共体育服务方面的重要性。德国体育俱乐部大致分为 5 种类型，每种类型的俱乐部都有自己的发展重点，但总体目标都是提供覆盖广泛的公共体育服务。大约有 2/3 的体育俱乐部仅设置单一项目，约有 10% 的俱乐部开展 4 个以上的体育项目。德国体育俱乐部大多没有自己的体育场馆设施，有 58% 的体育俱乐部使用的是乡镇或学校的体育设施，其中 34% 的俱乐部免费使用公共体育设施。德国的公立和私立学校所拥有的体育场地设施都很好地实现了对社会公众开放，对开放场地设施的学校，政府都有财政拨款进行保障。学校课余时间向俱乐部开放体育场馆，成为一些地方政府的强制规定，具体运作由学校与俱乐部进行协商。德国对非营利性体育俱乐部的发展提供了一些优惠政策，如实行减免税，大多数俱乐部根本不用交税。体育协会和体育俱乐部的捐赠者同样可以享受减免个人所得税的优惠政策。德国的体育俱乐部大部分属于非营利性的，而且与学校、其他体育俱乐部、幼儿园、健康保险公司等公益性组织或机构有着不同形式的合作。如体育俱乐部与学校合作的约占 27％，与其他体育俱乐部合作的约占 20％，与幼儿园或托儿所合作的约占 12％，与疾病保险公司合作的超过 6％。

（三）与时俱进的公共体育设施发展规划

德国在国际体坛的强势地位得益于其发达的公共体育设施网络，大量的公共体育设施成为德国人崇尚体育运动的基本保障。二战后，为了振奋德国人民的精神和修复战争带来的身心创伤，发展大众体育成为政府和国民关注的焦点。面对复杂的国际国内形势，在 1959 年第 5 次联邦会议中，德国奥林匹克学会会长格奥尔格·冯·欧宝第 1 次提出"黄金计划"，由德国奥林匹克学会和德国体育联合会共同发起。这项计划的目的是让全体国民都能便捷地参与体育运动而建造体育设施，得到了各个层面的积极响应。"黄金计划"系列是公共体育服务设施规划和建造的蓝图，也是公共体育设施建造的发动机，是政府公共体育设施发展的典范，为德国民众建造了足够多的运动、游戏和休闲体育基础设施。首个"黄金计划"（1960—1975 年）1960 年由政府正式批准实施，为期 15 年，耗资 174 亿马克，其中地方政府承担了 63％，总共修建 67095 个体育设施，其中包括 31000 个儿童游乐场，14700 个中等规模的运动场，10400 个体育馆，5500 个学校体育馆，2420 个露天游泳池，2625 个教学游泳馆，50 个游泳馆。第 2 个"黄金计划"（1976—1984 年），投入资金约 76 亿马克，此阶段在前一个计划的基础上对体育场馆设施建设提出了更高的要求和标准，具体规定了要达到的人均体育场馆面积：室外运动场人均面积 4 m²、体育馆人均面积 0.2 m²；游泳馆水面人均面积 0.01~0.25 m²，露天游泳池水面人均面积 0.05~0.15 m²。除了对人均体育场馆建设面积进行规定外，也按照不同人群的需求对体育场馆设施的建设类型进行了分类，如儿童游戏场按年龄段分为 5 岁以下、6~11 岁和 12 岁以上 3 种专用运动场。第 3 个"黄金计划"（1985—1990 年）投资额度约为 150 亿马克。该计划有两个重点：一是升级改造现有场地，包括对现有场地设备进行现代化更新，以提高功能；二是通过各种方法新建若干体育场地设施，具体指标为新建 2000 个新体育场、6600 个练习场地、6400 个网球场、500 个壁球场、700 个射击场、50 个高尔夫球场、450 个跑马场和 600 个跑马馆。该计划还突出公共体育服务资源要因地制宜地开发和利用，跑步、自行车和马术专用道路以及水上设施等体育设施要在大自然和风景区大力兴建，同时，还要求在住宅区附近兴建露天休闲、游乐和运动场地。两德统一后，东德大众体育发展与西德差距较大，为了缩小东西德国体育场馆设施的差距，1992 年德国政府和德国体育联合会又提出了持续15 年的"东部黄金计划"，大幅度改变了原东德地区的体育场馆设施条件。3 个"黄金计划"和"东部黄金计划"的发展目标层层递进，其顺利实施从根本上改善了德国的体育场馆设施，增强了德国公共体育服务的能力。此外，联邦德国还推出了被称为全民健身计划的"体育的第二种方式"，目标是"人人能够享受体育服务"，并制定了许多具体增加体育设施的措施，使更多人参与体育活动。"黄金计划"和"体育的第二种方式"使联邦德国体育人口在总人口中的占比从1960 年的 18％上升到 1988 年的 68％。

（四）健全完善的社会体育指导员培训体系和分级制度

德国全民体育与规范的社会体育指导员工作分不开。社会体育指导员在大众体育活动中发挥着重要作用，他们大部分是体育志愿者，但也有专兼职人员，活跃在各级体育俱乐部之中，为大众提供体育服务。德国社会体育指导员由德国奥体联进行管理，其中单项运动协会负责体育专项培训，而跨项目培训则由州体育联合会负责，参加完相应级别培训课时并通过考试，即可获得德国奥体联颁发的相应资格证书。德国社会体育指导员培训体系由 4 部分构成：大众体育锻炼指导员、大众体育教练员、青少年指导员和俱乐部经理。下面简要介绍其中的大众体育锻炼指导员、大众体育教练员、青少年指导员。（1）大众体育锻炼指导员。其属于全能型人才，精通两个以上的运动项目，分为 B 级和 C 级。C 级主要是针对一般的、不同项目的指导，要掌握教育学和体育专业理论知识，熟悉国内外社会体育发展趋势；B 级社会体育指导员在 C 级的基础上进一步细化培训，根据不同人群的特点和体育需求进行专门培训，如针对不同年龄段人群、不同健康状况群体、具有不同文化背景的移民的培训等，此外，还要进行运动预防培训和运动康复培训。（2）大众体育教练员。其分为 3 个等级：A 级、B 级和 C 级。C 级大众体育教练员的主要培训内容包括运动专项的基础知识和技能培训以及如何去发展俱乐部会员的能力培训，教练员承担着俱乐部的发展规划和训练工作。B 级大众体育教练员培训阶段的内容主要是大众体育训练和比赛以及青少年课外体育知识，而学习和掌握与体育运动有关的社会学和健康方面的知识也成为培训的重点内容。A 级大众体育教练员的培训目标是把大众体育教练员逐渐培养成为大众体育训练方面的专家，此外，还培养他们具备规划、筹备和组织大型大众体育比赛的能力。（3）青少年指导员。青少年体育项目培训是德国体育俱乐部的根基，受到政府和体育组织的重视。为了培养更多优秀的青少年指导员，德国奥体联和德国青少年体育团联手设计了青少年指导员的培训课程。经过培训后，考试合格的人可以获得 C 级证书。青少年指导员不仅负责组织体育俱乐部的青少年会员跨运动项目的活动，而且还组织青少年聚会等活动。因此，青少年指导员的培训内容较为广泛，包括传授体育实践知识、组织青少年假期活动等。

四、日本公共体育服务供给的经验

日本现代体育运动肇始于 1868 年的明治维新，1911 年加入国际奥委会，二战期间被取消资格，1952 年恢复了国际奥委会的合法席位。截至 2021 年，日本共举办过 5 次奥运会。奥运会的举办对发展大众体育起着很大的促进作用，政府、体育社会组织、公司企业为日本国民提供了大量的公共体育服务，如教练和运动员在 1964 年东京奥运会之后投身到了以游泳、体操项目为主的地方体育俱乐部中，开始在全国普及体育运动，为不同年龄群体提供公共体育服务。1964年东京奥运会后日本认识到"体育并不是以培养运动精英为目的而存在的，其目的是让大家把体育运动作为生活的一部分，去享受运动所带来的快乐"。因此，日本非常重视为国民提供公共体育服务，通过政策引导、发展体育社会组织、建设和开发更多的体育场地设施，让越来越多的民众投身到体育活动中去。

（一）政府主导型的体育管理体制

日本是采用地方自治制度的单一制国家，政府行政机构由 3 级构成，即中央、都道府县、市町村，各级政府都有独立的财政预算。二战后，日本改变了战前中央对地方的直接领导和管理体制，建立了地方自治制度，实行了财政立法权集中、执行权扩散的模式。日本的政治体制对其体育管理体制产生了重要影响。日本的文部科学省是中央政府行政机关之一，其首长称为"文部科学大臣"，是内阁成员，多数从国会中由首相任命。文部科学省设置的体育与青少年局是最高体育主管部门，由 5 个科室组成：大众体育科、竞技体育科、学校体育科、青少年体育科以及综合企划科。全国的体育政策法规都是由该部门负责制定和颁布，同时该部门还负责审批体育工作计划和体育预算、组织全国性的大型体育赛事和体育活动等。都道府县和市町村等地方政府的教育委员会是管理地方体育的行政机构，教育委员会大部分设有竞技体育科、大众体育科和学校体育科，分别管理相关的体育工作。上级机构掌握着体育事务的审批权、财政权和监督执行权，下级机构要向上级负责，定期汇报工作、申请相关经费。文部科学省的体育与青少年局和地方教育委员会的大众体育科主管大众体育事业。另外，日本体育协会与民间体育组织对公共体育服务影响较大，承担和实施具体的大众体育工作，形成了"政府主导、体育社会组织配合"的学校和大众体育发展格局。

（二）促进公共体育服务发展的体育政策

二战后，日本非常重视体育的恢复和发展，在重新获得奥运会参赛资格之后，确立了以"体育振兴决议"为起点的奥林匹克体制。与此同时，日本政府也没有完全忽视大众体育的发展，文部科学省制定了国民体育调查制度，东京奥运会申办机构"体育振兴审议会"也提出了普及国民体育的一般措施、体育指导员制度化和体育设施充实、开展国民体育日活动等政策建议。1961 年颁布的《体育振兴法》使日本大众体育迅速发展，大众体育设施增加两倍多，体育指导员数量大幅增加，学校非竞技性运动部建设也取得一定进展。2000 年颁布了指导具体工作的《体育振兴基本计划》，目标为：积极努力把提供体育活动机会的公共主体、民间主体和利用这些体育活动机会的居民、运动员结合为一体，实现体育振兴，以创建 21 世纪明快丰富、充满活力的社会。日本在 2011 年将《体育振兴法》修订为《体育基本法》。随后，日本文部科学省也于 2012 年重新修订并颁布了新的计划，并将新计划命名为《体育基本计划》。其中最重要的内容是制定了新的奥运会奖牌目标和体育人口比例的发展目标，即在大众体育方面提出每周参加 1 次体育锻炼的成人人口比例要达到 65％，每周参加 3 次以上体育锻炼的成人人口比例达到 30％。日本的《体育振兴基本计划》和《体育基本计划》都把竞技体育和大众体育协调发展作为目标，表明日本已经认识到竞技体育和大众体育相互促进、相辅相成。

（三）发达的体育社会组织网络

日本政府不直接领导体育运动，民间体育组织、学校、公司企业等社会力量是公共体育服务供给的主要力量，政府采用财政拨款的方式资助社会力量开展体育活动，即民办官助方式。日本体育协会是最高级别、最具权威的体育社团组织，属于全国性综合体育团体。大众体育方面的工作主要是由日本体育协会负责具体实施，承担着培养体育指导员、组织体育少年团、推动各地建设综合型社区体育俱乐部、开展国际体育交流等工作。日本的都道府县和市町村均成立了体育协会，是日本体育协会的下属机构。但这种分级管理体制相对宽松，不同级别的体育协会有较大的自主权。另外，日本相关的体育社会团体还有日本体育设施协会、日本休闲协会等。日本各级学校都有学生体育联盟，是日本青少年体育工作中非常活跃的组织，如初中生体联、高中生体联和各单项的学生体联，为青少年提供了丰富多样的公共体育服务。日本不同层级的体育协会、单项体育联合会、学生体育联合会组成了庞大的体育组织网络，成为公共体育服务的重要组成部分。同时，日本经常参加体育锻炼的人口数量大，专业化的体育指导需求日益增加，政府非常重视体育指导员和志愿者的培养，从体制和财政上给予充分保障，把体育指导员的资格认证权交由体育社会组织，但经费投入并没有减少。通过政策和财政支持，促使体育社会组织独立制定指导员培养和认定制度，培养社会体育指导员。

（四）多渠道增加体育场地设施的供给

1946 年设立的"国民体育大会"是每年轮流在县级行政区举行的全国性综合运动会，承办"国民体育大会"的县会加强本地体育设施建设，这大大促进了日本体育设施的建设。1972 年，日本文部科学省保健体育审议会在"关于体育振兴普及基本策略"的报告中规定了根据区域和人口的数量配置一定的公共体育设施的标准。日本的《城市公园法》和《自然公园法》明确规定，要允许群众在其中进行体育锻炼。此外，为了提供更多的公共体育服务，早在 20 世纪 70 年代，日本就出台了相关的政策，促进各级学校体育场馆设施融入公共体育服务。如 1976 年文部科学省发出了"关于推进学校体育设施开放"和"关于配合开放学校体育设施"的通知，到 1984 年，日本公立学校体育设施开放率达 80%。到目前为止，日本现有的体育设施多达 80% 来自学校。在盘活和有效利用学校体育设施方面，日本通过制定指导性政策进行引导，如《体育振兴计划》及各地的具体实施细则都要求，所有公立学校必须在每天放学后对社区居民开放体育设施，政府则对此给予专项补贴。目前，日本 99% 的公立学校均对外开放体育设施，在政府补贴充足的情况下，近一半设施完全免费开放。

第二节　发达国家公共体育服务供给对我国的启示

通过对美国、英国、德国和日本等发达国家公共体育服务供给经验的分析，我们可以得到如下启示：

一、政府出台政策法规保障公共体育服务供给

完善的公共体育服务政策法规是其发展的根本保障，同时，也可以调动各方

的积极性，使更多的资源参与到公共体育服务的建设中。美国、英国、德国和日本等发达国家在建设公共体育服务时，非常注重制定系统、连贯、完善的政策法规，并根据经济社会发展的需要适时进行调整和修订，使公共体育服务供给有法可依，推动了本国公共体育服务的建设，取得了很好的效果。目前，我国的公共体育服务供给仍处于探索期，相关法律缺失，政策还不完善。因此，应根据我国的国情，借鉴发达国家的先进经验。一是加强立法，从法律的角度规范公共体育服务供给，明确公共体育服务的供给主体及其职责划分、服务标准、监管机制等；二是梳理现有的公共体育服务相关政策法规，聘请专家学者，通过深入调研，废止和修订阻碍社会力量参与公共体育服务供给的法律法规，为形成多元主体供给公共体育服务的格局扫清障碍，并根据需要制定新的政策法规，形成系统配套的法律法规体系，出台社会力量参与公共体育服务供给的优惠政策。与此同时，政府要加快出台《公共体育服务标准》《政府购买公共服务法》等类似的法律法规。

二、转变政府职能，积极引导公民和社会力量参与

传统的政府在公共体育服务供给中的职能是既"掌舵"又"划桨"，而新公共管理理论认为，政府应该坚持服务取向，把制定政策和执行政策分开，引入竞争机制，让更多的私营部门参与，提高服务供给的质量和效率，公共服务型政府的主导作用在于"掌舵"而非"划桨"。西方发达国家建立并完善公共体育服务的经验就在于建立了与市场经济、社会形态相适应的公共服务型政府，使公共体育服务职能从中央到地方和体育社团都责权分明。随着公共体育服务需求的不断增加，国家逐渐将公共体育服务的具体工作下放到地方，使地方有较大的自主权建设公共体育服务，形成了地方特色管理。与此同时，体育社团承担着大量的政府公共体育服务职能，发挥着不可替代的作用。如美国公共体育管理分属于12个政府机构，但体育社团负责具体政策的制定和实施以及体育资源的配置，政府提供财政补贴，体育社团自主管理和运营，这使其体育管理职能得以高效率地发挥；日本公共体育服务的主管机构是文部科学省体育与青少年局，但主要工作由日本体育协会执行。政府为了适应经济、政治环境的变化和公众多样化、个性化的公共体育服务要求，降低公共体育服务成本，不断拓展和创新公共体育服务供给方式，注重建立公共体育服务合作治理模式。政府非常重视社会和公民在公共体育服务中的主体地位，推行公共体育服务的市场化和社会化，与体育社会组织和企业建立公私合作伙伴关系，如采用合同外包、特许经营、凭单制和补助等方

式，充分利用市场、社会和公民的优势，提供公平和效率兼顾、以公民需求为中心的公共体育服务。

1998 年以来，我国历次政府机构改革和职能转变主要集中在政府公共服务职能的增长上，政府在公共服务如教育、科技、文化、卫生和体育等方面职能的增强，证明政府职能正在从传统的"全能型政府"向"服务型政府"转变。随着政府的行为和作用逐渐以公共服务为中心展开，政府在公共体育服务方面的职能也要随之发生转变。在体育强国建设进程中，公共体育服务是社会共同需要的，因此，政府和社会应共同承担公共体育服务供给的责任。但是，我国体育社会组织发育不成熟，政府的公共服务职能没有充分发挥。目前在建设公共体育服务过程中，政府需要通过相关政策和财政投入培育体育社会组织，调动社会公众参与公共体育服务供给的积极性，逐步形成政府、社会和公民共同参与的公共体育服务供给、管理、监督和评价局面，构建政府与体育社会组织的合作伙伴关系，使政府、社会和公民在公共体育服务供给上产生良性互动。

三、注重多层次、多部门协同配合提供公共体育服务

通过分析发达国家公共体育服务供给主体可以发现，公共体育服务不是由政府单独供给，而是政府主导，社会广泛参与，多部门协同配合提供公共体育服务。发达国家公共体育服务供给主体涵盖国家、地方政府、学校、社区和体育社会组织，每个供给主体在公共体育服务供给中发挥不同的作用，协同配合提供公共体育服务。例如，国家制定公共体育服务相关政策、提供资金支持，学校开放体育场地设施，体育社会组织具体落实公共体育服务的供给，同时，政府还有多个部门参与公共体育服务。英美等户外体育运动开展较好的国家，在城市附近的森林、山地进行旅游休闲开发时，建设部和交通部都一定会考虑修建自行车道、徒步旅行道和野营设施；美国疾病预防控制中心通过全国范围内的国民体育锻炼调查参与到公共体育服务中。这些部门虽然不直接管理体育，但是他们建造的体育设施，提高了公共体育服务的水平。多部门协同供给公共体育服务，已成为许多欧美国家的一个共同的发展特点和趋势。因此，我国的公共体育服务供给，不应该只是政府体育部门的责任，应该借鉴发达国家的经验，形成跨界整合的公共体育服务治理思维，将体育总局、教育部、住房和城乡建设部、财政部、发改委等部门联合，同时将政府部门和非政府组织联合起来，形成"政府主导、部门协同、全社会共同参与"的大群体工作格局。

四、形成了公共体育服务由公共财政与社会资金共同保障的多元化投入格局

发达国家公共体育服务供给经费投入通常以政府为主导、社会和公民共同参与。从整个公共体育服务的建设来看，政府还要从法律制度、税收政策等各个方面进一步鼓励社会力量资助全民健身事业的发展，在我国更要鼓励企业、社会组织和个人资助公共体育服务的建设，要把构建社会各种力量共同参与全民健身事业的社会文化环境提上议程。通过政府的公共财政投入撬动更多的社会资金参与全民健身事业的发展，为公共体育服务供给注入更多活力和发展资金。要敢于创新，借鉴发达国家文化产业发展经验，如美国的"资金匹配"资助方式和英国的"陪同投入制"，把其应用到公共体育服务供给中，发挥政府公共财政投入的杠杆作用，激励企业和社会投资公共体育服务供给。一方面，对公共体育服务供给项目进行公共财政投入时，要根据地方经济发展水平，采取上级政府和下级政府按照一定比例投入的方式，要让地方政府和社区多渠道筹措一部分资金，对于社会力量捐赠，政府公共财政要给予适当的配套资金，改变基层政府"等靠要"的思想观念。另一方面，社会资源参与公共体育服务供给，应该注重均衡性的掌握，统筹兼顾和综合平衡，特别是要向农村、经济不发达地区和弱势群体倾斜。社会力量愿意资助或投资于大型体育场馆，而对城市社区或农村地区小型化、多样化的活动场馆和健身设施缺乏资助或投资积极性。因此，要引导和鼓励社会力量在社区建设就近、就利、就便的小型多样化的活动场馆和健身设施，政府以购买公共体育服务的方式予以支持。此外，社会力量参与公共体育服务供给，除了资源的投入，更重要的是会在社会上形成一种参与体育的氛围，能够提高民众的体育意识和社会对全民健身事业的重视。我国一向重视全民健身事业，但是与发达国家相比仍然落后，其原因除了与全民健身资源投入不足有关外，全社会对全民健身事业的重视程度不够也是重要因素之一。因为重视会潜移默化地改变人们的意识与思想观念，也由此带来一系列的制度设计的变化，使人们的生活方式和健康水平发生转变。因此，在加强公共体育服务供给的同时，要努力创造一种有利于公共体育服务供给的良好社会环境，注重发展体育慈善或社会捐赠。

五、体育志愿服务在发达国家公共体育服务中发挥重要作用

在发达国家，体育志愿者在公共体育服务中扮演着至关重要的角色。担任体育志愿服务的力量主要是体育指导员和志愿者，是体育发达国家大众体育工作的

重要支撑力量。体育志愿服务为发达国家体育事业的发展节省了大量人力物力，政府普遍重视志愿服务管理方面职能的履行，通过立法保障、建立激励机制等措施扩大体育志愿者群体人数，通过加强业务培训，使体育志愿者专业水准、服务质量得到提高。美国有 1700 万人从事社区体育志愿服务；2012 年，德国总计有885 万体育志愿者，其中，700 万人无偿进行体育志愿服务；2012 年，英格兰大约有 1000 万人参与体育志愿服务，占总人口比例为 20.9％；日本实施了多年的体育指导员制度，为其培养出了大量体育指导员。体育志愿服务产生了巨大的社会和经济效益，体育指导员和志愿者的高质量、无偿性的体育服务能为体育活动的开展降低运营成本，为政府减少了大量的公共财政拨款。例如：英国体育志愿者每年大约提供 12 亿小时的体育服务，其经济价值高达 14 亿英镑，涉及许多方面，遍及英国的各类体育俱乐部，服务近千万会员；德国有 185 万名担任一定职务的体育志愿者，每年可产生 67 亿欧元的劳务价值，他们每月平均志愿工作20.1 小时；日本的每名体育志愿者平均每年参加两次志愿活动，每次 8 小时，日本体育组织开展的每一项体育工作平均都有 60 名体育志愿者参与服务。北京奥运会后，我国大众体育蓬勃发展，但是，公益性社会体育指导员和体育志愿者不足，特别是社区体育志愿者非常缺乏。因此，今后我国要加大培养体育志愿者的力度，如在各级学校的思想政治教育中注重学生的志愿精神培养，把担任志愿者的经历作为学生评优评先和升学的考核内容；鼓励现役或退役运动员深入社区进行义务指导居民健身；继续加大社会体育指导员的培养力度，激励有体育特长的公民参与体育志愿服务。

六、重视弱势群体和特殊人群公共体育服务的供给

英国、德国在制定体育发展政策和规划时，特别强调要保障特殊人群和弱势群体的体育锻炼权益，专门制定有特殊人群和弱势群体的体育指标。在制定大众体育政策时，德国把公共体育服务均等化作为一项基本原则，让每个公民都有机会参加体育活动，让每个公民都能够在体育俱乐部中根据自己的兴趣和能力找到相应的体育项目。政策的贯彻落实必须要有相关的配套措施和相关的部门协调配合才能保证执行效果。为了保障大众体育政策的有效性，近年来，德国的不同部门协同配合推出了提高弱势群体和特殊人群公共体育服务的计划，如《为 70 岁以上老人提供运动机会计划》旨在提高高龄老人的公共体育服务水平，《借助体育促进融合计划》旨在促进移民人口和失业者通过体育参与融入德国社会。英国体育在政党更迭过程中，其发展侧重点有所不同，但大众体育一直受到重视，特

别是弱势群体和特殊人群，如少数民族、移民、残疾人以及较少参与运动的女性群体等。英国政府 2000 年颁布的《大众的体育未来》的主要目标强调"使更多不同年龄、不同社会阶层的人参与体育运动"；2002 年颁布的《游戏计划》针对社会弱势群体，如老人和残疾人等，制定了保障政策，并明确指出，在大众体育参与方面，应聚焦于优先目标群体和经济弱势群体，特别是关注青年人、妇女、低收入者等，主要宗旨在于为普通民众提供平等的体育参与机会，使更多人参与到体育活动中来。日本 2011 年颁布的《体育基本法》突出了国民的体育权利，特别提出了残疾人体育权利如何保障，要关注弱势群体和特殊人群的体育权利，创造人人能够根据自己的兴趣和能力参与体育活动的环境，包括幼儿、年轻人、老年人和残疾人等。日本重视无障碍设施的建设，通过立法进行保障，1993 年颁布了《残障人基本法》和相关的无障碍建筑物法律，促进了日本无障碍体育设施的建设，这些设施为残障人提供了交流、健康、体育、休闲等服务。此外，日本还举办全国健康福利节（老年运动会），日本残障人体育协会培养了多种残疾人社会体育指导员，为残障人多样化的体育活动提供指导，并建立了《公认残障人体育指导员制度》，将体育指导员资格分为初级、中级、高级和运动教练 4 种。我国工业化、城镇化、老龄化进程中产生了数量庞大的特殊群体，如农民工、老年人和残疾人，此外，青少年体质状况令人担忧。因此，要加强立法，制定配套体育政策保护弱势群体和特殊人群享受公共体育服务的权利，营造无障碍体育环境，使弱势群体和特殊人群能锻炼、想锻炼、积极锻炼身体；鼓励各级各类体育场馆增加无障碍体育设施，并免费或优惠向弱势群体开放，对于向弱势群体开放较好的体育场馆给予一定的补助或减免税。

七、公共体育设施的覆盖面广，服务模式多样化和利用率高

发达国家公共体育设施供给方面有 3 个特征：第一，覆盖面广。衡量公共体育服务质量的重要指标之一是大众能够享受公共体育设施的便利，为大众参与体育活动提供足够数量的公共体育设施是政府的职责所在和社会福利制度的一个方面。体育发达国家的公共体育设施总量大多处于较高水平且覆盖面广。如 20 世纪 70 年代末，英国就已实现在每个社区有一个体育中心和一个游泳池；日本共有公共体育设施约 22.3 万处，综合性体育俱乐部达到了市町村全覆盖。第二，服务模式多元化。美、英、德等国家采取了公共体育设施多样化的服务模式，概括起来有 3 种：一是体育设施直接提供给使用者；二是为体育俱乐部的会员提供公共体育设施服务；三是采用免费或低价租借的方式把体育设施提供给体育俱乐

部使用，这种服务模式最普遍。德国大部分体育俱乐部没有体育设施，约有58％的体育俱乐部使用乡镇或学校的体育设施，其中34％的俱乐部免费使用公共体育设施。英国的体育俱乐部大多是以较低价格租借政府、学校或慈善机构的公共体育设施进行活动。第三，体育场馆利用率高。美、英、德等发达国家政府、慈善机构和学校的公共体育设施除了履行自己的职能外，为了提高公共体育场馆的利用率，还向体育俱乐部提供免费或低价服务。特别是学校体育场馆，国家对开放体育场馆的学校给予资金支持，以缓解大众体育场地设施不足的状况。学校体育场馆的开放程度能够反映出政府和社会对大众体育的支持程度。

英国的《社区使用计划》要求公共体育设施尽可能广泛地向公众开放，其首要目标是学生放假或者放学回家后，学校体育设施向社区开放，以提高学校体育设施资源的使用效率。美国中学和大学体育设施非常完善，这些设施在满足本校体育课和课外锻炼之余，向社会低价或免费开放。德国政府通过提供经费保障，鼓励公立学校或私立学校的体育场地设施对公众开放。部分地方政府规定：学校的体育场馆必须在课余时间向俱乐部开放，具体开放形式和开放时间安排由学校与俱乐部进行协商。日本体育设施主要在学校，其中80％的体育设施由学校供给，99％的公立学校体育设施均对外开放。日本高度重视学校体育设施的综合利用率，在《体育振兴计划》中提出了全面开放学校体育设施的政策。我国公共体育设施的短缺是制约大众体育发展的瓶颈，原因主要有两点：一是公共体育设施建设相对不足；二是没有盘活现有的公共体育设施。所以，要加大社区附近小型、简便公共体育设施建设的力度，在城镇化过程中，建设和规划住宅小区、公园、城市景观时，要把体育场地设施作为重要的组成部分，政府、企事业单位的体育场地设施免费或低价租借给体育社会组织，用以开展活动。同时，严格执行学校体育场馆和体育部门体育场馆向社会开放的政策，加强监督和评价，加快学校体育场地设施和教学区隔离，对于维护成本低的室外场地可以实行免费开放，而维护成本高的体育馆等低收费开放，政府对于开放学校按人数给予补贴。

第三节　小结

2014年，国务院印发的《关于加快发展体育产业促进体育消费的若干意见》将全民健身上升为国家战略，并把公共体育服务基本覆盖全民作为发展目标之一。公共体育服务是推进全民健身国家战略的重要保障，"十二五"时期公共体育服务供给速度加快，《体育发展"十三五"规划》继续完善了公共体育服务供给，使全民健身国家战略深入推进，群众体育发展达到新水平；《"健康中国2030"规划纲要》提出，完善全民健身公共服务体系是推进健康中国建设，全面提升中华民族健康素质，实现人民健康与经济社会协调发展的重要基础和国家战略。1995年第1个全民健身计划颁布以来，全民健身公共服务供给不断增加，但是，人民群众日益增长的多元化、多层次体育需求与体育有效供给不足的矛盾依然突出。因此，为了扩大有效供给，不断满足人民群众日益增长的全民健身服务需求，必须建立完善的公共体育服务体系。公共体育服务的建设和完善，对于推进全民健身国家战略和健康中国建设、激发体育产业发展活力具有至关重要的作用。世界发达国家公共体育服务各具特色，但又有许多共同之处，都特别重视整合各方面资源建设公共体育服务体系，为公众参与体育活动提供良好、综合的服务。在当前的经济社会背景下，借鉴发达国家的成功经验并与我国的具体实际相结合，探索出一条与我国国情相符的公共体育服务供给道路，是一项紧迫而重要的课题。

我国公共体育服务建设可以从发达国家公共体育服务供给的经验上得到的启示主要有以下几个方面：政府出台法律和政策保障公共体育服务供给；转变政府职能，积极引导公民和社会力量参与；注重多层次、多部门协同配合提供公共体育服务；形成公共体育服务公共财政与社会资金共同保障的多元化投入格局；体育志愿服务在发达国家公共体育服务中发挥重要作用；重视弱势群体和特殊人群公共体育服务的供给；公共体育设施的覆盖面广，服务模式多样化和利用率高。

第四章 新时代公共体育服务高质量供给之政策研究

第一节 法治化的必然诉求

近年来，随着"全民健身""健康中国"等国家战略的号召，公共体育服务问题逐渐成为"热点"话题，公共体育服务纠纷等"焦点"问题引起业界人士的高度关注，相关研究也备受青睐。同时，国家也出台相应政策，《体育发展"十三五"规划》明确指出：推进依法治体，提升体育法治化水平；深入推进依法行政，完善体育法规体系建设；健全体育纠纷多元化解决机制。足以见得，在中央政府、体育总局的推动下，公共体育服务法治化发展趋向已经势不可当。不断完善我国公共体育服务法律体系，是解决公共体育服务法治化问题的重要途径和保障。

一、法治化是公民体育服务权利保障的基础

《体育发展"十三五"规划》明确指出，我国公共体育服务的突出矛盾是人民群众日益增长的多元化、多层次体育需求与体育有效供给不足的问题。如：公共体育服务的"缺失"、公民监督反馈难以落实、公民依法维权途径迷失、相关政府部门管理的缺位与不到位等，这些问题均不同程度地影响了公民理应享有的公共体育服务基本权利。从供需角度分析，公民是公共体育服务的直接享用者，是公共体育服务发展最直接的反馈本源。在落实公共体育服务的进程中，公民既有享受公共体育服务的权利，也有履行公共体育服务的义务，但具体限定与划分公民权利与义务的规定和依据尚未明朗。因此，需要法治化来明晰公民享受权

利、履行义务的边界，以保障公民合理有序地参与公共体育服务。法治化指引着公共体育服务公平、公正、正义、秩序等价值体系的构建与价值的实现，协助公共体育服务"本位"的回归、"本质"的再塑，真正做到以人为本，服务于民，全力保障公民公共体育服务合法权益的实现与运用。此外，仍需法治化以明确公民于公共体育服务中究竟享有何种权利，即有所为、有所不为，并遵循法治的规则和程序行使公民公共体育服务的权利，即有法可依、有章可循。公共体育服务法治化的理念以保障公民体育权利为逻辑起点，加强权利规制免于"逾矩"，实现公共体育服务核心理念与法治化的完美契合。

二、法治化是政府体育服务职能履行的依据

法治化是构筑和谐体育发展的基础保障。公共体育服务法治化，是政府体育服务职能履行的依据。从供需角度分析，政府是公共体育服务的直接供给者，其供给能力的优劣直接反映公共体育服务日益凸显的矛盾问题，间接地反映出政府履行公共体育服务职能的能力。公共体育服务法治化可为政府履行公共体育服务职能提供依据：第一，法治化明晰政府公共体育服务履行职能的权利与义务，即用何种权，如何用权，权用到哪以及履行何种义务，如何履行义务，履行到什么程度，以合理有效的方式履行公共体育服务权利与义务；第二，法治化可限定政府公共体育服务依循特定的法律制度和程序履行职能，不可再出现"打招呼"走捷径的"乱序"现象，维护社会秩序的安定有序，美其名曰"包容性秩序"，需要何种方式就选择何种方式，做到忙中不乱、乱中有择、杂中有序；第三，法治化设限政府公共体育服务职能履行的责任，即实施责任制，明确政府在公共体育服务领域中所应承担的责任和承担责任的程度，触法必究，违法必惩，以做到政府公共体育服务职能履行的正当性。可见，公共体育服务法治化在为政府体育服务职能履行提供依据的同时又有着双赢之效，既能维护公共体育服务法律的权威与尊严，还能保障公共体育服务合理、有序地运行。

三、法治化是实现公共体育服务治理能力现代化的关键

在法治的大环境下，公共体育服务的基本要求是公共体育服务法律制度要符合"良法"与"良法的执行"两大基本条件。法治的核心是"良法善治"。法治为公共体育服务治理注入"良法"的基本价值理念，提供"善治"的创新机制。公共体育服务治理现代化的精髓则是将法治中"良法善治"的理念注入公共体育服务领域，以实现体育治理能力和治理手段现代化。公共体育服务治理能力是指

公共体育服务的执行力、运行力及治理的方式方法。详而言之，公共体育服务治理能力现代化是借助"法治的方式"，提升治理的执行力与运行力，即通过法治渗透，培养法治思维，运行"良法"，采用"法治"（治理方式）的方式进行"善治"，指导公共体育服务治理的公平、正义、平等、秩序等价值观和价值标准的法律制度的实现，真正完成法治在公共体育服务中的"基础性作用"转型为"决定性作用"的演进。同时，解决法治"缺位"情形下公共体育服务治理动力不足（运行力）和能力欠佳（执行力）的问题。因此，法治化把法治的理念、精神、方式方法、原则等"精髓"渗透、贯穿到公共体育服务治理的实践层面，作为公共体育服务治理的基本方式，成为实现公共体育服务治理能力现代化的关键，推进公共体育服务本体上与路径上治理能力的现代化。

第二节　新中国成立以来我国公共体育服务供给政策的演进与趋向

一、新中国成立以来我国公共体育服务供给政策的演进脉络

（一）起步探索期（1949—1965 年）：政府包办、高度集中

新中国成立伊始，体育公共文化生活意识尚未普遍形成，我国经济政治文化社会事业等均处于百废待兴阶段，本身基础薄弱的体育公共服务事业并非各级政府所关注的焦点，基本处于停滞状态。1949 年 9 月中国人民政治协商会议审议通过《中国人民政治协商会议共同纲领》，提出"政府提供公共服务"的制度设想，并明确强调"提倡国民体育"，引领我国体育公共服务事业走出艰难第一步。这一阶段，国家颁布实施了若干政策文件，如《中央体委党组关于加强人民体育运动工作的报告》指出"开展群众性的体育运动，使体育运动普及和经常化"；《中央人民政府政务院关于在政府机关中开展工间操和其他体育运动的通知》强调"机关的体育工作，应在党和行政的统一领导下，由机关工会、青年团和俱乐部具体负责组织之"；《准备劳动与卫国体育制度》旨在提高广大群众的体育参与积极性；《关于体育运动十年规划的报告》明确农村体育工作在"人民公社统一领导下"开展。总体来说，这一时期的体育公共服务政策内容呈现出政府独揽包办、城乡分割、追求广覆盖的特点。经过十余年的政策设计与实践推进，我国体育公共服务体系有了显著变化，但是由于起步晚、基础弱，相关政策文本多以口

号式宣传为主，"体育运动的普及与提高，跟不上广大群众的要求"。

（二）萧条停滞期（1966—1977 年）：束缚干扰，畸形异化

这一阶段，国家在支持、发展、积极推动体育公共服务体系建设领域的政策受到全面干扰，走过一段艰难的畸形异化发展时期。

（三）改革转轨期（1978—1991 年）：恢复调整，效率优先

1978 年，党的十一届三中全会发出"解放思想"的最强音，成为我国体育公共服务供给政策调整的重要转折点。伴随着国家将工作重心向经济建设的转移，以及改革开放政策的推进，为"迎接经济、文化建设的新高潮，适应实现四个现代化的需要"，国家层面高度重视体育公共服务政策的调整与改革，国家对体育公共服务统包独揽的政策倾向亦开始松解。1978 年 3 月，全国人民代表大会颁布《中华人民共和国宪法》，明确表明国家对体育文化事业的鼓励与支持态度。《关于加强城市体育工作的意见》《关于做好县的体育工作的意见》《关于进一步开创体育新局面的请示》以及《关于加强职工体育工作的几点意见》等一系列政策相继颁布实施，对释放社会活力、深化体育公共服务供给改革起到了引领性作用。总的来说，这一时期的体育公共服务政策内容以恢复新中国成立初期正确的体育公共服务政策制度，重建体育公共管理组织机构，加快推动体育公共服务领域与时俱进地进行改革为核心要义，呈现出吸纳社会参与、效率优先、兼顾公平、以城为主的特点。

（四）深化改革期（1992—2009 年）：规范法治，公平优先

伴随着体育系统内对体育管理体制的认识深化与我国体育事业发展的实际需要，计划经济体制下形成的高度集中的体育管理体制的弊端开始逐渐显现，建立与市场经济相匹配的体育管理体制成为国家体育事业发展必须克服的难题。这一时期，国家围绕体育公共服务事业管理体制改革颁布出台若干政策文件，如《关于深化体育改革的意见》提出逐步建立符合现代体育运动发展规律、国家调控、依托社会、自我发展、充满生机与活力的体育体制和良性循环运行机制；《全民健身计划纲要》首提保障公民体育权利的相关条款；《关于公共体育场馆向群众开放的通知》要求积极创造条件，将公共体育场馆向群众开放，明确强调公共体育场馆对各级各类在校学生、儿童以及残疾人、老年人参与体育锻炼均应提供优惠服务；全国人大常委会审议通过《体育法》，确立群众体育的基础地位；《关于加强城市社区体育工作的意见》提出充分依靠和激发社会力量办体育的热情，为搭建起全方位、多样化的体育公共服务体系做了初步设计；《2001—2010 年体育

改革与发展纲要》提出构建起面向大众的多元化的体育服务系统,坚持依法行政,依法治体;《中共中央 国务院关于进一步加强和改进新时期体育工作的意见》提出构建多元化体育服务体系应坚持政府支持与社会兴办相结合的基本思路;《体育事业"十一五"规划》明确了政府承载的"体育公共服务"职能。这些政策文件旨在形成"国家与社会共同参与体育公共服务供给"的新体系。

1992年党的十四大明确提出建立社会主义市场经济的改革目标,在此目标引领下,以"深化体育改革"为主题的全国体委主任会议召开并颁布了《关于深化体育改革的意见》,掀起了新时期体育公共服务事业改革的序幕,提出逐步形成体育公共服务供给以社会和个人投资为主、国家补助为辅的运行机制,明确了体育公共服务事业坚持社会化改革的方向。作为我国体育公共服务领域标志性政策的《全民健身计划纲要》与《体育法》亦在这一阶段颁布实施,正式确立了群众体育的基础地位,引领我国体育公共服务工作步入法治化轨道。在此期间,北京成功申办并举办奥运会,"8·8全民健身日""全民健身与奥运同行"等系列活动相继推出,激起了社会公众参与体育的热情,为我国体育公共服务事业的顺利开展奠定了良好的群众基础。总体上说,这一时期的体育公共服务政策内容涉及体育公共服务的法治化、社会化改革,体育公共服务资源的城乡一体化供给;政策内容呈现出突出社会参与、公平优先、平均导向、城乡一体的特点。

(五)蓬勃发展期(2010年至今):统筹规划,均衡发展

伴随着国家经济发展、人民生活水平的提升,以及"后奥运"效应逐步显现,社会公众的体育健身理念发生改变,健身需求日益高涨且趋向多元化,政府供给体育公共服务能力进入全面检验期。为了应对人们日益增长的体育需求,政府依据形势变化在体育公共服务政策上进行统筹规划与设计,不断尝试创新与变革,全民健身、健康中国在这一时期上升为国家战略,史无前例。《关于加快发展体育产业的指导意见》提出在加强城乡居民基本体育服务的基础上,形成体育公共服务与市场服务相互结合的良好局面。《全民健身计划(2011—2015年)》提出要多渠道增加全民健身投入,对社会力量兴办体育类民办非企业单位,要在注册登记、工作指导等方面提供支持和保障。《体育事业发展"十二五"规划》要求加快完善公共体育服务,提高公共体育服务水平。《"十二五"公共体育设施建设规划》指出地方各级人民政府是体育基本公共服务设施建设的责任主体,要充分调动社会力量参与提供体育公共服务的积极性,逐步缩小地区之间、城乡之间的差距。党的十八大报告中提出要广泛开展全民健身运动,促进群众体育和竞技体育全面发展。《关于加强和改进群众体育工作的意见》首次强调"部门协同"

在推进全民健身中的作用，并提出"建立协同发展机制"的目标。《关于加快发展体育产业促进体育消费的若干意见》提出在城市社区建设 15 分钟健身圈，公共体育设施免费或低收费开放，将"全民健身上升为国家战略"。《体育发展"十三五"规划》提出建设"惠及全民的基本公共体育服务体系"。《全民健身计划（2016—2020 年）》提出"政府主导、部门协同、全社会共同参与，统筹建设全民健身公共服务体系"的发展目标。《"十三五"公共体育普及工程实施方案》提出采用中央预算内投资、体育彩票公益金补助、PPP、公建民营等方式构建覆盖面广、普惠性强的体育公共服务网络。党的十九大报告提出"广泛开展全民健身活动，加快推进体育强国建设"。《关于加快推进全民健身进家庭的指导意见》提出推动体育公共服务供给真正延伸向基层、到乡村，引领体育公共服务事业进一步走向微观。

作为此阶段标志性政策的《体育事业发展"十二五"规划》，确定以建立完善符合国情、比较完整、覆盖城乡、可持续的体育公共服务体系为重点的体育公共服务事业发展思路。随后国务院颁布《全民健身计划（2011—2015 年）》，着手谋划调动全社会兴办全民健身事业的积极性，鼓励社会力量参与以缓解政府财政压力、发挥社会资源活力，对我国体育公共服务体系建设驶入快车道具有重要推动价值。2014 年，国务院颁布实施《关于加快发展体育产业促进体育消费的若干意见》，明确将"全民健身上升为国家战略"，为我国体育公共服务事业发展注入了强力催化剂。这一时期体育公共服务政策与时俱进，贴合供给侧结构性改革的发展目标，深化认识全社会力量参与体育公共服务供给，内容呈现出多元协同参与、政府主导、覆盖城乡、均衡发展的特点。通过政策保障，协同推进实现《"健康中国 2030"规划纲要》提及的"提高全民族身体素质"的宏伟目标，完善公共服务体系建设，不断增加体育公共服务城乡均衡供给措施，为社会公众健康提供坚实的物质基础。

二、新中国成立以来我国体育公共服务供给政策演进的特征

（一）供给主体由国家统包独揽转向与社会并存

新中国成立初期，我国体育公共服务供给主体几乎全部由政府承载。政府统包独揽，有利于快速实现国家发展体育公共服务的政治目标，带有强烈的计划经济色彩。但是随着市场经济的逐步建立和服务型政府理念的提出，只有体育公共服务产品，缺乏体育公共服务商品供给形式，限制了体育公共服务市场的培育与发展。政府职能的越位、市场机制的缺失，造成体育公共服务投入渠道的单一，

进而导致体育公共服务领域"供需矛盾"日益凸显。1983年，国家体委《关于进一步开创体育新局面的请示》中，意识到"统包独揽"的局限与制约，开始谋划改革，旨在激发社会力量参与体育公共服务的供给热情。伴随着后续相关政策的推行，社会力量开始被吸引参与到体育公共服务供给中来。尤其是在2010年国家明确了"不断增加体育市场供给体育公共服务"的发展目标以及2014年取消商业性、群众性体育赛事审批权以来，社会组织、个人、企业投身体育公共服务事业的热情不断高涨，形成了政府、社会、市场等多元主体并存、协同推进的供给态势，国家由大包大揽"办"开始转向"管"，由"管理"走向"服务"。

（二）价值取向由注重社会发展需求转向社会民生需求

从政策内容价值取向来看，新中国成立以来，我国体育公共服务政策经历"社会本位"倾向到"人本位"倾向的转变。社会本位的体育公共服务政策内容设计、规划、落实的出发点和落脚点在于满足政治、经济、社会、文化事业发展的时代诉求。从新中国成立到改革开放初期，"体育要为经济服务、为国防服务、为生产服务、为建设社会主义精神文明服务"的相关宣传与政策文本内容中不难看出国家对推进体育公共服务事业的经济、社会价值的渴望与期待。进入20世纪90年代，人的体育权利、体育对人身心健康的价值成为学者广泛关注的焦点。随之，《体育法》《全民健身计划纲要》等明确参与体育锻炼是公民的基本权利，以及随后颁布实施的各项政策均凸显出"以人为本""满足公民不断增长的体育需求"的社会民生需求导向。

（三）目标追求由重视规模与效率转向注重质量与公平

新中国成立初期，全国只有4982个体育场地，人均体育场地面积仅为0.05平方米，极大限制了体育公共事业的推进。"扩大规模、提速发展"成为政府发展体育公共服务事业必须解决的首要问题。即使到改革开放初期，"发展导向"依然是当时体育公共服务政策供给的基本指导思想。随着《体育法》的颁布实施，明确了社会公众参与体育的基本权利，以及"大力促进体育公平"理念的提出，开始引领我国体育公共服务政策由追求规模与效率转向质量提升与注重公平。以实现"体育公平"为导向，统筹体育公共服务资源的协调配置与供给，通过均等共享的体育公共服务政策及其有效落实与执行，实现社会公众平等享有，促进体育公共服务的政策变革由效率优先转向优质、公平。尤其是进入21世纪以来，体育公平成为我国体育公共服务政策规划的主流价值取向，成为促进我国体育公共服务资源均衡、优化配置的内在机制。

（四）政策体系由单一政策走向多元政策协同

新中国成立以来，我国体育公共服务政策演化大致经历了由碎片化单一政策推进，到综合性、多元协同政策体系供给的渐进式发展进程。新中国成立初期，由于在体育公共服务供给经验上的缺失，国家企图借助发展体育推进工业化进程，急于调动和鼓励社会公众参与体育锻炼、献身社会主义建设的积极性。所颁布实施的体育公共服务政策多为碎片式、孤立状态下进行的局部体育公共服务事业改革，忽视各单项政策间的关联性、协同性以及系统性。随着对体育公共服务供给体制改革认识的逐步清晰，国家日益意识到破解体育公共服务深层次矛盾，提升体育公共服务效率与质量需要多个部门的协调推动以及多元政策的协同配合，仅靠单项政策改革难以奏效。近些年来，尤其是"十一五"以来，多元化体育公共服务政策协同推进在我国体育公共服务事业改革中日益明显，如《全民健身计划》等。运用系统思维、全面意识推进体育公共服务事业改革成为体育公共服务政策工作的主线，也是我国体育公共服务供给改革纵深发展的应然之选。

（五）供给布局由城乡二元分割走向城乡一体统筹

伴随着工业化发展的深入推进，体育公共服务领域显现出"城市偏向型"的非均等供给问题。2006年，《体育事业"十一五"规划》及时、准确地认识到"城乡二元分割"对体育协调发展的制约，正面认识"城乡体育发展不平衡"的现实问题，并提出了通过"城乡一体""城乡均等"来着力破解这一难题。结合当年国家推行实施的"社会主义新农村建设"，体育公共服务政策推进也开始指向"缩小城乡差距"。《"十一五"群众体育事业发展规划》明确提出统筹兼顾城乡，处理好城乡体育发展关系，努力缩小城乡群众体育差距，逐步实现均等化的体育公共服务供给指导思想。随后国家推行的"农民体育健身工程""体育三下乡工程""亿万农民健身工程"等体育利益补偿政策措施均围绕"城乡统筹、均衡发展"的思路展开，旨在快速弥补由于历史发展所造成的农村体育公共服务薄弱的缺口，缩小城乡体育公共服务供给不均衡的差距，推进城乡统筹均衡发展。

三、"十四五"时期我国体育公共服务供给政策的趋向

（一）政策思路持续围绕"放管服"改革，转变政府职能，激发社会资本活力

2013年以来，体育总局共取消4项行政审批事项，下放1项行政审批，清理全部非行政许可审批。然而，目前我国体育行政"放管服"改革仍存在改革视野

狭隘、改革路径残缺、改革内容单一等问题。因此，持续围绕"放管服"改革仍将成为未来一段时期内我国体育公共服务政策推进的基本思路：（1）持续推进"简政放权"。理顺政府内部上下级间的关系、政府与各参与主体间的关系，进一步明晰政府、市场、社会等多元供给主体的功能与职责，建立起完善的体育公共服务领域内的政府"权力清单"制度、社会市场"负面清单"制度等管理制度，逐步构建参与主体准入机制、诚信机制、自律机制、退出机制、简政放权动态识别与边界优化机制等，分阶段地实现社会、市场在体育公共服务供给中的主体地位。（2）坚持"放管结合"。放权并不代表"放任"，而是为了更好监管。结合"权力清单""负面清单"制度制定出台《体育公共服务供给监管工作方案》，建立起随机抽检工作机制、动态监管机制以及市场经营信息披露机制，改变传统的"以批代管"的陈旧监管模式，不断深化信用、审计、社会以及"互联网＋监管"的综合监管改革。（3）不断加强"服务优化"。"以民需为本优化服务"是"放管服"政策改革的最终目标。在强化推进体育公共服务供给持续简政放权的同时，围绕"放权于市场，服务于市场"的基本原则，关注市场发展需求，加强对体育社会组织、团体、市场的培育，积极营造良好的营商环境，将"政府愿意放权"与"社会市场能够接权"有机衔接起来，进而真正实现转变政府职能，激发社会资本活力，形成以政策促放权、以服务倒逼政策的良性循环。

（二）政策决策逐渐走向"协商民主"，真正实现"自下而上"决策供给

社会公众实际的体育需求是体育公共服务供给的主要依据。因此，体育公共服务政策决策应以实现社会公众的体育需求为首要目标。协商民主是推进公共决策的强大助力，是我国体育公共服务政策决策不可回避的选择。作为公共决策重要机制，协商民主在协调参与主体间的利益关系、化解参与主体间的利益冲突、收集不同社会群体的利益表达、保障社会公众参与公共事务的政治权利等方面有着独特的制度优势。虽然在《体育事业发展"十二五"规划》中，政府已经开始意识到"协商"的重要性，也提出"强化与各级政府和相关部门的协商互动机制"，但是仅停留在各级政府间以及政府部门间的协商，缺乏对协商民主真正内涵的认识，也导致了目前体育公共服务政策供给依然多为传统的政府咨询式决策，甚至是"自上而下"的行政命令式政策供给。随着协商民主理念在我国的逐步渗透与实践中的逐步推进，对协商民主决策在拓展利益表达空间、促进决策信息共享、增强体育公共服务政策决策的积极价值等方面的认识也必将更进一步。体育公共服务政策决策将逐步走向科学的协商民主程序，搭建起广阔的协商民主

平台，社会公众的体育公共服务需求得到有效表达与整合，助推改变传统的"自上而下"行政命令式的供给体制，采取"平等对话、共同协商"的反映需求的政策决策机制，而不是以"主观愿望、创造政绩"为目标进行政策决策，真正实现"自下而上"的决策供给。

（三）政策内容逐渐走向"精细化"，建立起权责清晰的政策规范

精细化治理作为一种新的治理理念，已经开始渗透到我国社会治理的方方面面，政策内容精细化特征亦逐渐在我国各项事业发展政策中得到显现。体育公共服务政策内容设计走向精细化将成为未来优化体育公共服务资源配置，提升体育公共服务供给质量与效率的必然选择。政策内容的精细化，不仅仅是任务结果数字的"量化"，还表现为对体育公共服务政策落实责任的"细化"、政策制定的"流程化"。首先，任务结果数字的"量化"是政策精细化的深入，在政策制定之前，必须进行全面的调研与分析，选择切实、量化的发展结果作为政策目标取向。其次，责任的"细化"就是把政策三方（制定者、执行者和执行对象）的责任进行细化，并把政策的实施不当所造成的影响进行细化，明确责任追究主体，确保"问责"有据可依、有人可问。再次，政策制定的"流程化"，就是要将每个政策的实施环节流程控制作为政策内容精细化设计的切入点，力求做到"一项安排一份流程，一份流程一项制度"，切实推进体育公共服务供给的标准化、规范化。体育公共服务政策内容精细化需要落脚在每一项制度安排上，谁来供给？如何供给？何时供给？供给多少？怎样评价？奖惩细则？这类问题都应有与其对应的权责清晰的行为规范指导。

（四）政策目标指向促进区域体育公共资源整合，破解非均等化难题

区域体育公共服务协同供给是降低行政成本、提高服务效率、破解区域内体育公共服务非均等供给难题的重要举措。区域体育公共服务资源整合是区域体育公共服务协同供给的直接目标，是未来体育公共服务政策目标的应然指向。区域体育公共服务资源的整合就是把区域范围内的体育公共服务资源在原本为本地区内社会公众所享有的基础上，聚拢在一起由区域集中调配，以此达到区域范围内体育公共服务资源的最大效能。区域内体育公共服务资源的连片供给，不仅能够缓解本地区资源不足的困境，还能够实现区域内优势体育资源共建、共享发展，形成"资源交流互补"效应，搭建起各地区"共生共赢"的良性发展格局。区域体育公共服务资源整合，相关政策须重视与思考"几个如何"的问题：如何使区域体育公共资源从分散到聚拢？如何对区域内体育公共资源进行合理再配置？如

何协调区域内地方政府间的利益矛盾与冲突？如何消除区域内"各自为政"的狭隘思维？如何破除区域内行政区划壁垒障碍？同时，还应紧紧围绕区域协同组织机制、利益分配机制、资源共享保障机制、协同推进绩效考核机制等进行政策设计与规划，确保区域走向深度协同。

（五）政策执行逐渐走向外部监督和评价，促使政策真正落地开花

体育治理体系和治理能力的现代化，既是体育全面深化改革发展的总目标，又是实现体育使命的核心手段和根本保障。政策执行力是体育治理现代化多重表征中的基本表征，体育公共服务政策执行力是衡量体育治理现代化的维度之一。作为体育治理核心主体的各级政府必须要准确理解并高效执行，方能有力推进体育治理现代化的进程。目前我国体育公共服务政策执行力度不强、效果不佳，与政策执行外部监督机制、问责机制缺失有着密不可分的联系，构建一套科学、系统的体育公共服务政策执行外部监督保障体系将成为未来一段时期内不可忽视的一个焦点。在推动各级政府体育部门政务信息对外透明公开的同时，颁布出台专门的体育公共服务政策执行外部监督制度，赋予社会组织、团体、公民、媒体政策执行的监督权，围绕"监督组织建设、监督程序制定、监督制约机制、监督反馈渠道"等构建起体育公共服务政策执行多方互动外部监督体系。

党的十八大以来，党和国家不断强调把权力装进制度的笼子，通过权力清单、责任清单、负面清单等方式规范和制约政府权力。因此，体育公共服务政策将在推进清单制的同时，应进一步培育、支持与引入第三方评估机构。虽然上海、江苏等地在部分体育公共服务政策执行中试行了第三方评估，但是组织实施不够规范，需要进一步围绕第三方评估机构的合法性问题、独立性问题、资质注册审核问题、信息不对称性障碍问题、评估结果的反馈运用问题等进行清晰界定与明确，以充分利用这一政府治理有效工具，促使体育公共服务政策真正落地开花。

第三节　公共体育服务供给政策执行阻滞的表现及原因

一、公共体育服务供给政策执行阻滞的主要表现

（一）替代性执行公共体育服务供给政策

替代性执行是一种极大损害政策目标实现的执行阻滞形式，它主要是指政策执行主体为了追求自身利益最大化，将与自身利益不一致的政策内容进行替换，

制定与上级政策表面上一致，实际与上级政策精神、目标相违背的实施方案，使政策无法指向真正的目标群体，导致政策既定目标无法实现。中共中央、国务院发布的《关于进一步加强和改进新时期体育工作的意见》中提出要建设好群众身边场地，方便群众就地就近参加体育活动，其目标群体是广大老百姓，政策目标是建设好身边的场地。但是，许多地方政府借此机会立项目、申请资金，兴修体育场（馆），多数地方修建的是大型场（馆），并不在老百姓身边，建成以后又以"承办体育赛事为主，为主管单位创收"，不但广大老百姓使用不便利，而且向公众开放非常有限，"有些地方虽然向公众开放，但收费远远超出普通民众的承受水平"。《中国青年报》的一项调查显示（2704人参与）："79.9％的受访者表示身边缺乏可供运动的公共体育场（馆）；91.1％的受访者反映当下公共体育场（馆）收费过高，其中55.1％的人认为收费非常高。近九成受访者（89.0％）抱怨时下过高的公共体育场（馆）收费让自己'贵得运动不起'。"这种现象的出现，主要源于地方政策在执行的过程中与上级政策貌合神离，在实质上偏离了政策目标。又如2011年国家体育总局颁布的《社会体育指导员管理办法》规定："对在社会体育指导员工作中做出突出贡献的组织和个人予以表彰、奖励……为全民健身事业做出突出贡献的社会体育指导员，分别授予社会体育指导员金质奖章、银质奖章和铜质奖章。"但是上报的优秀社会体育指导员往往是相关的行政人员，缺少评优评选环节，打击了志愿者的积极性。

上述两个具体政策中的替代性执行是比较典型的，在公共体育服务的其他政策方面还存在不同表现形式、不同程度的替代性执行，这已经成为公共体育服务供给政策执行阻滞的突出现象。

（二）选择性执行公共体育服务供给政策

选择性执行主要是指在政策执行的过程中，政策执行者对政策精神的实质或政策内容有意地进行主观选择或曲解，往往选择对地方、部门或个人有利的政策内容或是容易执行的政策内容，对自己不利的内容或是不易执行的内容置之不理，从而造成上级的政策难以全面贯彻和落实。例如，《全民健身计划（2011—2015年）》从锻炼人数、城乡居民身体素质、体育健身设施、全民健身活动、全民健身网络、志愿服务队伍、科学健身指导、全民健身服务业等8个方面提出了工作任务。但是，地方政策执行者在政策执行的过程中大多会选择体育健身设施、全民健身活动、志愿服务队伍等有明确的量化指标，短期内就能看到效果，非常有利于工作业绩体现的政策任务；而对执行难度相对较大，评价指标难以量化，需要长时间才能显现效果的城乡居民健身意识、科学健身素养、全民健身宣传教育等方面的政策任务不够重视。即使是体育健身设施、全民健身活动、志愿服务队伍等政策的执行，也存在着"建大型健身场地多，修社区街道场地少""运动式活动多，持续性活动少""社会体育指导员培训多，组织健身指导少"等避实就虚、挑易剔难的政策执行行为。

当然，在执行政策的过程中，由于时间、对象、地点、条件、需要的不同，政策执行者可以对原政策做出适当的变通。例如，2006 年国家体育总局和教育部公布了《学校体育场（馆）向公众开放试点工作方案》（以下简称《方案》），并要求试点地区、学校根据实际情况进行场（馆）开放。郑州市教育局根据实际情况，在开放方式上选择了"团体活动，预约开放"的方式。这种做法不仅符合《方案》的精神要求，也规避了因对个人零散开放可能造成的扰乱学校正常秩序、安全问题等隐患。

由此可见，选择性执行政策和变通性执行政策最大的区别在于是否抓住原政策的精神实质，是否曲解了原政策精神。抓住了原政策精神实质，在形式上做些变通，这是结合实际的创造性执行政策；歪曲原政策精神，在主观上有意选择性地执行政策，这是"曲解政策，为我所用"，将导致政策无法真正得到贯彻落实，甚至出现与初衷相悖的结果。

（三）象征性执行公共体育服务供给政策

"政策执行的最高准则在于维护政策的权威性和严肃性"，但是，在政策执行的过程中，有些执行部门或人员敷衍了事，有意不执行，有的只是做些表面文章，没有具体执行措施和行动，有的甚至对政策拒不执行，使上级政策只具有象征意义，违背了政策的权威性和严肃性。例如，长期以来青少年体质下降问题已经成为一个不争的事实，虽然说影响青少年体质健康的因素是多方面的，但无论是政府主管部门，还是社会舆论都认可体育课和课外体育活动对青少年体质健康的重要作用。为此，国家在许多相关政策文件中都把保证体育课和课外体育活动的正常开展作为一项重要的政策内容。《学校体育工作条例》规定：不按规定开设或者随意停止体育课的，未保证学生每天一小时体育活动时间（含体育课）的，视情节轻重对直接责任人员给予批评教育或者行政处分。《中共中央 国务院关于加强青少年体育增强青少年体质的意见》中规定："切实减轻学生过重的课业负担……使学生有更多的时间参加体育锻炼"，"确保学生每天锻炼一小时"，"按照开设体育课和开展课外体育活动的需要，配齐配强体育教师"。《关于进一步加强学校体育工作的若干意见》中规定："切实保证中小学生每天一小时校园体育活动，严禁挤占体育课和学生校园体育活动时间。"这些政策规定都是我们在开展学校工作中应该遵守和执行的，但是实际情况却并非如此。2019 年第八次全国学生体质与健康调研结果显示：在校体育锻炼 1 小时比率，初三学生为42.7％，高一学生为 30.6％。可见，有关保证体育课和课外活动正常开展的政策在实践中还远远没有达到要求，对于那些依然把升学率放在首位的学校来说，学校体育工作只是做了一些表面文章，蜻蜓点水式地执行了政策。

二、公共体育服务供给政策执行阻滞的主要原因

（一）公共体育服务供给政策制定主体权威度不够

政策执行的一个基本特征就是需要很多人、很多部门共同活动，而"共同活动的首要条件是要有一个能够处理一切所管辖问题的起支配作用的意志"，这个意志就是权威。"政策的权威性就是政策对于政策执行者和政策对象具有强制性的约束力，要求人们按照政策规范自己的行为。"从政策制定的角度讲，政策权威性的强弱主要受两个方面因素的影响：一是政策条文对政策行为约束力的强弱，如是要求强制性执行政策条文，还是选择性执行政策条文，其判断依据是政策条文中对政策行为起约束作用的政策虚词；二是政策制定主体权威级别的高低。总体来看，政策权威性越高，越有利于政策的执行，反之则影响政策执行的效果。

关于公共体育服务供给政策权威性对政策执行的影响，学术界主要对政策条文的约束力进行了研究，并认为我国公共体育服务供给政策条文的语言使用的多是鼓励、积极、可以、原则上、基本上等选择性、模糊的虚词，由这些词汇约束的政策行为"缺乏应有的权威"，"虽增加了执行空间，但也加大了执行难度"。换句话说，由于政策中选择性的条文多，要求强制性执行的条文少，使政策条文对政策行为的权威强度减弱，影响了对政策的忠实执行。笔者发现事实并非完全如此。通过分析行政法规《全民健身条例》（以下简称《条例》）和部门规章《农村体育工作暂行规定》（以下简称《规定》）发现，约束政策行为最多的词汇是"应当"，《条例》中出现了 43 次，《规定》中出现了 57 次；使用最少的词汇是"可以"，分别出现了 4 次和 3 次。在政策法规条文中，"应当"是强制性规范，由"应当"所引领的政策内容是必须要执行的；而"可以"是选择性或者授权性规范，由"可以"引领的政策内容是否执行，有选择余地。由一斑窥全貌，公共体育服务供给政策条文对政策行为的约束力和强制性还是比较强的，条文层面的权威性并不弱。那么，从政策制定的角度讲，到底是什么原因导致政策执行力下降？有必要从政策制定主体的权威级别展开分析。

在我国政府管理体制中，每一个政府部门都有一个指定的级别，受职能管辖

（条条）的约束，"同一个级别的单位不能向另一个单位发出有约束力的指令"。从操作层面上看，国务院任何部委及直属机构不可以向任何省级政府发出有约束力的命令，因为，省级政府和各部委是一个级别，国务院各直属机构的级别更是低于省级政府。就公共体育服务政策的执行而言，国务院各组成部门及国家体育总局制定的政策不能对省级政府发号施令，只能要求省级政府相应的各厅（局）执行政策，而省级政府的厅（局）又受省级政府地域管辖（块块）权限的约束，在政策执行的过程中，由于条条和块块之间存在潜在的利益冲突，一项政策若要快速、有效地执行就往往需要"高位推动"，而"高位推动"在政策制定中的体现就是由高权威级别部门制定政策。例如，截至 2014 年 2 月"三纳入"在地（市）级的总体覆盖率达到 97％，区（县）级总体覆盖率接近 93％，2013 年全国地方用于全民健身的费用比 2012 年增长 88.91％，其中，财政拨款 105.72 亿元，比 2012 年增长 192.04％。"三纳入"政策能够在短短的三四年时间里达到如此好的执行效果，关键还在于该政策是由国务院通过颁布《全民健身条例》启动的，其政策制定主体的权威强度很高，对于各级政府执行政策形成了很强的支配性意志，各级政府的服从力强、执行效果好。但遗憾的是，在公共体育服务领域，像这样由高权威级别部门颁布的政策实在是太少了。

我国公共体育服务供给政策体系的情况是法律、法规少，部门规章、规范性文件多。相对应的是国务院这样高权威级别部门制定的政策少（仅占 13.1％），国家体育总局这样相对较低权威级别的部门制定的政策多（多达 85.27％）。这使得公共体育服务政策制定主体在整体上权威强度较低，导致在执行过程中难以形成强有力的支配作用，无法迫使每个执行者都忠实地服从它，政策执行部门相互协作的意愿、行动力、资源动员能力在一定程度上打了折扣，在各自为政的情况下是无法实现政策目标的。可以说，当前我国公共体育服务中存在的各种执行阻滞现象在不同程度上都是由于政策制定主体权威强度不够所引发的。

（二）公共体育服务主体利益之间的冲突

实事求是地讲，人们的任何行为无不是为了追求有形或无形的利益。在冲突和竞争的情况下，每一个利益相关者都遵循着力求得到最大利益并把损失减少到最低限度的原则。政策执行的过程，实际上就是国家、地方、部门和个人之间利益的分配与冲突的调节过程。就公共体育服务供给政策的执行来讲，主要有两个方面的利益冲突，首先就是中央与地方之间的利益冲突。在一定的时期内，国家的利益总量往往是相对恒定的，中央与地方的决策者所处的位置不同，考虑问题的角度和方式不同，对利益的要求也不尽相同。以体育彩票公益金为例，按照我国《彩票管理条例》的规定，体育彩票所筹集的资金实行专户存储、专门管理，彩票发行机构、彩票销售机构应当按照财政部门的规定，及时上缴彩票公益金和彩票发行中的业务费，不得截留或者挪作他用。但是，一些地方政府为了弥补发展资金的不足，"挤占、挪用公益性资金，以社区服务为名兴建各种经营性场所；用公益性的资金参与金融拆借、购买股票等"。这些问题都反映出，当中央和地方的利益发生冲突时，地方为了获取更多的利益，在具体行动上没有完全执行中央的政策，导致了政策执行不能到位。

除了中央与地方之间的利益冲突外，部门之间的利益冲突也是影响政策执行的重要因素。公众普遍认为部门利益是影响公共服务执行力的第二大原因。长期以来，我国的体育事业主要是由体育部门管理的，但是，在公共体育需求日益增加的趋势下，单靠体育部门一家的力量和资源已经无法满足广大人民群众的需要，多部门的协作已经成为必然的趋势，由此也必然要产生体育部门与其他部门之间的利益分配。例如，关于学校体育场地向社会开放的问题，从职责分工上看，是体育部门利用教育部门的资源完成自己的工作任务。但是，由于教育部门与体育部门的工作职责不同，在动用学校体育资源服务公众时，必然导致教育系统的管理成本提高，但收益却在减少，使得教育部门的利益向体育部门转移，由此产生了教育部门为体育部门"做嫁衣"的局面。在补偿机制缺失的情况下，教育部门和体育部门之间的利益冲突也就必然显现。作为"理性经济人"，当各学校考虑到开放场地设施对自己来讲不仅是"花钱只赚吆喝"，而且要"承担安全、打乱教学秩序的风险"时，他们对政策的执行必然产生抵触情绪，而采取各种"下有对策"进行抵制。

（三）公共体育服务供给政策执行监管不力

政策监管是政策执行过程中不可或缺的环节和手段，只有实行有效的政策监管，才能防止"令不行、禁不止"，才能根据政策环境的变化对政策措施进行及时的调整与完善。目前，我国公共体育服务供给政策执行的监管还远远不到位。一是监督机构缺乏独立性和权威性。"监管最关键、最本质的特征是监管者与被监管者应当保持一定的距离，这是确保监管独立性的基本前提。"但是，目前我国行政体制还不同程度上存在着"政事不分、管办不离"的弊端，体育政府部门既作为公共体育服务的提供者，又往往是政策执行的监管者。例如，《公共文化体育设施条例》规定："县级以上地方人民政府文化行政主管部门、体育行政主管部门依据本级人民政府规定的职责，负责本行政区域内的公共文化体育设施的监督管理。"但在实际工作中，体育设施的管理单位又往往是体育行政主管部门的下属事业单位，在监督检查中很容易出现"监管俘获"的情况，导致监管不力，政策得不到有效执行。二是注重对政策执行结果的监控，忽视对政策执行过程的监控。政策环境是动态变化的，政策在执行的过程中，往往会出现一些始料不及的问题，随之，政策执行主体的策略和行为也会发生变化，就有可能导致政策执行偏离原有的政策方案而使政策目标缩水，甚至无法实现。例如，《城市社区体育设施建设用地指标》中对体育设施的种类、规格、数量、场地面积都有明确的规定，部分开发商为了获批土地开发权，"在申报规划中按照规定进行体育设施的设计，但是在具体施工建设时却减低标准，等到工程建设完工，监管部门验收的时候发现了问题，但是木已成舟，只能罚钱了事"。最终国家政策规定的体育设施标准大大缩水，政策应有的效果无法实现。

第四节　公共体育服务供给政策执行阻滞的治理策略

我国"十三五"规划建议明确要求增加公共服务供给，从解决人民最关心最直接最现实的利益问题入手，增强政府职责，提高公共服务共建能力和共享水平。

公共体育服务是我国公共服务体系的重要组成部分。完善公共体育服务需要政策先导，对现有的公共体育服务供给政策进行梳理和分析，发现政策中存在的不足，对政策进行优化是推进公共体育服务供给侧结构性改革的重要保障，也是解决现有公共体育服务供给政策未能满足群众日益增长的公共体育服务需求的重要手段。

改革开放以来，我国先后出台了《体育法》《全民健身计划纲要》等公共体育服务供给政策，各个省级行政部门也出台了一些配套性的地方性法规。对这些政策进行梳理和优化是一个复杂的过程，需要考虑多方面问题。例如，政策在制定和执行过程中是否存在冲突和矛盾？地方政策是否与中央政策协调统一？政策执行效果是否符合预期？群众对政策效果是否满意？……诸多此类的问题都是在思考政策优化时需要解决的。本书从政策协同性角度出发，探究公共体育服务供给政策在决策、执行、监督等各个环节中的协同性，评估公共体育服务供给政策效果，从而对协调政策冲突、优化政策提供参考和借鉴。

一、公共体育服务供给政策执行阻滞的治理

（一）完善公共体育服务供给政策结构，提升政策权威度

政策本身的正确性是政策有效执行的根本前提。鉴于目前我国公共体育服务

供给政策体系还不健全的情况，首先，应该对现存的有关公共体育服务的法律、法规、部门性规章等进行一次全面的清理。一是摸摸家底，查缺补漏。根据当前公共体育服务存在的问题的重要程度，抓紧把那些尚未进入政策规定的问题提上政策制定议事日程，抓紧立法定策。有关社会性组织开展体育活动的问题，应该抓紧出台《基层体育社团管理与资助办法》；对于学校体育场（馆）向社会开放的问题应该出台《学校体育场（馆）向公众开放实施办法》；对于业务技术性强、危险性大、安全保障要求高的体育项目管理，应该制定《高危险性体育项目从业人员职业资格管理办法》。对于已经有的一些权威性较差的政策尽量提升到上级部门的制定议程，以提高政策的权威性和执行力度。体育赛风赛纪的整治已经成为全社会都非常关注，多部门联合参与的一项重要工作，有必要不仅局限于体育部门制定政策，而应该是更高层次、多部门联合制定。二是查找政策规定之间是否存在矛盾。对于那些已经过时的、不适应新环境要求的政策内容要抓紧进行修改。对于旧政策的修改，要特别注意政策的具体明确性，只有政策目标、措施和行动步骤明确具体、切合实际，才能成为政策执行者的依据，才能使政策被有效地执行。此外，为了避免政策掣肘，还要在宏观、微观政策之间，不同行业、不同领域之间，各部门规章之间，新旧政策之间，进行认真比对和相互协调，进一步促进政策体系的有序化，逐步形成科学、合理的政策体系。

（二）认清局部和全局的关系，健全公共体育服务利益平衡机制

公共体育服务供给政策执行不到位，在思想上主要源于政策执行者没有摆正局部与全局、地方与中央的关系，缺乏大局观念，缺乏"一盘棋"的思想。政策执行者要善于处理好局部与全局的关系，维护中央、维护上级部门的权威，反对分散主义和地方主义。基于我国人口多、地域广、多民族的国情，要实现公共体育服务的有效供给，必须要有中央强有力的领导，必须保证政令畅通。只有切实维护中央的权威，令行禁止、步调一致，才能保证公共体育服务的均等化目标有序实现。

公共体育服务是在国家整体制度的约束下进行的，完善公共体育服务的政策执行需要在国家相关制度改革到位的前提下才能得以实现。因此，国家应该在以下几个方面着力进行改革，加强利益关系的调配。一是要进一步调整和规范中央与地方的收入比例划分，形成财权与事权相匹配的财税制度；二是调整财政结构支出，增加公共服务支出比例；三是完善财政奖励补助政策和省级以下财政管理体制，不断增强基层政府的公共服务能力。

（三）加强公共体育服务供给政策执行的监督，健全责任追究机制

美国著名行政学家埃莉诺·奥斯特罗姆曾指出："在每一个群体中，都有不顾道德规范，有可能便采取机会主义行为的人，也都存在着这样的情况，其潜在利益是如此之高，以至于极守信用的人也会违反规范。"因此，即使有了科学合理的政策规范，形成了完善的利益平衡机制，也不可能完全消除机会主义行为。所以，对于政策的执行，就必须要建立一套行之有效的监督机制和责任机制。

加强政策执行的监督。一是要建立相对独立的监督体系。在独立的监督体系中，应该包括政府监督、群众监督和专门机构监督，政府监督是保障，群众监督是基础，专门机构监督是关键。要做到监督系统的独立性，需要政策制定者把监督机构置于自己的直接领导之下，不能把监督权下放给执行机构去管理，以防受到其他部门的左右，保证不了监督的客观性和公正性。二是要形成强大的社会舆论，让社会团体、大众媒体等社会力量都参与监督活动。三是必须依法进行监督，做到有法必依、执法必严、违法必究，树立政策的严肃性和权威性，使得各项政策得以切实贯彻实施。

健全责任追究机制。一是要完善与政策执行者的职责、义务相一致的责任追究制度。公共体育服务的政策执行者一般都属于国家公职人员，行政职责要求他们必须履行职务，不能失职；必须遵循权限，不能越权；必须符合法定目标，不能滥用职权；必须合理使用行政自由裁量权，避免行政失当。因此，作为防治政策执行阻滞的对策，必须要完善与认真落实相关行政责任制度。二是对政策执行者的责任追究要统一立法，对政策执行过程要做出制度规定，可从行政责任、刑事责任、民事责任三个方面规范政策执行者的法律责任，以克服政策执行失败后因责任难以认定和追究而无人负责的情况。

二、公共体育服务供给政策的协同性评价

公共政策是指政府、非政府组织和民众，为实现特定时期的目标，在对社会公共事务实施共同管理过程中所制定的行为准则。按照系统构成的要素组成来看，政策主体、政策客体及政策环境共同构成了公共政策系统。这些要素相互影响并相互作用，共同构成了一个社会政治系统。这一系统的一个基本特征是动态平衡性，即系统协同性。政策协同是指不同政府及政府部门通过沟通对话使其公共政策相互兼容、协调、支持以解决复杂性问题和实现共同目标的方式。也就是说，政策协同"使政策制定不再是单边行动，而是双向调整，这种调整使政府谋求与其本来所选政策不同的政策"，是"政府结构和活动的整合，以减少交叉和

重复，以及确保共同目标不被一个或多个单位的行动所妨碍"。政策协同的目标是寻求一致性、连贯性、综合性以及和谐兼容的政策产出。具体而言，政策协同是一种合理的比例关系以及功能之间的合理匹配，是一种整体结构最优、功能最强的合理布局。由此可见，考察系统的协同性，需要从政策的主体子系统、客体子系统、环境系统3个方面来看。政策系统的协同性体现在这些子系统内部的协同性及子系统间的协同性上。

体育政策是党和国家在一定的历史时期内为保证体育事业按一定路线发展而制定的行为准则。在现象形态上，体育政策是体育领域政治措施组成的政策文本及其总和。公共体育服务是政府运用公共资源为公民及各类体育机构提供的旨在满足社会公众基本体育需要的各种服务。公共体育服务供给政策作为公共政策运行的一个子系统，同样包含作为一个系统存在的必要元素，其稳定运行依赖于这些元素的相互作用与影响。

本书以搜索到的现行国家级政策文本29项和地方级政策38项为研究样本，对政策主体系统、客体系统、环境系统及子系统间的协同性进行了分析。

（一）政策主体的协同性

1. 政策决策主体的协同性

由公共政策学理论可知，公共政策的制定主体是政府、非政府公共组织和群众。据此，本书运用内容分析法对我国现行的公共体育服务政策进行了定量分析。

在全国性政策的决策主体中，由党中央、国务院等制定的国家级政策占样本总体的37.94%，在全国性政策中占比最高，表明近年来党和国家对公共体育服务问题非常重视。由体育行政部门作为单一决策主体出台的政策占比与由两个或两个以上联合部门出台的政策占比一致，均为31.03%。这一方面说明体育行政部门在公共体育服务供给政策决策中的牵头作用不明确，另一方面也说明了公共体育服务是牵涉面广、复杂程度高的公共服务。多部门都在公共体育服务供给政策决策中占有重要地位，这在一定程度上增加了政策执行的难度，降低了政策的实际可操作程度。此外，在所研究的29项全国性政策中，制定时向公众公开征集意见的仅有3项，占比仅为10.34%。这说明了在国家级公共体育服务政策决策主体中，群众的话语权较低，这在一定程度上影响了群众对公共体育服务诉求的表达，使得政策从决策层面就存在难以满足群众公共体育服务需求的困境。

从7省市地方政策决策主体来看，其中42.11%的政策决策主体是省（市）委或省（市）政府，可见公共体育服务建设在各省市都受到了高度重视。由省

（市）体育局作为单一决策主体的政策占比为 39.47％，而两个或两个以上部门作为决策主体的政策占比为 18.42％。由此可以看出，在省（市）级地方公共服务政策决策中体育行政部门占有重要地位，这与体育行政部门在地方牵头公共体育服务工作相适应。在 7 省市出台的 38 项地方政策中，公开向社会征集意见的政策占到了 23.68％，这一比例较全国性政策略高，而这些向社会公开征集意见的政策中 88.89％为 2016 年后出台的政策。这说明，近年来省（市）级层面在进行公共体育服务供给政策决策中对公众意见的重视度在日渐增加，群众意见在政策决策中正在逐步发挥作用。就各省市的情况来看，广东省在政策决策中征求公众意见的比重最高，湖北省、辽宁省在政策决策中征求公众意见的比例较低。

从上述分析可见，公共体育服务供给政策决策主体子系统中存在不协调之处，主要体现在如下方面：在国家级政策和省（市）级政策中都存在政策决策主体中公众参与程度较低的问题；在国家级政策中，由两个或两个以上部门制定的政策占比较高。

2. 政策执行主体的协同性

公共政策的执行主体是指负责组织落实公共政策目标的组织和个人。其中，公共政策执行组织掌握着实施政策的方法、技术和资源，是联系政策与政策对象的桥梁；而执行个人自身的素质、管理水平等直接影响着政策目标的实现。就公共体育服务供给政策而言，其执行主体包括纵向的各级体育行政机构与体育社团和横向的教育、财政、社保等相关行政部门与机构，以及这些组织内的个人。

在全国性政策的执行主体中，法律、行政法规、中央与国务院文件都由两个或两个以上部门执行。执行主体较多一方面反映出党和国家对公共体育服务的重视，另一方面也可看出政策涉及部门多，执行难度大。涉及公共体育服务的国家法律和行政法规在执行中需要多个部门协同运作，共同履行法律和行政法规所制定的责任与义务，这使得法律和行政法规在执行上受到多个部门执行能力的影响，也受到各部门之间协同能力的影响。这在一定程度上制约了法律和行政法规的可执行性，降低了执行效率。在全国性的部门规章和规范性文件中由体育行政部门作为单一执行主体的政策占比均为 22.22％，由两个或两个以上部门作为执行主体的政策占比为 77.78％。可以看出，在全国性的部门规章和规范性文件中，由体育行政部门作为单一政策执行主体的政策占比较法律和行政法规略高，但在总政策中占比仍然较低。这说明公共体育服务是一个非常复杂的问题，其执行涉及多个部门的共同运作，政策执行主体间的协同性较弱，政策的可操作性较低。在全国性政策中，有 37.91％的政策以群众为执行主体，进一步加大了政策的执行难度。

从 7 省市地方政策执行主体来看，其中仅有 13.16％的政策是由体育行政部门作为单一执行者，其余 88.84％的政策都由两个或两个以上部门执行。由此可以看出，在省（市）级地方公共服务政策执行中体育行政部门需要与多个其他部门联动，共同执行政策。这种多部门共同参与执行的情况，一定程度上使政策执行难度加大。多个主体共同执行政策，容易造成执行主体间相互推卸责任，该执行的不执行等政府缺位现象，同时也可能产生不该执行瞎执行等政府错位现象。同时，在地方政策中有 47.37％的政策将群众作为执行主体之一，增加了政策执行主体间的协调难度。就各省市的情况来看，广东省、青海省、湖北省、辽宁省的各项公共体育服务供给政策都需要多部门联合执行，执行难度大。

从全国性政策和地方政策中都可以发现我国公共体育服务供给政策在执行主体协同性方面存在如下问题：公共体育服务供给政策执行主体多，需要多个部门协同运作，容易出现政府缺位和政府错位等现象；同时，群众作为执行主体之一，增加了政策执行主体间的协调难度。

3. 政策监测评估主体的协同性

公共政策监测评估是监测评估主体依据一定的标准和程序，运用科学的技术和方法，对公共政策的效益、效率及价值进行检测和评价，以判断政策结果满足目标群体需要、价值和机会的程度的活动。政策评估结果是考虑政策延续、修正、终止的重要依据，同时还是评测政策决策主体的决策行为和政策执行主体的执行行为是否得当的重要标准。政策评估可以客观真实地反映政策实施效果和不同利益群体的权益诉求，同时还决定着政府部门的工作质量和价值导向，并最终影响着公共资源的优化配置方向和公共部门的良好社会形象。在我国，公共政策监测评估的主体主要由政府部门、社会组织、媒体和群众等构成。

在全国性政策中，由单一部门监测评估的政策占比为 20.69％，两个以上部门监督的政策占比为 31.03％，监测评估主体不明确的政策占比为 48.28％。可以看出，接近一半的全国性政策没有明确的组织或部门来负责进行监测评估，这些政策的效果究竟如何难以评价。在所有全国性政策中，仅有 6.89％的政策提到将接受第三方机构与媒体的监督和评价，而群众更是在评价主体中缺失。极低的第三方机构、媒体和群众的参与率使得政策评价的客观性、公正性受到影响。

在地方性政策中，将群众列为监督主体的政策比例较全国性政策为高，达到了 15.79％。明确表示要接受第三方机构和媒体监督的政策比例分别为 10.53％和 21.05％，较全国性政策有所提高。近年来地方性政策中对政策评估的公平性、公开性、公正性日益重视，对公共体育服务供给政策除进行行政监督外，还主动接受来自第三方机构、媒体和群众的社会监督。但是从其比例来看，接受社会监督的政策仍然只是少数。在地方性政策中有 42.11％的政策其监测评估主体不明确，这部分政策的监测评估如何进行，不得而知。

从上文分析可知，无论是在全国性政策层面还是在地方政策层面，公共体育服务供给政策的监督主体协同性存在以下问题：监督主体不明确，政策效果不能得到有效评价；极低的第三方机构、媒体和群众的参与率使得政策评价的客观性、公正性受到影响。

（二）政策执行客体的协同性

政策客体指的是公共政策发挥作用时所指向的对象，包括了政策所要改变的状态、政策直接作用的人与事、政策所要调节的公众利益等三个层面的内容。因此，客体子系统内部协同性取决于政策执行对象、内容以及条款等规定是否有助于政策目标的实现。

从公共体育服务供给政策执行对象来看，公共体育服务供给政策的执行对象包含政策直接作用的体育行政部门、其他政府部门及享受政策利益的各类公众。

全国性政策中有 34.48％的政策以政府部门及其工作人员作为执行对象，对政府部门及其工作人员等提出了规范化要求；将全体公民作为受益人的政策占比为 72.41％，针对农民、职工、老年人、残疾人等特定群体的政策占比分别为6.89％，3.45％，6.89％和 3.45％。可以看出，我国公共体育服务供给政策在政策执行客体层面虽然包含了政府部门和全体公民，但是其对特定群体的关注度仍然欠缺。大多数政策大而化之地将全体公民的需求简单化、一统化，并没有考虑到公民因年龄、性别、经济水平等因素而形成的不同需求，这在一定程度上造成了政策的空泛性和盲目性。

无论是在全国性政策还是在地方政策中，单独针对公共体育场馆而颁布的政策的占比分别为 17.24％和 26.32％，可见公共体育场馆在我国现行公共体育服务供给政策中受到了特别的重视。此外，体育指导和体质监测分别在全国性政策中占比为 10.34％和 6.89％，说明这两个领域的公共体育服务也得到了国家的重视。其余的公共体育服务领域，如群众性体育活动、体育信息服务等并未单独制定政策。

从上文分析可知，公共体育服务供给政策客体系统中存在不协调问题，主要表现为：政策执行对象大而化之，没有考虑到不同群体的不同利益诉求；政策内容过于重视体育场馆的建设，而对广受大众欢迎的群众性体育活动等关注过少。

（三）政策主体与客体之间的协同性

政策主体与客体子系统之间的不协调主要表现为部分政策监督机制尚不完善、各类政策监测评估机制尚不完整。在本书所研究的样本中，全国性公共体育服务供给政策中仅有 10.34％ 的政策拥有量化监督评估指标，在地方政策中有 42.11％ 的政策拥有量化监督评估指标。即使在这些拥有量化指标的政策中，也未建立起健全的监督评估机制。量化指标的缺失和监督评估机制的不健全使得对政策的监督评估更加难以操作。

（四）政策系统外部协同性

1. 本政策系统与其他政策

从我国体育政策系统内部来看，竞技体育所具有的凝聚民族精神、体现国家实力的特色，使其相关政策长期以来在我国体育政策中占据主导地位。新中国成立以来，我国的体育政策虽经多次调整，但都是围绕竞技体育这条主线来实施的。与之相比，公共体育服务供给政策则长期居于辅助地位。

从体育政策系统外部来看，公共体育服务供给政策的有效执行有赖于财政政策的支持。我国公共体育服务投入虽然在逐年增加，但是公共体育服务支出在全国财政支出中所占的比重与教育、卫生等领域公共服务支出在全国财政支出中所占的比重比较而言还是相对较小。同时，虽然公共体育服务财政支出的总量增加了，但人均支出仍处于较低水平。而且在我国公共体育服务支出中，地方财政支出占较大比重，由于各地经济实力的不同，出现了地区间的较大差异。

2. 本政策系统与环境因素

公共体育服务供给政策系统的有序运行需要与政治、经济、文化、社会和人口等环境因素相协调。环境因素与政策的不协调，会阻碍政策的正常执行。公共体育服务供给政策与环境因素的不协调主要体现在政治环境、经济环境、社会环境和人口环境等方面。

在政治环境方面，我国体育行政领域长期存在的条块结合现象对公共体育服务供给政策的执行造成了一定的阻碍。从条上看，也就是从纵向上来看，上一级体育行政组织与地方体育局之间是指导与被指导的业务关系，这种业务关系多是地方体育局根据上级体育行政组织的要求下发相关公共体育服务供给政策、上报公共体育服务数据以及开展公共体育服务工作等。从块上看，也就是从横向上来看，地方政府是地方体育局的上级行政领导，这种上下级关系，体现在地方政府对地方体育局在人事、财务等行政方面的领导和管理上。因此，在执行公共体育服务供给政策的过程中，地方体育局既受上一级体育行政组织的业务指导，又受到地方政府的行政领导，这样一种条块结合的行政机制，在地方政府和业务主管部门出现利益冲突时，常常出现条块分割的情况，即"条"和"块"进行利益博弈。政府机构间的这种利益博弈，损失的是政策的执行效果和效率。

从经济环境因素来看，这一方面的不协调一是主要来自我国经济发展地区间的不均衡性，二是来自我国群众的体育消费意识。公共体育服务供给政策作为一项公共服务政策，要求均等化地惠及全体公民。但是由于我国地区间经济发展的不均衡，导致公共体育服务在执行效果上也出现了不平衡。这一不平衡主要体现为东部经济发达地区公共体育场馆等公共体育服务资源多，而西部则相对较少；同时还体现为城市公共体育服务资源多，而农村地区公共体育服务资源相对缺乏。从群众消费意识来看，虽然 2015 年以来，我国群众体育消费占 GDP 的比重摆脱长达 14 年的下降趋势并开始上升，一定程度上表明我国群众对体育消费的观念开始改变，但是从比值来说，我国群众 2018 年体育消费占总消费需求的比重不到 1%，这一数字与发达国家群众体育消费支出相比有较大差距。

从文化环境因素来看，我国长期存在"重智轻体"的思想。例如，不少家长在面对孩子每天都应进行体育锻炼的问题上不以为然，在他们看来体育锻炼固然能使"四肢发达，身体健壮"，但同时难免"知识贫乏，头脑简单"，因而只让他们埋头读书。这种"四肢发达，头脑简单"的论断在我国社会中的广泛流传对于公共体育活动的开展极为不利。这种思想一定程度上表现出我国公共体育服务供给政策调整的客体——群众，在主观意愿上与公共体育服务供给政策所调整的内容——公共体育服务存在一定的冲突，阻碍了公共体育服务供给政策的执行。

在社会环境方面，近年来我国人口大规模地从农村流入城市，进一步加剧了城市公共体育服务供给的不足。同时，流入城市的农民工由于具有较大的流动性，他们对公共体育服务的需求具有较大的不稳定性。此外，农民工由于经济收入较少、工作职位较低等因素在城市社会中影响力较弱，其公共体育服务诉求较难表达。数据显示，2021 年全国农民工总量近 2.93 亿人，而现行的公共体育服务供给政策并没有针对这一庞大群体的专门性政策。如何满足农民工的公共体育服务需求是未来公共体育服务供给政策待解决的问题。

从人口环境方面来看，我国的人口总量是世界最大的。我国人口基数庞大，使得公共体育服务政策系统面临巨大挑战。以公共体育场馆为例，近年来我国公共体育场馆总量增加较多，但是人均拥有场馆数量和场馆面积仍居于较低水平。

由上述分析可知，公共体育服务供给政策在政策决策主体、执行主体、主客体之间以及公共体育服务供给政策与其他政策之间，与政治、经济、文化、社会、人口等环境因素间都存在不协调。由此可知，从政策供给层面看，现行公共体育服务供给政策存在着不少的冲突和矛盾，这严重地影响了政策的执行效果。

三、优化公共体育服务供给政策供给的路径建议

据上文分析可知，我国公共体育服务供给政策在政策决策主体协同性、政策执行主体协同性、政策主客体间协同性、政策与环境协同性等方面均存在问题。对政策协同性进行优化，需要从以下四个方面出发。

（一）优化政策决策主体协同性

针对以往政策决策由上而下的不足，在制定公共体育服务供给政策时，以顾客导向理论为依据，将人民群众纳入决策体系，优化决策主体；根据人民群众需求来制定公共体育服务供给内容和供给方式，从而优化政策决策模式。以群众需求为导向的公共体育服务制定模式可以分解为明确政策问题、设计政策方案、评估政策方案、执行政策方案等阶段。区别于以往的以政府部门为政策决策主体的制定模式，以群众需求为导向的政策决策模式，各阶段皆有人民群众的参与。

（二）优化政策执行主体协同性

针对公共体育服务供给政策执行主体多、执行主体间协同性弱、执行难度大等难题，在制定或修订公共体育服务供给政策时，应明确各执行主体的职责，同时明确各执行主体间的联络和沟通机制。这样既有利于各执行主体各司其职，将各自所负责的事情做全做好，避免相互间推诿塞责；又有利于各执行主体之间互通有无，避免政策执行中的错位和缺位，从而形成一个良性运转的协同执行机制。

（三）优化政策监督主体协同性

针对现行公共体育服务供给政策监督评估中出现的主体不明确，第三方机构、媒体和群众监督较少的情况，在优化公共体育服务供给政策时，应明确监督评估主体，除行政监督外，还应将第三方机构纳入监督主体体系，并将监督评估结果向媒体和群众公布，主动接受舆论监督和社会监督。

（四）优化政策客体子系统协同性

我国公共体育服务供给政策的客体子系统不协调主要表现为政策执行对象大而化之，没有考虑到不同群体的不同利益诉求。优化政策时，应注重从群众的体育需求出发，考虑到群众的不同利益需求，有针对性地进行细化。在制定公共体育服务供给政策时，既要注意均等性，也要兼顾适宜性，从而更好地满足不同群

体的个性化公共体育服务需求。

（五）优化政策主客体间协同性

政策主客体间协同性可通过完善的监督评估机制来进行调节。解决部分公共体育服务供给政策缺乏量化评估指标、监督机制不健全的问题，需要从政策决策层面进行调整。在政策制定时，规定可测量的评估指标，建立完善的监督机制，对政策主客体进行规范和监督。

（六）优化政策与环境的协同性

从公共体育服务供给政策与环境的关系看，公共体育服务供给政策面临着来自政治、经济、文化、社会和人口等方面的挑战。公共体育服务政策从供给层面优化时，应考虑到各方面环境因素的影响，主动去应对。对于政治环境中的条块分割问题，可在制定公共体育服务供给政策时以满足群众公共体育服务需求为出发点，在条与块上形成资源整合，打破条块分割壁垒，形成条块结合的公共体育服务供给体系。对于居民体育消费意识弱等经济环境因素，可通过制定鼓励群众体育健身、提升人民生活质量的相关公共体育服务供给政策引导居民增强体育消费意识。对于体育锻炼使人"头脑简单，四肢发达"等落后观念，通过体育信息服务等公共体育服务去引导和改变群众对体育健身的看法。对于大量农民工进城造成我国社会结构变化的问题，针对农民工的特点，有针对性地制定相关公共体育服务供给政策去满足该社会群体的需求。在制定公共体育服务供给政策时，应考虑我国巨大的人口基数，既要考虑公共体育服务的供给总量增加，又要注重人均供给量的增加。

此外，在制定公共体育服务供给政策时，还应考虑到公共体育服务供给政策与其他政策的协同性，特别是公共体育服务供给政策与竞技体育政策的协同性、公共体育服务供给政策与财政政策的协同性等问题。

第五节 从"强制性竞标"到"最佳价值"：
英国政府公共体育服务供给政策的发展、改革与启示

党的十七大和十八大都将公共服务视为当前我国改善民生的重要发展领域。2008年北京奥运会后，公共体育服务发展也成为我国从"体育大国"向"体育强国"迈进的重要内容。2012年7月，国务院颁布的《国家基本公共服务体系

"十二五"规划》中就将公共体育服务列为重要的建设内容。英国是一个体育强国，也是较早建立公共服务体系的国家，经过一系列的改革，英国公共服务体系不断完善，对各国公共服务发展而言都具有重要的借鉴意义。尤其是英国从 20世纪 70 年代末开始至今，在公共服务领域从"强制性竞标"政策到"最佳价值"政策的改革，对公共体育服务的发展产生了深远的影响。在当前我国发展公共体育服务的社会背景下，深入研究英国在公共服务领域的"强制性竞标"政策和"最佳价值"政策对我国具有重要的参考价值。

一、英国公共体育服务供给政策的历史演进

19 世纪到 20 世纪 80 年代前，英国中央政府对于公共体育服务的发展并非强制性的，不像其他公共服务（如住房、废弃物管理等），英国中央政府对于公共体育从来没有充当直接供给的角色。这样就推动了英国公共体育服务领域"非政府"提供者的发展，大量私营机构进入公共体育服务领域，形成公共体育服务的"混合经济"。另外，从 19 世纪开始，英国的私人商业机构和志愿机构开始建立并发展至今，在公共体育服务中扮演着重要的角色，这就使得中央政府认为他们不需要直接介入公共体育服务的发展。而 1946 年艺术委员会的建立，使中央政府开始涉及竞技体育的发展。20 世纪 60 年代，中央政府考虑把体育与休闲作为独立的政策领域，这种态度上的变化主要是由于 1957 年沃尔芬登（Wolfenden）体育委员会的成立。因此，尽管当时的中央政府对公共体育服务的提供仍然不是强制性的，但是政策上开始体现出对发展公共体育服务的关注。这就有了 1962年体育部长的认命、1965 年体育咨询委员会（Advisory Sports Council）的成立以及 1966 年大众体育政策的通过。1972 年，大不列颠体育委员会成立，负责协调政府开展体育活动。Dennis Howell 被任命为主管体育与休闲的国务大臣，进一步提高了体育在中央政府事务中的分量。20 世纪 70 年代的英国，体育开始被视为"福利国家"的一个元素。Henry 和 Bramham（1993）认为，这一时期的体育被视为公民权利问题，因此被政府考虑成"福利改良主义"之一。如 1975年的《体育与娱乐白皮书》，强调体育与休闲的广泛获得是"社区的日常需要之一"，是"社会服务中的重要内容"，与其他福利权利一样。《体育与娱乐白皮书》被视为将体育作为一种"需要"和"权利"的重要分水岭，而且重申了中央政府发展体育的理论基础。这些都反映了中央政府逐步重视公共体育服务的发展，也因此公共部门对于体育设施的供给迅速增加。从英国立法史来看，19 世纪以来英国就有关于公共体育的代表性立法。早在 1846 年的《洗浴房屋法》中就有关

于提供游泳池的规定。但在很长一段时间内，英国的立法都没有对公共体育服务的发展模式进行具体的规定，没有全国统一的模式，都由地方政府根据自己的情况各自进行。然而，随着英国社会、经济的发展，英国政府开始根据所面临的社会现实探索公共服务的改革路径。1988 年和 1999 年的《地方政府法》，是英国公共体育服务改革最为重要的立法。

1988 年《地方政府法》的施行开始确立英国公共服务发展的"强制性竞标"政策；而 1999 年《地方政府法》的施行则意味着"最佳价值"政策的确立。这两次立法所进行的改革对英国公共体育服务的发展产生了重要影响。"强制性竞标"政策意味着公共体育服务领域正式引入市场竞争，并将降低成本作为重要的标准；而"最佳价值"政策则是更为包容性的发展模式，以实现公共服务最佳价值为标准，形成以最佳价值为标准的公共体育服务多元化发展模式。这两次改革对我国政府发展公共体育服务具有重要的参考价值。

二、"强制性竞标"政策与英国公共体育服务的发展

（一）"强制性竞标"政策的源起

20 世纪 70 年代，石油危机引发了诸多经济问题，为了缓解贫困人口增加、失业率上升等社会问题，英国政府出台了一系列"娱乐作为福利"的政策，中央政府开始对公共体育服务进行部署。然而，对于许多公共服务的直接供给则落到了地方政府那里，从 20 世纪 70 年代开始至今，地方政府在英国公共体育服务方面的支出持续增加。然而，福利国家式的管理模式开始受到质疑，被认为是无效率的。国家为了支持福利项目，公共支出不断增加，从而给公众也带来沉重的缴税负担。针对公共服务管理的批评主要集中在财政管理系统的缺乏以及绩效的评估和成本控制之上，此外，管理者也被认为缺乏公共服务管理的专业技能。1979年，英国保守党政府推动了公共服务的改革，公共服务管理发生根本性变化。保守党政府认为，地方政府机构过于臃肿、效率低下，需要精简政府，公共服务管理应该以高效的商业管理为模型，倡导公共服务的大规模民营化。然而，许多地方政府对于保守党政府倡导的管理技术适应缓慢，于是保守党政府制定了一系列政策推动地方政府的运作，并在某种程度上反映了商业部门的特征。到 20 世纪 80 年代，追求经济效率成为地方政府的主流价值，并在公共服务领域倡导民营化，其中最为著名的就是"强制性竞标"（Compulsory Competitive Tendering，简称 CCT）政策。

（二）"强制性竞标"政策的基本框架

"强制性竞标"政策的基本框架就是在公共服务领域引入市场竞争机制，通过市场竞争来降低政府在公共服务领域的成本，提高公共服务效率，减少行政干预和垄断。"强制性竞标"政策要求政府注重服务成本的降低，通过市场竞争增加服务者的选择，原本由政府直接提供或支持的服务，改为以竞标的方式向包括私营机构在内的服务提供者出售。"强制性竞标"政策实际上就是政府通过市场来购买服务，只是这种政府购买服务的行为是以立法的形式加以确定，强制性地规定相关服务领域必须采取竞标方式运作。

"强制性竞标"政策的确立经历了 3 个立法阶段，总共超过了 10 年的时间。（1）第 1 阶段，1980 年的《地方政府规划和土地法》，主要涉及高速公路维护、建筑物维护和少量的建筑工作；（2）第 2 阶段，1988 年的《地方政府法》，进一步将"强制性竞标"扩展到地方政府大部分的公共服务中，如废弃物回收处理、建筑物清洗、街道清洗、学校餐饮与福利餐饮、公共场所维护（包括公园）等，1989 年的《地方政府法》修正案将公共体育服务纳入"强制性竞标"的适用范围；（3）第 3 阶段，1992 年的《地方政府法》，进一步扩大了"强制性竞标"的范围，增加了职业服务、金融与技术服务等。1993 年，《租赁改革、住房与城市发展法》将许多房屋管理活动引入"强制性竞标"。根据 1993 年审计委员会的报告，"强制性竞标"一共有 8 个步骤：竞标公告的发布；有意向竞标者的初步反馈；发送调查表和提纲细节；确定正式参与竞标者（回收调查结果），这一阶段部分有意参与竞标者可能会退出；正式邀请竞标（发送合同文件）；递交标书；评标与开标；签订合同。

（三）"强制性竞标"政策下英国公共体育服务的发展模式

在英国议会的最初法案中，并没有将公共体育服务纳入"强制性竞标"政策的适用范围，但在后来的修改法案中，议会将公共体育服务和休闲服务也纳入"强制性竞标"的范畴。"强制性竞标"政策起初并没有得到地方政府的欢迎。令人意外的是，刚开始关于体育和休闲服务的"强制性竞标"也并没有得到一直以来在英国公共体育服务领域参与较多的作为"强制性竞标"中竞标者的私营机构的热情支持。一些体育休闲运营商就曾公开表示，他们不会参与地方政府关于公共体育服务与休闲服务的竞标活动。然而，经过最终的协商，公共体育服务与休闲服务的"强制性竞标"政策被纳入 1988 年的《地方政府法》。这就意味着，虽然图书馆、博物馆、画廊等提供的公共服务可以豁免于"强制性竞标"，但是对于公共体育服务而言，"强制性竞标"是适用的。原本由政府直接提供的公共体育服务，正式以"竞标"方式走向民营化。在公共体育服务领域推行这一政策集中体现为两个主要目标：通过最为有效的运作方式减少公共体育服务的成本；鼓励服务提供者提高服务质量，吸引更多的消费者。所以，"强制性竞标"政策适用于公共体育服务的诸多方面。根据1989年的《地方政府法》修正案，"强制性竞标"适用于除教育性质设施和乡村、社区中心用于体育与休闲的设施管理服务以外的所有领域。具体管理服务包括：游泳池、溜冰场、健身馆、网球场、壁球场、羽毛球场、足球场、田径场；自行车中心、高尔夫球场、保龄球场（馆）；马术中心、赛马场、人造滑雪场、飞行中心、跳伞、热气球、划船中心等。这里的管理服务主要包括：为体育与休闲活动提供指导；对体育和休闲活动进行监管；餐饮服务的提供；设施、设备的提供；市场推广；预定、登记等；收费、支出账目管理；场地安全管理；场地设施的卫生、照明及其他设施维护。

可见，大部分体育设施与场馆服务都在"强制性竞标"范围内，可以豁免于"强制性竞标"的主要是那些不属于最基本的公共服务的体育和休闲场所的服务。如社区体育俱乐部或教育机构（如学校的场地设施）的管理服务，这些属于公共体育服务中最基本的服务，不适合进行市场化运作。而对于那些非基本的公共体育服务内容则要求通过市场化运作。所以，"强制性竞标"几乎影响了绝大多数的公共体育服务领域，尤其是那些可以产生经济效益的领域。"强制性竞标"也影响到大部分的体育组织和休闲机构，地方政府对公共体育服务公开招标，鼓励各方竞标。值得注意的是，要区分"强制性竞标"与"私有化"这两个概念，两者存在根本性的不同，"私有化"意味着相关物业、设施和固定资产出售给私人投标人，而"强制性竞标"的产权关系不发生变化，私人投标人仅是针对设施管理和服务进行投标。

（四）"强制性竞标"政策的弊端

随着"强制性竞标"的深入实施，英国公共服务成本得到了控制。但"强制性竞标"政策的一些弊端也开始出现，英国这一公共服务市场化的首次尝试并没有预期的那样成功，因为并不是所有公共服务领域都适用"强制性竞标"政策。虽然"强制性竞标"可以降低成本，使政府的行政和交易成本最佳，但却忽视了公共服务的社会目标。过度地追求低成本以及昂贵的"强制性竞标"交易成本、竞争市场的不足和竞标所带来的"重经济效益，轻社会效益"，使得"强制性竞标"不仅没有改善公共体育服务的供给效率，而且所提供的公共体育服务质量也受到了激烈的批评。于是，英国开始寻求发展公共服务的新思路。

三、"最佳价值"（Best Value）政策与英国公共体育服务的发展

（一）"最佳价值"政策的源起

1997 年，英国工党在大选期间就提出要终止保守党的"强制性竞标"政策。工党再度执政后提出，以"最佳价值"政策来代替"强制性竞标"，并公布了"最佳价值"的基本原则。"最佳价值"也可以称为"最佳服务效果"。1998 年 3 月，工党发布咨询文件《现代化地方政府：通过最佳价值提高服务》，7 月公布白皮书《现代地方政府：与民有约》。1999 年，《地方政府法》第一部分正式确立了"最佳价值"政策。

"最佳价值"结合了新公共管理理论和社区与地方治理的理念，在公共服务发展过程中重视社区的参与，构建政府与社区的伙伴关系，使"强制性竞标"的契约模式转变为"最佳价值"的契约模式。"最佳价值"主要是将理性规划、参与和评估引入地方政府公共服务管理中来，注重绩效管理评估和外部监测，所以"最佳价值"也被视为新公共管理的延续。"最佳价值"和社区与地方治理运动也有密切联系。Bovaird 和 Halachmi 就认为，社区参与和地方治理也是强调政策规划、绩效评估、无缝隙服务及联合政府，伙伴关系成为焦点，将以往对抗式的契约关系转化为基于信任的关系契约。因次，"最佳价值"政策将原本作为公共服务提供者的地方政府，转型为提供契约和管理组织网络的"塑能政府"。

（二）"最佳价值"政策的基本框架

"最佳价值"基于问责、透明、持续改善等理念，其基本原理是关注质量、效益、绩效评估和消费者聚焦，不仅重视经济性和效率，同时还看重地方政府服务的有效性和质量。

1. "最佳价值"政策下政府在公共体育服务发展中的职能变化

"最佳价值"政策建立以后，在公共体育服务领域，中央政府和地方政府的角色和职能发生了较大的变化。

"最佳价值"政策下中央政府的职能包括：（1）建立公共体育服务绩效指标基本框架。为提高地方政府公共体育服务质量，中央政府要制定能反映地方政府整体绩效的框架，这一框架要具有弹性和回应能力，其内容要包括地方政府执行"最佳价值"政策的各要素，如详细的绩效指标和标准。（2）设定"最佳价值"的绩效标的。绩效标的能够使地方政府、审计人员、监察人员和服务使用者判断公共体育服务的执行，以及如何提高公共体育服务的水平。（3）进行"最佳价

值"的绩效审核。每年审核地方政府的绩效计划，并公布审核结果给地方居民判断，让地方居民对公共体育服务的"最佳价值"是否实现做最终判断。（4）对未能实现"最佳价值"的地方政府加以介入。中央政府须以地方民主监督为前提，对于未能实现"最佳价值"的地方政府，中央政府仍然保有最后的介入权。

"最佳价值"政策下，地方政府在公共体育服务建设中发挥着关键作用。（1）参与规划基本的绩效检查计划，了解外界如何看待他们的绩效；（2）公布"最佳价值"计划，有义务对过去、当前公共体育服务作出绩效报告，公布年度"最佳价值"绩效计划，参照中央政府建立的绩效指标和标准，与公共体育服务使用者进行协商，根据社区的需求，公布"最佳价值"的详细内容，确定计划、优先发展事项和改进目标；（3）根据地方资源与民众需求确定公共体育服务优先发展的内容，地方政府要根据民众的期望、地方资源情况来提供价格合理、符合民众需要的高品质公共体育服务。

2. "最佳价值"的 4C 标准与公共体育服务

"最佳价值"政策的出现，发展了一个核心 4C 标准，即挑战（Challenge）、协商（Consult）、比较（Compare）和竞争（Compete）。就公共体育服务而言，要通过 4C 标准来使其达到"最佳价值"。

（1）挑战：对提供公共体育服务的依据及提供方式提出质疑，地方政府需要去反思为什么要提供公共体育服务，提供哪些公共体育服务，如何更好地提供公共体育服务。这为创新公共体育服务的供给提供了新的思路，也促使公共体育服务的发展水平持续提高。（2）协商：强调地方政府与公共体育服务相关利益主体的协商，包括获得服务者、纳税人、相关企业等。在公共体育服务项目审查过程中要咨询各利益主体，即新的绩效指标设定要根据对象和服务的性质而定，在征求和咨询相关利益主体及专家意见的基础上确定。这种协商制度的建立打破了以往公共体育服务建设中信息不对称的问题，特别是将服务使用者纳入其中，更是增加了服务的针对性，并考虑到社会对公共体育的具体需求。（3）比较：强调与其他相关组织或部门进行比较，将有效促进各地方政府的相互学习并提高各自绩效。（4）竞争：将竞争作为改善公共服务水平的主要工具，选择更好的公共服务提供者，通过竞争增加公共服务获得者的利益。

3. "最佳价值"政策的不足及优化

"最佳价值"政策弥补了"强制性竞标"的诸多弊端，但其一开始实施也出现了一些问题。（1）政府绩效评估成本增加；绩效评估指标繁杂；没有形成统一的评估方法，主要是地方政府的自我检查和评估。（2）4C 标准使得地方政府的

"最佳价值"检查过于宽泛，缺乏战略性。（3）没有把绩效评估主体结合起来。在"最佳价值"政策里，审计和检查是有明确区分的，但实践表明，需要不同部门之间的合作，把审计工作和检查工作集合起来。（4）没有在地方政府各部门之间，地方政府与私人部门、志愿者部门以及地方居民之间建立长期有效的协同机制，各政府部门各自为战，缺乏有效的协同机制和整体规划，从而影响公共服务改善的效果。所以，为了进一步规范"最佳价值"政策，英国中央政府引入了新的方案即"综合性绩效评估"（Comprehensive Performance Assessment，简称CPA）。CPA 是在 2002 年发起，旨在建立规范的"最佳价值"模式，进一步完善"最佳价值"政策。CPA 要求地方政府按照经济（Economy）、效率（Efficiency）、效益（Effectiveness）的 3E 标准来提供公共服务。除了遵循"最佳价值"的 4C 标准以外，还清晰地界定地方政府发展的优先事项和精确的绩效标准，并对所有委员会进行定期综合性绩效评估，确定如何去执行标准，协调评估中的激励、奖励工具，促进服务提高。CPA 的出台进一步优化了"最佳价值"政策，使绩效评估成本得到控制。

（三）"最佳价值"政策下英国公共体育服务的发展模式

1. 英国公共体育服务"最佳价值"政策较"强制性竞标"政策的优势

从"强制性竞标"到"最佳价值"的改革是英国公共服务发展的重要进步，相对于"强制性竞标"而言，"最佳价值"政策具有诸多方面的优势。

（1）契约管理形式的转变。"强制性竞标"政策下，发展公共体育服务是交易型契约关系，是以"委托人—代理人"关系为基础，这种契约关系是一种对抗式的契约关系，投标人注重效益，政府注重成本；"最佳价值"政策则是一种伙伴关系型契约关系，这种契约关系对于公共体育服务发展而言是非常重要的。（2）"强制性竞标"局限于特定的范围，对于公共体育服务中涉及教育设施的管理和服务就难以用"强制性竞标"来实现服务供给的最优，而"最佳价值"适用于所有公共体育服务领域。（3）在市场测试方面，"强制性竞标"要求将所有服务项目进行市场测试，而公共体育服务中的很多内容并不能仅仅依靠市场测试作为标准；对于"最佳价值"而言，政府能够使用包括标杆学习、自主创新、志愿性竞标在内的一系列竞争测试。在测试目的方面，"强制性竞标"是不定期地进行市场测试，为下一周期合同建立成本和绩效标准；"最佳价值"政策则是通过持续性的绩效评估不断提高服务标准和每年的效率节约。所以，"最佳价值"被评价为"永不终结的旅程"。（4）在合作模式方面，"强制性竞标"鼓励自治性商业企业、行政机构和公共体育服务提供者之间的竞争；"最佳价值"则是通过鼓励竞争者之间的合作，促进投资和跨部门的协助。（5）就公共体育服务而言，"强制性竞标"主要聚焦于公共体育服务成本的降低；"最佳价值"则强调提供服务成本节约的重要性和注重服务标准的提高，实现成本与效益、效率的最佳。（6）关于服务使用者的角色。在"强制性竞标"中，公共体育服务使用者没有被重视，服务使用者所发挥的作用有限；在"最佳价值"政策下，政府有法定义务咨询所有相关利益者，服务使用者对于"最佳价值"是否实现的评判有着重要作用。（7）在政府介入方面，"强制性竞标"政策下，政府介入项目是由于提供者没有遵守规则；"最佳价值"政策下，政府介入是由于经过绩效评估后服务不符合程序或服务标准低于全国最低绩效标准。

2. 从"强制性竞标"到"最佳价值"改革后英国公共体育服务发展的多元化

对于英国公共体育服务供给而言，从"强制性竞标"到"最佳价值"改革最大的影响就是，使得政府持续性地探索包括市场竞争在内的多元的公共体育服务供给方式，从而实现最佳成本、最佳效益、最佳品质的公共服务。这就要求政府在"最佳价值"和 CPA 框架下思考政府如何提供最佳价值的公共体育服务，或者是否有更有效率的替代提供者。因此，通过"强制性竞标"到"最佳价值"的改革，促使了英国公共体育服务供给的进一步多元化，在这种多元化中不断寻找"最佳"途径。2002 年，英国审计委员会的相关研究表明，通过从"强制性竞标"到"最佳价值"的改革，英国公共体育服务形成了如下多元途径。

（1）内部条款：这里所谓的"内部条款"是指对于那些通过"强制性竞标"已经实现"最佳价值"的服务，仍然由地方政府通过"强制性竞标"来寻找最佳供应者提供服务。也就是说，一部分公共体育服务仍然适用于"强制性竞标"。（2）外部化或与私营部门提供者结成伙伴关系，地方政府将相关公共体育服务管理转包给商业公司。（3）信托模式。越来越多的地方政府将体育设施转移给相关社会团体和慈善性质的公司以非营利性质运营，保证这些设施的慈善性质，从而建立体育设施管理的信托模式。政府通过利率、税收减免等形式降低受托人在管理这些设施方面的财政成本。通常而言，政府将这些体育设施在相当长的一个周期内委托给相关机构，这些机构就有责任提供服务。（4）"公私伙伴关系"模式（Public-Private Partnership，简称 PPP 模式）。政府与私人部门间有一个长期的合同，利用私人部门的资金在公共体育场地设施上进行投资并提供服务。这种模式在英国公共体育服务中发挥着重要作用。事实上，许多英国地方政府都是采用了以上几种方式的混合形式，如谢菲尔德市采取的是内部条款、公私伙伴关系和慈善信托的混合模式。

四、英国从"强制性竞标"到"最佳价值"的政策改革对我国公共体育服务发展的启示

（一）我国公共体育服务要经济效益和社会效益、服务产品质量并重

"强制性竞标"政策在英国公共服务领域的推行意味着公共体育服务中的大部分内容是市场化的行为，这种完全市场化的行为导致在公共体育服务领域完全地追求成本节约和经济效益，忽视了公共体育服务产品的公共属性，虽然降低了公共服务的经济成本，但服务产品质量得不到保证，社会效益低下。"最佳价值"政策的提出体现了从追求经济效益到公共服务质量、社会效益和经济效益并重的过程。我国虽然已经明确了政府购买是公共服务发展的重要手段之一，但英国从"强制性竞标"到"最佳价值"的改革进程则表明，在公共体育服务领域，市场是一种重要的手段，但在利用市场提高经济效益的同时，不能忽视公共体育服务产品的公共性，也就是仍然要以公共体育服务的社会效益和产品的质量为准绳。

（二）竞争——我国公共体育服务建设重要而非唯一的手段

纳入市场竞争机制是英国发展公共体育服务的重要手段，不仅可以避免垄断的出现，同时还可以提高公共体育服务的效率。

但是，竞争并非唯一的手段。"最佳价值"政策推行后，并不要求政府公共服务一定要民营化、市场化，对于服务的竞标也并非强制性的，竞争可以成为一个重要的管理工具，但竞争并非唯一的工具。除了竞争，如果有其他方式提供服务更为有效，那么就并非要求引入市场竞争机制。

（三）形成公共体育服务多元供给路径

就我国公共体育服务而言，公共体育服务的多元供给理念虽然已经成为广大学者的一种共识，然而，公共体育服务多元供给的操作路径具体是什么？如何多元供给？却有待深入研究。英国从"强制性竞标"到"最佳价值"改革后所形成的上述几种发展公共体育服务的路径能够提供重要参考，尤其是发展公共体育服务的信托模式和公私伙伴关系模式应该成为今后我国公共体育服务发展的重要路径。就信托模式而言，从法律依据来看，《中华人民共和国信托法》（以下简称《信托法》）已经从 2001 年 10 月 1 日开始施行，其中第六十条就明确规定：为发展体育事业而设立的信托属于公益信托。由此可见，建立发展公共体育服务的信托模式在我国《信托法》中已经有了明确的法律依据。且《信托法》第六十一条明确鼓励发展公益信托。信托类型方面，我国发展公共体育服务的信托应该采用公益信托，可以将一些大型场馆设施和社区体育设施委托给相关社会团体进行非

营利性运作，受益人则是广大公众。《信托法》第二十六条规定，受托人除按照法定规则取得报酬外，不得利用信托财产为自己谋取利益。这就意味着，受托人要保持场馆的慈善性质。关于公共体育服务信托模式的一些具体做法，可以参照我国《信托法》的规定来实施。就 PPP 模式而言，一些场馆设施（尤其是涉及巨资的大型设施）的建设就可以引入这种公私伙伴关系模式，具体表现为 BOT（Build-Operate-Transfer）模式，即私人机构负责建设、运营和转让。具体就是，政府（通过合同）授予私人机构一定权限的特许专营权，许可其融资建设和经营特定的公用基础设施，并准许其通过向用户收取费用以偿清贷款、回收投资并赚取利润，特许协议期限到期后将项目资产无偿移转（Transfer）给政府。BOT 模式是公私伙伴关系模式中最为常见的一种模式，这种模式适用于大型体育场馆建设，具有如下特点。（1）传统的做法是，政府通过税收或国家财政筹资建设这些大型场馆，且由政府运营。然而，大型体育场馆等设施的建设周期长、耗资巨大，BOT 模式的引入将大大减轻政府的财政压力。（2）根据 BOT 方式，取得特许权的私人机构对这些场馆设施有独立的建设权和经营权，一般通过股权融资和项目融资进行建设，设施建成后在规定期限内开展经营，取得收益收回投资并赚取利润。这与工程承包要加以区分，工程承包仅提供承包服务，不进行融资和经营活动。（3）BOT 区别于公私合营，特许权期限到期后，设施将无偿转交给政府，但公私合营到期后是通过清算进行分配。BOT 模式又可以演化出 BOO、BOOT、BLT、BT 等多种模式。2014 年 4 月 23 日，李克强总理主持召开国务院常务会议，决定在基础设施等领域推出一批鼓励社会资本参与的项目，"让社会资本，特别是民间投资进入一些具有自然垄断性质、过去以政府资金和国企投资为主导的领域"，并确定了首批 80 个基础设施建设项目采用 PPP 模式。可见，PPP 模式可以在公共体育服务领域大有所为。

（四）绩效计划与绩效评估——发展公共体育服务的关键环节

英国从"强制性竞标"到"最佳价值"的改革，最为重要的一点就是增加了绩效计划与绩效评估，使得绩效计划与绩效评估成为英国发展公共体育服务的关键环节。就我国而言，无论是何种形式的公共体育服务发展路径，不管是政府购买服务，还是信托、公私伙伴关系等形式，政府先建立公共体育服务的绩效计划，然后根据绩效计划展开公共体育服务的各种建设，最后用绩效评估来评价公共体育服务项目是否实现了最优价值。制订的绩效计划要尽可能具有可计量性，绩效检查要具有持续性。中央政府应该建立公共体育服务供应的基本绩效框架和目标，并在一些领域建立国家标准。考虑到我国各地区经济发展水平的差异，各地方政府可以根据国家绩效框架和目标结合本地区实际情况制订自己的绩效计划，同时需要建立绩效评估标准，通过绩效评估促使公共体育服务质量不断提高。当然，对公共体育服务进行绩效评估要吸取英国绩效评估中评估成本过高的经验教训，将 CPA 的相关做法进行中国化，降低绩效评估成本。

（五）建立协商制度、打破信息壁垒

英国从"强制性竞标"到"最佳价值"的改革中建立了各相关利益方的协商机制，强调政府与相关利益方的协商。在公共服务建设过程中，政府要针对服务内容、绩效标准、服务对象、服务性质等咨询各利益主体，建设计划要在征求和咨询相关利益主体及专家意见的基础上确定。我国公共体育服务的发展也应该重视协商制度的建立。（1）可以改变以往公共体育服务使用者均为被动接受者的地位，使广大公共体育服务使用者真正参与到公共体育服务的建设当中；（2）可以打通各相关方的信息阻碍，实现公共体育服务发展的信息共享；（3）英国公共服务协商制度的建立意味着公共服务应该以需求为导向，我国建设公共体育服务时也应该遵循这一理念。协商制度的建立可以让服务使用者参与到公共体育服务的发展中来，使政府了解到民众到底需要什么样的公共体育服务，从而有针对性地提供民众真正需要的服务，实现资源的优化配置。

（六）建立跨部门的比较、协同机制

英国"最佳价值"政策 4C 标准中就包括"比较"，强调相关组织或部门之间进行比较，有效促进各地方政府、各部门与组织之间的相互学习和提高。就我国而言，不同公共服务领域之间也应该建立比较、协同机制，各领域之间相互比较和协调。就比较而言，各公共服务领域可以进行比较，实现相互借鉴，如我国公共文化服务体系发展很好，那么公共体育服务的建设就可以借鉴其中有益的经验和教训。就协调而言，因为没有哪个公共领域是独立存在的，尤其是公共体育与公共文化、公共健康、医疗、卫生等领域是密切关联的，那么发展公共体育服务就必须实现与其他相关部门之间的协同，这就可以更好地实现整个国家公共服务水平和绩效的提高。

第六节　小结

公共体育服务法治化是我国公共体育服务发展的必然趋势与根本途径。立法，是完善我国公共体育服务法律体系的本源，是公共体育服务法治化的伊始；法律体系的完善，是推动公共体育服务向法治化改革与发展，解决公共体育服务现实问题，实现公共体育服务健康有序发展的必经之路。

新中国成立以来，政府不断推进体育公共服务政策供给进程，供给体制机制逐步优化，供给规模不断扩大，供给范围逐渐拓展，供给效果日益凸显，但仍存在诸如社会公众日益增长的多元化、多层次体育公共服务需求与有效供给不足的突出矛盾，基层体育社会组织发展滞后、全民健身公共服务体系不完善等问题，亟待政策推动与解决。本书立足于政策历史演化视角，回溯与梳理新中国成立以来国家层面颁布实施的体育公共服务政策文本内容，旨在厘清政策演进的脉络和特征、展望"十四五"时期我国体育公共服务政策的基本趋向，为制定科学、规范及有序的政策，完善新时代我国体育公共服务政策体系提供参考。

政策执行在整个政策运行的过程中具有十分重要的地位，它是将政策方案付诸实施，把政策内容变为现实以达到政策目标的唯一途径，"在实现政策目标的过程中，方案确定的功能只占10％，而其余90％取决于有效的执行"，如果没有政策执行，再好的政策方案也只能是一纸空文。但是，在公共体育服务供给政策执行的过程中还不同程度地存在着各种"执行阻滞"现象。由于政策执行阻滞的存在，公共体育服务供给政策在执行中变形、走样，政策执行效果偏离既定目标，影响了公共体育服务的质量和效益。

公共体育服务供给政策制定主体的权威性不够、利益主体之间的冲突、政策执行监管不力等原因，导致政策执行过程中出现了选择性执行、替代性执行、象征性执行等阻滞现象。要从根本上治理这些阻滞现象，应该完善公共体育服务供给政策结构，提升政策权威度；认清局部和全局的关系，健全公共体育服务利益平衡机制；加强对公共体育服务供给政策执行的监督，健全责任追究机制。在要素驱动力日益减弱的经济新常态下，要增加公共体育服务供给，必须创新公共体育服务供给方式。究其根本，就是要在公共体育服务供给侧进行改革创新。公共体育服务供给侧结构性改革的顺利推进需要有配套的政策为先导，优化公共体育服务供给政策，有利于提高政策效果和效率，进一步推进公共体育服务供给侧结构性改革。公共体育服务供给政策优化的关键在于政策决策、政策执行、政策评估等各个环节的协同。优化公共体育服务供给政策应以群众需求为导向，充分考虑不同类别群众的公共体育利益诉求，建立群众参与的政策决策模式。加大对公共体育服务供给政策执行效果的评估，将第三方机构纳入监督体系，并加强媒体监督和舆论监督，使公共体育服务供给政策效果更加公平、公正。通过政策优化，更好地满足人民群众日益增长的公共体育服务需求。

公共体育服务是我国公共服务建设中的重要内容，也是我国从"体育大国"

向"体育强国"转型进程中的重要任务。如何发展我国公共体育服务成为当前急需解决的一个问题。英国是一个传统体育强国，其公共体育服务发展伴随着公共服务管理的发展，具有独特的历史演进过程。英国公共服务领域从"强制性竞标"政策到"最佳价值"政策的改革是英国公共服务发展进程中的重要转折，对英国公共体育服务的发展产生了深远的影响。本章运用文献研究、比较分析等方法，对英国公共体育服务供给政策的历史进程进行了回顾，对"强制性竞标"和"最佳价值"政策及其对英国公共体育服务发展的影响进行了系统的分析。研究发现，"强制性竞标"使英国公共体育服务引入了市场竞争机制，在节约成本方面起到了很好的作用，但由于公共服务产品质量不高等问题又促使英国提出了"最佳价值"政策，实现了英国公共体育服务的多元发展方式，并通过绩效评估进一步优化了"最佳价值"政策。英国公共体育服务发展从"强制性竞标"到"最佳价值"政策的改革进程，能为我国公共体育服务发展过程中政府购买服务、市场竞争机制的引入和绩效评估等方面提供建设性参考。

第五章　新时代公共体育服务高质量供给之协同供给研究

人类社会发展所呈现的是波浪式前进与螺旋式上升形态，从历史变迁角度来审视社会的发展进程，管理模式的更替与组织制度的演化不断助推人类社会文明的进步。在当前社会以政府部门为主导，其他多元主体参与公共服务的大背景下，从"传统公共管理"向"新型公共治理"转变更加适应新时代社会发展的新要求。经济体制改革与产业结构升级壮大了市场与社会资本的运作实力，政府、市场、社会作为资源配置的三大主体，相辅相成、相互依赖与补充渗透。但在公共体育服务领域，部门间的多元合作机制尚未健全，相互协同供给受到抑制，政府、市场、社会组织三方的权力边界问题比较突出，多元供给主体相互协同力量不足，供给主体间运行机制不够顺畅，政府部门负担起过多烦琐的工作任务，市场也没能完全发挥其在资源配置中的决定性作用，社会组织自身实力也难以支撑公共体育服务主要供给模块。"碎片化"供给方式大大削弱了有效供给的功绩，额外增加运作之间的协调成本，最终致使公共体育服务供给未能充分满足人们日益增长的体育锻炼需求。若可解决公共体育服务供给的协作网络关系问题，政府、市场、社会多元协同供给格局的组织培育潜力将十分巨大。因此，在适合社会发展模式的网络化治理情境下，对公共体育服务供给主体之间的协同进行创新研究，既是促进我国公共体育服务体系健康发展的重要前提，也是实现我国体育事业繁荣的内在要求，更是创新体育治理体系、构建体育现代化的坚实根基。

第一节　公共体育服务协同供给基本内容

一、公共体育服务协同供给概述

（一）公共体育服务协同供给概念的厘定

对概念的界定是问题研究的逻辑起点，但是，囿于概念的时空限制与动态变化特性，科学界定一个概念是一件十分困难的事情。

协同供给包含协同与供给两个核心词源。协同的概念来源于协同学理论，英文中存在着 synergy、cooperation、collaboration 等多种表述，但其基本指向是相同的，即通过协调、整合多方力量实现整体效应，强调的是"互补效应"与"协同效应"的集体行动。学界对协同的定义仁者见仁，智者见智。最初提出协同概念的德国物理学家哈肯认为"协同是各子系统之间相互协作，使整个系统形成微观层次达不到的物质结构和特征"；波特认为"协同是企业在业务单元间共享资源的活动"；国内学者潘开灵认为，"协同是实物或系统产生不同于原来状态的质变过程，强调整合、协作的一致性与和谐性"。与协同相关的词语有协作、协调、整合。协作与合作的意思相近，是与分工相对应的一个概念，具有程序化特征，是各独立工作任务的组合搭配过程。协同不仅是一种合作，更强调合作产生的整体效果以及合作的融合性。协调是指组织管理活动中的行为动作与互动过程，离开了协调就无法实现协同，协同是系统中各子系统主动协调的结果。整合强调系统内部子系统的一体化，协同更强调一体化基础上所获得的整体效应，整合是实现子系统协同的基础或重要阶段。供给一词最初来源于西方经济学，常指经营者在一特定时期、一定的价格情况下出售的产品量。后来这一概念被引入了公共领域用来分析公共物品的供给。供给包含着"安排"（提供、规划、决策）与"生产"（执行）。公共体育服务协同供给是指为了最大限度地满足公众体育需求、增进公共体育利益，政府、体育营利性组织、体育非营利性组织等多元主体彼此平等协商对话、良性互动，实现优势互补、信息共享，在共识导向下共同供给公共体育产品与服务的过程。公共体育服务协同供给是满足公众日益增长的体育需求、化解新时代公共体育服务现实困境的必然要求，也是对传统公共体育服务供给模式与供给方式的创新与发展。对其内涵的理解可以基于下述几个方面的考虑：

第一，公共体育服务协同供给是跨界整合的集体行动，强调"互补效应"与"协同效应"，需要多元主体实现跨组织、跨部门的协同配合，既要发挥单一主体的个体优势，又要发挥多元主体的整体优势，以有效应对公众日益增长的多元化的体育需求，实现公共体育利益。

第二，多元主体之间是地位平等的合作伙伴关系，而不是上下级的隶属关系。但是这种平等并不意味着政府主导地位的散失。各主体之间形成网络的组织结构，分散在网络节点中的各主体，以公众体育需求为导向，灵活组成二元、三元、多元的协同组合，并把协同细化到需求表达、决策、生产、绩效评价等各个供给环节，实现环节上的协同。

第三，多元主体之间良性互动、协同增效。各主体针对分歧、矛盾和不同的利益诉求进行平等对话、协调沟通，实现信息与资源的共享，达成共识，实现利益耦合，以整体行动来供给公共体育产品，提高供给的效率，但这种效率是兼顾公平的效率，具备人性化的特点。

第四，竞争与合作的治理方式。协同是在竞争基础上的合作，离开了竞争的协同将是一潭死水；竞争离不开协同，离开协同的竞争将是一盘散沙。狭义的协同包含着与竞争相对立的合作含义，广义的协同既包括合作也包含竞争，公共体育服务协同供给是竞争与合作的统一体。

（二）公共体育服务协同供给的分类

协同供给可以从多个角度进行划分，根据协同主体的数量可以划分为二元协同、三元协同、多元协同；根据协同主体的性质可以划分为同类主体间的协同（公与公的协同、私与私的协同）、异类主体间的协同（如公私协同）；根据协同主体的隶属关系可以划分为上下级之间的纵向协同（如上下级政府之间的协同）、同级之间的横向协同（如同级政府之间、同一政府不同职能部门之间的协同）；根据协同的内外范围可划分为整合政府内部力量的政府组织内部的协同，整合政府、市场、社会组织的外部协同。政府组织内部协同是政府职能转变、政府治理模式创新的"中流砥柱"。公共体育服务协同供给重点在于实现政府内部的协同，打造出"协同型政府（整体型政府）"。只有政府内部实现不同部门之间、不同层级政府之间的全方位的协同，避免"条块分割"和"各自为政"，才能发挥政府在供给中的主导作用，带动政府与非政府主体的外部协同，才能有效整合各供给主体的力量。

（三）公共体育服务协同供给的特征

公共体育服务协同供给的特征主要体现在以下四个方面：

（1）主体多元性。以体育行政部门为代表的各级政府不再是唯一的供给主体，市场、社会、公民个体等一切能够利用的都可以成为供给的主体，主体之间是平等而非层级的关系。

（2）目标公共性。公共体育服务协同供给以提供契合公众体育需求的公共服务为导向，实现公共体育利益是主体间共同的目标。

（3）利益契合性。在公共体育服务供给过程中，各主体的利益目标具有差异性，但是公共体育服务协同供给的一个基本前提是将各主体对利益目标的追求嵌入公共体育利益的实现中，保持个体与公共利益相一致。

（4）整体协同性。整体协同性意味着组织结构有序、职能分工明确、行为协调一致，表现为打破层级政府、部门之间藩篱的限制以及政府主体与非政府主体之间的组织边界限制，使各部门之间、各层级政府之间、多元主体之间实现信息共享、资源整合，为了实现共同的公共利益目标进行资源优化组合、职能重组，突破个体供给的能力限制，依靠整体力量获得更大的协同效能。

二、公共体育服务协同供给的原则

（一）需求导向原则

公共服务源于公共需求，脱离需求的供给必将是无效的。满足公众体育需求是协同供给的目标与意义，也是必须坚守的首要原则。在有限的体育资源情况下，坚持需求导向原则的供给才能确保体育资源配置效益的最大化。需求导向原则是从公众体育需求的角度对公共体育产品与服务进行设置与供给。具体体现为将公众的体育需求偏好、需求的结构、需求的质量与数量、需求的表达渠道与机制、需求的评价等作为协同供给的核心内容与决定依据，并结合各主体的比较优势灵活机动地选择供给主体，实现供给主体的最优组合，以有效满足公众的体育需求。供需理论指出需求决定供给，是否满足公众的体育需求也是衡量供给绩效的标准。当前，公众体育需求表现出地域性、层次性、多元性、异质性、时效性的特征。在供给过程中，应充分考虑不同地区、不同人群的公众对体育公共产品的异质需求，构建与地方实情相符合、满足公众多元异质的体育需求的协同供给机制。

（二）兼顾公平与效率的原则

公平与效率问题是公共服务供给中一个经久不息的话题，百余年的公共行政发展历史也是一场以公平和效率为价值两端的拉锯战。我国分配制度从"效率优先、兼顾公平"到"公平优先、兼顾效率"的改变也体现出对公平与效率价值认识的重新定位。公共体育服务涉及社会整体利益结构的调整与公众利益的公平分配，是一种社会收入分配的制度安排。保证公平正义是政府应当负起的责任。公平包含机会平等、规则平等和结果平等三层含义，机会平等是前提，规则平等是保证，结果平等是目标。但是公平不是平均主义，也不是绝对公平，应承认个体的差异性与正常利益和欲望得到满足的合理性，追求绝对的公平是一种脱离实际的空中楼阁，必将导致更大的不公平。公平不仅体现于对供给方的公平，也体现于对需求方的公平。对于供给方应保证公平的市场准入机会，当其提供的是正外部性很强的公共体育产品时政府应该给予一定的补贴。对于需求方应该保证享有公共服务的机会均等，在基本公共体育服务供给上大致均等，重要的是对公民的体育权利进行法治化保障。政府在公平的维护上往往具有正向的潜能，但是大包大揽的做法无法实现效率的提升。公平竞争的市场机制能够带来效率的提升，但是市场的趋利动机使其更倾向于可以获利的公共体育服务供给，对于无利或低利的项目则往往回避。此外，在市场机制下，公众对公共体育产品与服务的获得是以一定的支付能力为前提的，一些公众特别是弱势人群依靠其自身的支付能力难以从市场获得相应的服务，容易造成公平性的流失。作为公共利益的代表者，政府一方面要充当公正的维护者，另一方面需要进行机制体制创新，解决公共体育服务供给效率低下的问题。因此，在公共体育服务协同供给实践中应坚持公平与效率的价值取向，兼顾公平与效率。

（三）分层供给的原则

不同地区经济社会发展水平不同，政府财政支付能力与治理水平、市场组织与非营利性体育组织的成熟程度，以及公众对公共体育产品需求的数量、质量、内容结构等也有较大差异，需要改进的项目与改进的程度也不同，在供给过程中如果按照同一个标准采取一刀切的方式，必然很难到达理想的效果。因而，依据各个地区公众对公共体育产品的真实需求，结合各地的经济社会发展状况、政府的财政支出能力、非政府主体的发育程度等多方面的因素，因地制宜、区别对待就显得尤为重要。应按照需求层次的高低，合理安排供给顺序，有重点地选择提供，分区、分阶段、分步骤逐步实行、逐步投放，对当前公众急需的体育公共产品应该集中财力、人力、物力资源优势给予优先供给。同一地区不同职业、性别、年龄、收入水平的公众对公共体育产品的需求偏好也各不相同，在满足具有不同支付能力的公众的差异化需求时，也应该差别对待，分层供给。高收入人群更多偏向于个性化消费，可采取付费的方式获取私人体育产品；而中低收入人群更多偏向于基本公共体育产品，可免费或者在自身支付能力范围以内获取相应的体育服务。

（四）建立协同目标原则

许国志在《系统科学》中指出，任何协同系统都包含协同意愿、协同目标与信息沟通三个基本要素。协同意愿主要表现为多元主体主观意识层面的协同愿景，是协同目标达成的前提；协同目标是多元主体所期望的结果；两者基于有效的信息沟通。协同目标为协同行为指明了方向，多元主体基于协同目标而形成集体行动。公共体育服务协同供给建立在协同意愿与协同目标达成的基础之上，如果主体之间缺乏协同意愿，彼此之间不能实现信息互通，协同目标和行为准则没有达成明确的共识，那么协同供给就是一句空话。因此，公共体育服务协同供给的实现需要供给主体之间具有共同的供给愿景，形成统一的供给目标，避免出现各自为政、相互掣肘，以自我的绩效要求与利益目标来采取供给行为的局面。公共体育服务协同供给虽然强调协同目标的实现，但是由于政府、市场、体育非营利性组织、社区体育自治组织、公民等一切可以利用的主体被广泛纳入供给活动，各主体基于自身的利益诉求，也增加了协同目标达成的难度与复杂性，一般而言，多元性越明显，目标协同的难度就越大。

（五）以序参量构建协同行为的原则

公共体育服务多元主体供给系统是一个复杂、开放的适应性系统，系统内部各供给主体之间存在着大量的非线性关系，主体间的时间、空间和功能有序结构与协同效应受到诸多复杂因素的影响，既有关键、本质、必然因素，又有次要、非本质、偶然因素，但是只要找到少数几个序参量，就能把握协同效应实现的关键点。序参量是系统临界处无阻尼、不衰减的变量，是慢变量。序参量主宰整个系统的演化过程，形成方向一致的整体运动。在公共体育服务协同供给中，序参量主要体现为供需矛盾与供给主体间的利益关系（利益契合），两个序参量影响和支配协同供给方向和效果，对主体间的协同行为产生直接和决定性的影响。供需矛盾是系统演化的外在动力，公共体育服务实质是多元主体发挥各自资源禀赋、功能优势协同供给化解供需矛盾的过程，供需矛盾从外部推动了多元主体协同网络的形成。多元主体间的走向协同除了受外部动力的催化外，还需要内部动力，需要在供给主体内部产生协同意愿与协同目标。而主体间建立协同意愿、达成协同目标的驱动力在于主体间的利益契合。主体间的利益契合是系统演化的内在动力，利益契合满足了作为理性"经济人"的各供给主体逐利的动机。公共体育服务供给系统在内外动力（序参量）的作用下实现演化过程。根据序参量的特点与要求确定协同机制，可以反映供给系统中各主体之间的本质联系，对协同行为进行重点精准的把握，提高协同供给的针对性，降低公共体育服务供给的复杂性与协同过程中的风险。

三、公共体育服务协同供给的影响因素

影响公共体育服务协同供给的因素多种多样，错综复杂。其来源既有系统外

部的因素，也有系统的内部因素。外部因素主要体现在宏观层面的政治、经济、文化，中观层面的体育体制，微观层面的供需矛盾等方面；内部因素主要体现在利益关系、社会资本、协同能力等方面。

（一）外部因素

任何系统都在一定的环境之中产生、发展与演化，研究系统必须分析与之相互作用的外部环境，尤其是分析环境对系统发展及演化所产生的影响。系统的环境是指系统之外的与之具有不可忽略的相互联系的事物的总和。公共体育服务供给是一个不断适应政治、经济、文化、体育体制等外部环境变化并进行相应调整的过程。对多元供给主体所构成的这一系统的协同行为进行分析，必须要将其置于政治、经济、文化所组成的大系统当中。世界各国公共体育服务供给的模式、机制、路径选择、优先顺序、多元主体的地位与作用以及协同关系与合作方式的不同，主要受制于各国政治制度、经济基础、文化传统、体育体制等方面的差异。同一个国家在不同的历史时期或同一时期在不同的区域由于经济社会发展水平与公众体育需求、地理环境等方面的差异，其供给也不尽相同。

1. 政治因素

美国学者古德诺指出政治是国家意志的表达，行政是国家意志（政策）的执行。西蒙等新公共行政学派人士则认为政治与行政不能截然分开，行政与政治二分法实际上没有描述任何现实的东西。改革开放以来，以政府职能转变为主要特征的政治体制、行政体制改革为公共体育服务供给方式的转变提供了制度保障。政治体制通过合理的组织体系和有效的权力分配、权力运行机制规定了协同供给系统中各主体的构成与管理权力的大小，影响着政府与其他各主体之间的关系以及公共政策的决策、执行与评估，对公共服务主体之间的协同起着至关重要的作用。在我国的现行政治体制下，从传统的政府垄断式供给范式向协同供给范式的转变过程中，必须坚持党的领导这一政治前提，重点实行政府再造，加强与协同供给相适应的行政职能重塑，发展体育社会力量，构建完善的协同供给的制度体系。

2. 经济因素

经济因素对公共体育服务协同供给的影响主要体现在以下三个方面：第一，经济发展为公共体育服务协同供给提供了强有力的财政支持，离开了财政保证，公共体育服务将是无源之水、无本之木。经济基础决定上层建筑，以转变经济发展方式为主要特征的经济体制改革为公共体育服务提供了坚实的物质基础，公共体育服务供给离不开国家财政的支持，经济水平高，用于公共服务的财政投入多，其发展自然会好。中央与地方政府财力的大小制约着公共服务的数量、质量、结构与布局。新时代公共体育服务存在的地域失衡、城乡失衡，很大程度上受制于地区经济、城乡经济发展的不平衡，导致了在人均场地面积、人均体育经费等指标上差异显著。第二，经济体制影响体育资源的配置方式，决定着公共体育服务协同机制的选择与形态。经济体制是指一定社会生产关系的具体组织形式和管理制度，其核心问题是资源的配置方式。在计划经济时代，公共体育服务的供给，政府集安排者与生产者于一身，依靠行政手段进行体育资源配置，市场力量弱，各种非公有制经济成分的作用未发挥，公共服务供给效率低下，满足不了公众日益增长的体育需求。在市场经济时代，政府主要在宏观层面发挥着规划者、法律与制度的制定者、调控者、监督者的角色，公共体育服务微观事务让位于体育社会组织，发挥着市场机制在体育资源配置中的决定性作用，公共体育服务供给呈现出社会化、市场化的特征。第三，经济增长也带来了公众消费需求的升级，公众体育需求呈现出多样化、多元化的特点。与之相适应的公共体育产品与服务的类型增多，多元主体协同范围也随之扩大。此外，经济发展带来的科技进步为协同供给提供了有效治理平台，革新了治理手段。当下网络技术的发展为电子政府的出现以及公众、体育社会组织参与公共体育服务治理提供了良好的平台。公众、体育社会组织等可以利用微信、微博、电子邮件、政府在线论坛等多种方式参与公共体育服务治理。

3. 文化因素

文化是政治与经济的反映，经济是文化发展的基础，一定的文化由一定的政治、经济所决定，先进的文化会促进社会的进步，落后腐朽的文化会阻碍社会的发展。对文化的理解，不同的学者有不同的理解。卢元镇指出：广义的文化是指人类创造的一切物质产品和精神产品的总和及其创造过程，狭义的文化是指人类社会的意识形态以及相应的制度与设施。王延中认为文化就是人造的人文世界，主要包括政治、人们的意识形态、价值观念、社会习俗、各种制度等方面的内容。文化事业的发展方向决定着体育的发展方向、任务与途径。文化对公共体育服务协同供给的影响主要体现在以下方面：第一，文化影响着多元主体对协同的认知，能够促进协同目标的达成。人们的思想体系、价值观念是一定文化的产物，对协同的认识和理解必然带上了特定的文化烙印。多元主体之间如果存在协同观念，则越能超越彼此之间的差异，找到解决问题、化解分歧的办法，促进协同目标的达成。第二，文化影响着多元价值取向。公共体育服务协同供给的目的在于满足公众日益增长的体育需求，增进公共体育利益。这一目标的确立与实现并非取决于个体，而是取决于诸如公共利益、公平、公正、平等等社会价值观念与思想体系。

4. 体育体制

体育体制是指体育事业的机构设置、隶属关系、权益与职责划分以及运行机制等方面的体系和制度。主要涉及三个方面的内容：体育管理机构的设置、职责与权益的划分、相关的法律法规制度。体育体制包含管理体制、训练体制、竞赛体制、投资体制和体育分配体制等。管理体制是体育体制的核心，决定了其他体制的构成和运行。体育体制作为国家政治、经济体制在体育领域的体现与延伸，对国家政治、经济体制有高度的依赖性，存在着适应与匹配关系，政治、经济体制决定了体育体制的性质、组织架构、利益分配方式、制度体系等。采取何种体育体制，归根结底取决于上位的政治体制与经济体制的安排。我国体育体制是政治体制的一个缩影，也必须适应我国社会主义市场经济体制改革目标与方向要求。体育体制作为公共体育服务具体的生态环境，决定了体育发展路径、体育行政组织体系、体育资源分配等，必将影响公共体育服务供给过程中各主体之间的关系、政策的制定、供给方式、运行机制，促使各主体内部结构发生变化。西方国家把公共体育服务当作一项重要的体育事业，各国公共体育服务供给水平和规模上的差异归根结底取决于体育体制的不同。在政府主导型体育体制的国家，公共体育服务管理主要依靠从中央到地方的体育行政机构，主要以行政手段进行资源配置，在资金来源上主要依靠国家的直接投入，社会力量参与公共体育服务治理显得不足。在社会主导型（市场主导型）体育体制国家，政府不设立专门的体育行政机构来管理公共体育服务，采取"民办官助"的方式，行政力量一般不介入公共体育服务的实践；公共体育服务供给更多是借助社会力量，依靠体育协会、俱乐部、社区、学校等为公众提供公共产品与服务，发挥市场机制对资源配置的基础性作用；公共体育服务供给市场化程度相当高，采取合同外包、特许经营、凭单制等多种手段，供给方式灵活多样，国家主要通多立法、政策、税收、财政等间接手段对公共体育服务实行管理，主张"体育自治"。值得注意的是，随着公共体育服务供给实践的发展，单级的政府主导型或市场主导型向政府与社会结合型转变。

5. 供需矛盾

伴随着经济社会的急剧转型，整个社会的需求快速提升与分化，社会价值也呈现出多元化趋势。在体育需求方面，公众的体育需求日益复杂、多元且动态化。这对政府及体育行政部门的供给活动提出了严峻的挑战。满足公众体育需求并为其提供体育公共产品与服务是政府及体育行政部门的天然责任，尽管政府不断采取措施来提高与改善供给水平，但是由于各种原因，政府对公共体育服务的供给已经显得力不从心，在面对日益增长的公共体育需求时表现出一定的滞后性与低效性，供给总量不足、公众的满意度不高、结构失衡等问题依然存在。供需矛盾不能有效化解必然会影响政府的公信力。这必然驱使政府及体育行政部门努力去化解供需矛盾，解决供需失衡的问题。而协同供给不失为当前最为有效的方式或模式，通过部门之间的协同、层级政府之间的协同以及政府与非政府主体之间的协同，以充分发挥各主体的功能优势，共同化解供需矛盾。一些公共体育产品对协同的广度和深度要求可能并不高，只需要某一部门或组织就可以独立完成，但是大多数公共体育产品需要多个部门的协同与配合，对跨行政区域的公共体育产品还需要推进层级政府间的协同。可以说，公共体育服务供需矛盾倒逼政府及体育行政部门进行改革与创新，进而引入市场、体育社会组织、公民等一切可以利用的力量参与到公共体育服务的协同供给活动中来，形成以政府为核心的多元主体协同供给网络。正如前文所述，公共体育服务实质上是多元主体发挥各自资源禀赋、功能优势协同供给化解供需矛盾的过程，供需矛盾从外部推动了多元主体协同网络的形成。供需矛盾是系统演化的外在动力，是重要的序参量，支配着各主体之间的关系（包括关联程度、作用力度）、网络组织结构变化、运作方式等。

（二）内部因素

影响公共体育服务协同供给的内部因素细分起来有很多，主要涉及各主体的资源水平、协同意愿、协同目标、协同能力、信息共享（信息技术）、信任、利益契合、共同价值等。这些繁杂的因素归纳起来大致可以划分为利益关系（利益契合）、社会资本、协同能力三类。

1. 利益关系（利益契合）

作为理性"经济人"的各主体，都具有各自的价值目标与利益追求，他们参与公共体育服务治理的基础性动机是对各种现实利益的感受和追求，只有当预期收入大于支付成本时协同供给行为才具有持续性。因此，如何协调各主体之间的利益，形成利益契合点是公共体育服务协同供给的关键。利益关系影响和支配着多元主体的协同行为效果与方向，主导着供给系统的演化方向，是关键的序参量之一。多元主体之间利益契合程度越深，越有利于供给主体之间的协同行动。一些学者提出了协同目标、各主体的资源水平以及价值基础等是影响协同行为的因素。笔者认为协同目标、资源水平与价值基础都可以统一到利益关系上，与利益关系具有内在的一致性。资源水平是各主体利益实现的凭借，主体之间的资源互补性越强，越有利于形成集体供给行为；协同目标是各主体对其利益的公开主张，协同目标实现的关键在于能否寻找到利益契合点，主体对各自目标的强调使利益博弈公开化，供给主体基于共同目标才采取集体行动；价值基础是各主体之间利益契合的伦理道德凭借。多元供给主体应该以社会主义核心价值观作为彼此间共识构建的价值基础，坚持公平公正的准则，有效协同彼此间的价值冲突与利益分化。利益关系在一定程度上容易外显、被觉察，可以视为影响公共体育服务协同供给的显性因素。公共体育服务协同供给的过程是利益契合的过程，彼此之间的网络构架也是基于利益格局而形成。在此网络中，每个主体都有反映各自利益诉求的机会，彼此之间实现资源与权利的共享，形成利益依赖关系，增加了相互之间的信任，稳固彼此关系。

2. 社会资本

公共体育服务协同效应的产生需要在各主体之间形成良好的互动机制，良性互动的形成除了上述利益因素的物质激励外，还需要社会资本的隐性激励。相对于利益因素，社会资本是一种隐性因素。社会资本是协同供给的必要条件，高水平的社会资本也为公共体育服务多元主体之间的集体行动提供了坚实的基础。对于社会资本的定义没有统一的认识，最初是一个纯粹经济学的概念，具有生产力特性，20世纪70年代以后，才逐步在社会学、政治学等学科领域中得到应用。社会资本的内涵经历了由微观层面的个人社会资本、中观层面的组织社会资本到宏观层面的国家治理社会资本的发展过程。美国哈佛大学教授罗伯特·帕特南把社会资本定义为"普通公民的民间参与网络，以及体现在这种约定中的互惠和信任的规范"。不难看出，帕特南教授对社会资本的理解包含了信任、互惠合作、网络、规范等要素。公共体育服务协同供给本质上是多元主体跨界协作过程，该过程深受主体之间的平等对话、信任的建立、承诺增进和共识达成等因素的影响。受帕特南教授关于社会资本定义的启发，笔者认为影响公共体育服务协同供给的社会资本主要体现在信任、规范、网络三个要素上。首先，信任是多元供给主体彼此展开合作的前提，是供给主体之间的情感纽带，能在彼此之间产生安全感与确定感，有利于协同意愿的达成，信任的缺失势必会造成协同行为的瓦解。其次，如果说信任能增强供给主体彼此间的认同，那么规范则提供了良好的秩序，能够有效地制约投机行为，化解集体行动问题，是一种具有高度安全性与生产性的社会资本。再次，在公共体育服务跨界整合的集体行动中，政府、市场与体育社会组织等多元主体之间形成的参与网络为公共体育服务协同供给提供了基础。帕特纳认为，参与网络由负责联系权力与地位相等行为者的"横向网络"与负责联系权力与地位不相等行为者的"垂直网络"构成。横向网络与纵向网络的区别在于，横向网络越密集越有助于行为者之间的合作，密集而彼此分离的垂直网络可以维持单一集团内部的合作，但无法维护信任。

3. 协调能力

公共体育服务协同供给作为一种涉及不同性质、不同特征的供给主体的集体行动或合作行为，需要在供给主体之间凝聚成向心力。但是，"理性地追求自我利益的个体往往不会采取行动以实现共同或集体的利益"。拥有更多资源、信息与权力的个体更希望协同过程向有利于自身利益的方向发展，获取更多的利益。公共体育服务常常存在集体而无行动的困境，供给主体之间表现出来的不是合力状态而是离散状态。因此，提高协调能力，激发单个主体参与集体行动的积极性显得尤为重要。诚然，协调能力需要通过特定的制度设计来触发，对于供给主体之间的诸多事宜可以通过协商和谈判的方式来化解。协调能力作为影响公共体育服务协同供给的重要因素，它能够作用于各个供给主体，具有较强的整合功能，整合的前提在于多元主体之间的信息共享以及对联合供给行动产生共同的理解。协调能力包括供给主体之间的利益协调能力与信息共享等方面的能力。利益协调能力直接影响协同供给的有序性与方向性，通过利益协同预防和化解协同供给过程中的各种冲突。信息共享是实现供给主体之间协同效应的重要手段，影响主体间的联系程度和工作效率。通过"面对面的对话"，打破信息壁垒，有利于促进互动过程的有序进行，建立较为稳定的协同关系。作为核心主体的政府及体育行政部门，对其协调能力提出了更高的要求，其在促成多元供给主体之间合作的形成与保证合作的有序高效方面发挥着重要作用。政府的协调主要体现在对协同供给的规划与安排、主体之间互动关系的构建以及供给过程中的协同与整合等方面。如在合作关系确立之前，政府应具备较高水平的规划与分析能力，分析各个供给主体的优势与劣势，权衡合作的成本与预期收入；当合作关系确立时，政府应在资源调配、信息分享、利益基础等方面发挥其协同与整合的功能，有效预防与化解协同过程中的各种冲突。为此应建立平等对话的沟通机制、利益协调机制，形成稳定的利益格局，并把各个供给主体的利益诉求融入公共利益的实现当中去，并掌握有效的信息技术，利用现代信息技术平台实现信息共享，提升主体间的互动频率与效率。

四、公共体育服务协同供给的成因寻绎

（一）公共体育服务供给存在供需失衡的问题

1. 公共体育服务需求特征

公众需求是公共体育服务的原动力，离开了需求的服务也就失去了存在的意

义，满足公众日益增长的多元的体育需求也是公共体育服务的终极目标与意义所在。当前公共体育需求表现出如下特征：

（1）总量增加

随着国民收入的不断增加，公众的体育需求呈现出不断增加的态势。"瓦格纳法则"指出公众对公共物品的需求随着收入水平的提高而增长，某些阶段还会超过人均收入的增长。当人均国内生产总值（GDP）越过 3000 美元时，公共需求将会呈现出爆发式增长的态势。国家统计局官方网站数据显示，自改革开放以来，我国人均 GDP 一直呈递增的趋势，在 2008 年人均 GDP 就超过了 3000 美元。当问及"您对公共体育服务需求的渴望程度"以及"近五年以来，您体育消费金额的变化趋势"时，问卷调查数据显示，60.5% 的公众选择"需要"，76% 的公众体育消费是呈增加的趋势。这表明公众对公共体育服务的需求比较强烈，需求总量增加。

（2）层次性

心理学家马斯洛的需求层次理论指出了人的需求可以划分为生理需求（生存需求）、安全需求、社交需求、尊重以及自我实现五个递进阶段。马克思也指出人的需求是一个由低级向高级、由物质到精神递进的过程，在低级层次的基本需求得到满足后，人才会追求高层次的需求。需求的层次性也体现了需求不断递增的动态性。

（3）多元性

公众的体育需求受年龄、性别、经济基础、生活环境、文化等多种因素的影响，个体因素与环境因素致使公众的需求不可能千篇一律，而是呈现出多元化特点，公众在追求同质的公共体育服务的同时，更加注重异质的服务，突出个性化。

（4）地域性与时效性

我国地域辽阔，各地方的经济社会发展水平与自然环境迥异，导致了各地公众体育需求也呈现出地域性特征。例如，东北地区的居民偏爱于冰雪运动；长江流域居民的体育需求更多体现出"水"文化的特征；黄河流域居民的体育需求则突出了诸如武术、摔跤、骑马、射箭等特色项目；东部沿海地区，为了缓解工作压力，居民体育需求更注重休闲与娱乐。需求的时效性特征是指对供给的时间做出规范，要求在一定的时间范围内对公众的体育需求做出有效应答，超过合理时间的延迟供给会造成供给效率的降低和公众的不满。

公共体育服务需求呈现出多元化、动态性、地域性与时效性的特征，依靠单一的政府力量已经不能满足人们日益增长的体育需求，这就需要引入市场、社会等多重力量，组成多元合作治理模式，并依据不同区域的经济社会发展水平、政府财力水平、公众需求紧迫程度等，合理安排供给的内容、标准、顺序与方式，使公共体育服务满足区域发展和社会公众的需要。

2. 公共体育服务供需失衡的表现

从需求与供给匹配的角度来说，曹可强教授指出："就当前的供给内容来说，存在着内容单调、形式单一等问题，政府提供的体育健身设施，大多以公共运动场与全民健身路径为主，现有的公共体育服务无论是在形式上还是在内容上都无法满足公众多元的体育需求。"根据问卷调查和相关数据，新时代公共体育服务在满意度、场地设施、经费投入、体育社会组织与公益性体育社会指导员等方面都存在着明显的不足。

从公众满意度的角度来说，我国居民对公共体育服务总体满意度不高，仅有26.1％的居民持满意与非常满意的态度，超过 1/3 的居民认为一般，46％的居民认为不满意与非常不满意。且公众满意度存在着区域差异，东部地区的居民对公共体育服务的总体满意度高于中部和西部地区，中部地区最低，西部地区其次。

从场地设施角度来讲，存在着人均拥有量不足、结构失衡、利用率不高等问题。此外，体育场地存在着城乡与区域失衡的问题。

再者，现有体育场馆也存在着规划不合理、功能单一、远离人群、利用率不高、质量下降等问题。在问卷调查中发现，公众参与体育锻炼的场所主要集中在公园、绿地、广场等非正规的体育场馆，单位、学校、社区所拥有的场地设施的利用率不高。体育场地设施的相对值不足、结构性失衡、现有体育资源利用率不高等问题，使得场地设施成为公众参与体育健身活动的瓶颈。

从经费投入的角度上来看，存在着公共财政投入占比低、非财政投入不足的问题。邵伟钰、王家宏的研究显示公共体育服务财政投入规模在绝对值上呈现不断递增的趋势，但是在公共财政支出中的占比呈下降趋势，从 2007 年的占比 0.36 下降到了 2013 年的 0.21。从资金的非财政来源途径上（比如公益捐赠方面）来看，2015 年中国的公益捐赠为 992 亿元，70％来源于企业，人均约 71 元。资金投入是加强公共体育服务建设满足公众需求的物质保障，资金投入上的不足必然无法有效满足日益增长的体育需求。

从体育社会组织与公益性体育社会指导员的角度来说，存在着人均相对值不足、体育社会指导员水平不高与指导率低的问题，不能有效满足公众日益增长的健身指导需求。《中国民间组织报告》指出，2010 年以来，我国体育类社团数量虽然有所增加，但是在我国社会团体总数中的占比却下降了。2014 年，我国正式登记的体育社会组织为 32785 个，其中体育社团占比 63.5%，体育民办非企业占比 36.3%，体育基金会 55 个，占比 0.2%。在公益性体育社会指导员方面，2002—2015 年绝对值呈递增的趋势，但是相对值即平均每个社会指导员指导的人数呈下降趋势。

三级体育社会指导员占体育社会指导员总数超过 65%，而国家级与一级体育社会指导员占比不足 8%。当问及"你是否接受过体育社会指导员的健身指导"时，只有 22% 的人表明接受过体育社会指导员的健身指导。

（二）公共体育服务单一供给主体存在着失灵困境

1. 政府供给：官僚化、效率低

西方国家在 20 世纪特别是二战以后受凯恩斯主义的影响，政府扮演着全能者的角色，在公共产品供给上实行着"从摇篮到坟墓"的福利政策。然而，伴随而来的是巨大财政赤字、机构臃肿、官员腐败、合法性流失的政府失灵状态。我国在计划经济时代，政府集生产者与决策者于一身，几乎垄断了所有产品的供给，体育公共产品也毫无例外地作为一项福利由国家提供。这种政府垄断的以行政命令进行资源配置的供给方式有其特定的历史条件背景，也与当时公众体育需求比较单一相符合。随着社会经济的发展和市场经济的建立，公众的生活水平大幅度提高，公众体育需求也日趋丰富多元，公众在追求同质性服务的同时，更注重服务的个性化、异质化。政府行政组织由于财力、物力、人力上的限制不能有效满足公众日益增长的多元需求。政府作为凌驾于社会之上的公共组织掌握着大部分资源，以国家权力为强力后盾，具有强制权力的特征。科层式的官僚体制在提高行政效率的同时，也会带来公共产品供给过程中的负担过重、效率低下、供需失衡等问题的出现。这突出表现为：（1）以政治精英、经济精英主导的自上而下的决策机制常使普通公众游离于公共决策过程之外，为民决策取代了让民决策，结果使政策制定脱离公众需求，成为重要人不在场的不完整博弈，造成供需失衡。（2）各部门各级政府坚持本位主义，以各自的利益为重，容易造成供给的部门化与地方化，缺乏整体性。此外，不同部门之间、不同层级政府之间职权不明也容易造成争功诿过的问题，权责不清、政出多门也带来了问责无源的困境，造成监督与问责的困难。

2. 市场供给：功能有限、无法兼顾公平

20 世纪 80 年代以来，受新公共管理理论的影响，以英美为代表的西方国家重拾"无形之手"，利用市场机制来提供公共服务以打破政府"有形之手"的垄

断，实现两手相握，政府把更多的公共服务职能转嫁给市场，合同外包、特许经营、凭单制、用者付费、政府补贴等多种市场方式运用到公共服务与产品的供给中来。我国的公共服务市场化是伴随着经济体制改革而发展的。我国的经济体制改革还处于初级阶段，市场机制需要不断地发展与完善。市场的良性的竞争机制、价格机制以及多元化的筹资渠道与方式在提高资源配置、缓解政府的财政资金压力与满足公众多元化、个性化需求等方面具有天然的优势。然而，市场机制的自发性、盲目性与滞后性以及市场最佳效用发挥应具备的外部环境条件缺失等因素，使得"市场失灵"将不可避免。市场在外部性与排他性越强的产品中越显得无可作为，体育纯公共产品具有很强的正外部性以及消费的非竞争性与排他性，市场在供给这类公共产品时，在技术上难以排他或者排他的成本很高，无法避免"搭便车"的困境，因此，存在着动力不足与失灵的状态。市场供给追求的是利润的最大化，公众获得服务的多少取决于货币支付能力，广大的工薪阶层与其他弱势群体并不具优势，市场供给在提高供给效率的同时难以兼顾公平性。此外，市场供给主体盲目地追求利润，难以避免出现低质量产品而损害公众利益的问题。

3. 第三部门供给：独立性缺乏、自治性不强

第三部门是相对于第一部门（政府组织）与第二部门（营利性组织）而言的，改变了社会组织非公即私的传统划分。最早提出第三部门概念的是美国学者李维特（Levitt），是指从事着政府与市场组织做不好也不愿意做的事情的组织。相近的称谓有非政府组织、非营利性组织、非政府公共部门、中介组织、慈善组织等。第三部门兴起于政府失灵、市场失灵以及人们的自愿结社传统与自治精神。萨拉蒙提出的"第三方治理"观点为第三部门参与公共服务供给奠定了理论基础。体育领域的第三部门主要包含各运动项目协会、体育基金会、体育民办非企业等。第三部门作为政府与市场的有益补充在公共体育服务供给过程中具有数量众多、服务范围广、机动灵活（相对于庞大的层级制的政府机构）、贴近民众的特点，发挥着政府与公民之间的桥梁与纽带的作用。然而，第三部门也存在着由于政社不分（项目协会依附于管理中心）的体制弊端而造成的独立性缺乏、实体性不强，以及在人员、资金、管理等方面的缺陷而造成的专业性不强、自治能力不足等问题。这些问题必然会造成第三部门的慈善不足，从而影响第三部门供给能力的发挥。政府、市场、第三部门供给在公共服务供给过程中都存在固有的缺陷，正是这些问题的存在才使协同供给成为可能。公共体育服务供给是一个整体性复杂的系统工程，需要各主体的相互协同与配合，超出了单一主体在一个层

次一个领域单独处理复杂问题的封闭性。如果各主体各自陷入封闭的单一领域，将无法对公共体育需求做出整体性回应，无法有效化解供需矛盾，会造成资源的浪费与成本的增加，影响供给的质量与效率。

（三）公共体育服务协同供给的效用

1. 公共体育服务协同供给效用的机理分析

公共体育服务协同供给的效用是指政府、体育营利性组织、体育非营利性组织等多元主体以一种相互协作、整合而非单元、分散化的方式来供给公共体育产品时所能带来的有效性。这种有效性是如何实现的问题就涉及有效性的机理分析。在公共体育服务供给过程中，多元主体组成一个供给的集合体，彼此之间形成一个合作的网络组织结构，各主体分散在网络的各个节点上，各主体在协同供给过程中产生多种合作方式，如二元协同、三元协同、多元协同。在供给实践中，选择何种协同方式取决于供给主体的比较优势、公共体育产品的物品属性、公众体育需求的特点、供给发生地的社会经济发展水平等诸多因素。通过适宜供给方式的选择，使供给活动更具针对性，能够充分发挥各主体的资源禀赋，实现各主体的优势互补、信息与资源共享，在共同目标与利益契合的驱使下，采取共赢的集体行动，从而达到有效供给公共体育产品的目的。

2. 公共体育服务协同供给的效用分析

（1）协同供给能有效回应复杂动态的体育需求

公众体育需求从产品的性质上来说既有纯公共体育产品，也包含准公共体育产品，既包含有形的体育产品（如体育场馆、体育活动、体育指导、体育装备等），也包含无形的体育产品（如体育制度、法律法规等），体育需求产品的不同属性与内容要求不同的供给主体与供给方式。当前，公众对体育需求的质量、数量与时效性的要求越来越高，在追求同质服务的同时，更注重异质个性服务，公众在年龄、性别、价值、经济基础、生活环境等多方面的差异，使得公众的体育需求日趋复杂多元，复杂的体育需求要求复杂的供给系统与之适应。

单一供给主体只能满足部分公众的体育需求，无法对公众需求做出整体性回应。传统的单一政府供给主体在回应公众需求低效、无效的情况下，把供给职能转嫁给市场组织、体育非营利性组织等多元主体，以期有效回应公众复杂化的体育需求。协同供给改变了单元的、各自为政的、相互分割的供给局面，各主体之间形成网络化的供给组织结构，通过内部与外部两个维度的协同，把以多个供给者为中心的零散的、分散化的点状供给格局转化成整体性供给格局，促使各主体供给合力的形成，满足公众动态多元的体育需求。在纵向维度上，通过跨不同层级政府、不同政府部门边界的协同以整合政府内部的供给力量，有效化解了刚性的部门职能划分与行政区域划分所带来的供给碎片化、分散化的供给困境。在横向维度上，整合了政府、体育市场组织、体育非营利性组织等主体的力量，各主体之间权力与信息共享、优势互补，建立良性互动的协同关系。

（2）协同供给能提高公共体育服务供给质量与供给效率

协同供给能提高供给质量与效率主要有以下四个方面的原因：①多元协同供给的竞争机制。多元供给主体的协同是在竞争基础上的协同，传统的政府单一主体的供给方式供给成本过高、效率低下不是政府工作人员的能力问题，关键因素在于供给的垄断。协同供给意味着打破垄断，促进竞争局面的形成。激烈的竞争必然刺激各供给主体不断强化自身的内部管理，提升供给质量与效率，进而带来总的供给质量与效率的提升。正如萨瓦斯所说："在提供低成本、高质量的产品与服务方面，竞争往往优于垄断，只要促进竞争的程序有效，公众就能从竞争中获益。"需要指出的是，协同供给能提高供给效率，并不意味着完全基于效率的考量和公平性的流失，而应处理好公平与效率的关系。②协同供给具有规模效应。规模效应在本质上是一个局部累加、递进增值的效应，是指分散与局部优势转变成整体与综合优势。在公共体育服务供给实践中，政府组织、体育营利性组织、体育非营利性组织、社区自治组织与公民个体等供给主体都参与到供给过程中来，可以增加公共产品的要素投入；此外，多元主体在合作供给过程中，多手段的市场融资途径、非营利组织的筹资优势，可以拓展融资渠道，广泛筹集资金，缓解国家的财政压力，增强供给的资金来源与实力，有利于扩大供给规模。③协同供给可以促进交易成本降低。多元供给主体通过多种沟通平台平等对话、有效协商以增进彼此信任与理解，形成信息共享、责任分担、目标一致、行动协调的统一体，必然会促成供给过程中各主体交易成本的降低，从而提高供给质量与供给效率。④协同供给能产生互补效应。在公共体育供给实践中，单一供给主体无法有效回应公众所有的体育需求，这是因为单一主体存在着有限理性与有限能力，有其独具的优势与劣势、功能区间与作用边界。各主体在各自的边界与功能区间能发挥出自身的优势，一旦超出了作用边界，就会出现供给低效率的现象。在协同供给模式下，单一主体组合成供给主体的联合体（集群），各主体之间协同合作、扬长避短，实现优势互补，从而提高供给质量与效率。

（3）协同供给能给各主体带来个体效用

公共体育服务协同供给除了有效回应公众体育需求、提高供给效率与质量的整体效用外，还能给各供给主体带来个体效用。对于政府组织而言，首先可以减轻政府的财政负担。政府的财政支出一直以来在提高供给规模、满足公众需求等方面起着举足轻重的作用，以来源于税收的公共财政为公民提供服务也是天经地义的事。然而，政府涉及的公共服务领域众多，除了体育以外，还涉及教育、医疗、社会保障、国家安全等多领域。在有限的政府财力下，惠及众多公共服务领域着实不是件轻而易举的事。此外，在政府的财政支出中体育相对于其他领域也处于一个弱势地位。因此，完全依赖政府财政来供给公共体育服务并非明智选择，需要扩大资金来源。多元主体参与供给过程，可以充分利用个人、企业、体育社会组织等民间资本，拓宽资金来源渠道，缓解政府财政压力。其次有利于政府角色的调整、职能的转换。协同供给可以改变传统的依靠行政命令的供给方式，实现政府由"管理"向"治理"、"划桨者"向"掌舵者"的职能与角色的转变。通过纵向与横向两个维度的协同，理顺政府内部、政府与各主体之间的关系，提高政府工作效率。对于体育市场组织而言，公众消费需求升级、需求规模不断扩大，给体育市场组织提供了巨大的盈利空间，体育市场组织从中可以获得丰厚的利润。当体育市场组织在追求自身利益最大化的同时，能兼顾好社会效益，履行自身的企业社会责任，可以促进体育市场组织树立良好的企业形象，这相对于传统的商业广告，更有利于企业品牌的推广与宣传。对于体育非营利性组织而言，有利于摆脱以往作为政府的延伸单位、挂靠于政府的被动局面，增强体育社会组织的独立性。在协同供给过程中，体育非营利性组织以政府的合作伙伴的角色呈现，发挥其灵活多样、贴近公众的优势，满足不同层次的体育需求，可以获得政府与公众的信任和认同，提高其社会地位。此外，作为一个独立的供给主体，供给过程中的竞争机制（与市场组织的竞争、与其他非营利性组织的竞争）有利于体育社会组织不断强化自身制度建设，提高自治能力。对于公民个体来说，在公共体育服务的需求表达、决策、监督等全过程中，不再是被动的管理者，而是积极的参与者，有利于提升公民的参与意识与参与能力。

五、公共体育服务多元主体的角色定位与相互关系

从管理学的角度来看，公共体育服务多元主体的角色定位是指政府、体育营利性组织、非营利性组织、个人等主体在供给过程中的地位、职能与作用等。对各主体进行科学的角色定位，明确各主体的职责是协同供给的重要前提，以避免在协同治理过程中由于角色定位不准确或者角色错位、越位而造成执行力不足以及治理失败。

（一）角色定位

1. 政府（体育行政部门）：元治理、主导协调

政府的角色与政府的作用和职能密切相关，涉及权力的界定、职能范围与行政方式等。作为代理人的政府为其委托人——社会公众提供体育公共产品与服务是政府义不容辞的责任。然而，公共体育产品的不同属性以及公众体育需求的多样性要求不同的供给方式与之匹配，在不同的供给方式中，对政府的角色与职能的要求是不同的。纵观公共体育服务供给实践从一元主体垄断供给到多元主体协同供给的演变过程，可以发现政府的角色实质上是一个"渐变"的过程，对政府角色进行科学的定位是供给系统向有序方向演化的关键所在。党的十八大报告强调，要加快形成政府主导、覆盖城乡、可持续发展的基本公共服务体系。党的十八届三中全会再次提出，要以促进社会公平、增进人民福祉为出发点和落脚点，推进基本公共服务均等化和社会领域制度创新，加快形成科学有效的社会治理体制。此外，对于政府在公共体育服务供给中的角色与作用，专家学者与行政官员们有着各自的理解。专家学者的观点如：①国家体育总局作为管理与协调中枢，在新时代公共体育服务供给过程中应发挥主导作用。②政府在诸如体育法律、体育公共政策制定、体育外交等其他非政府组织不具备行使职能资格的纯公共体育服务领域占据着绝对的主导地位，"政府搭台、政府唱戏"；在准公共体育服务中，政府处于核心主导地位，政府不是包揽一切事务的"统揽者"与事必躬亲的"划桨者"，而应该引入市场和社会组织的力量，政府通过制定公共政策发挥其"掌舵"、规划与引导的地位，"政府导演，社会和市场唱戏"。政府的主导地位决定了其在公共体育服务中具有不可替代的重要作用，发挥着立法者、基本公共服务的供给者、多元供给主体的主导者、公共体育服务的监督者、人力资源的开发者与公共体育服务的改革推动者的作用。③在政府行政体制改革，政府职能转变的情况下，政府要分清楚提供者与生产者的角色，改变过去包办一切的做法，把生产的职能转移给社会力量，以一个合作者的姿态呈现，其作用主要体现为制定政策、发展战略与规划，负责税收与筹资，决定公共服务供给内容与标准等，将来需要从法律上来确立政府的职能，"法无授权不可为，法定职责必须为"。另外，在体育行政官员的访谈中，对政府的角色定位归纳出来主要有"公共体育服务规划者""政策的制定者""改革的组织者和推动者"以及"公共体育服务的治理者"等几种观点。例如："体育行政部门主要是根据经济社会发展实际，对公共体育服务做出规划安排，总体调控，发挥在组织协调方面的优势，履行好改革组织者的职责，建立完善'政府主导、部门协同、社会参与'的'大群体'工作机制，满足不同人群的体育需求。"

上述专家学者与行政官员等对于政府角色的定位无不包含主导与治理的意蕴，这为准确把握政府在公共体育服务协同供给中的角色提供了重要的启示。在协同供给系统中，政府在供给方式变革、制度法规建设、组织设置、体制机制创新以及动员资金、人力、物力等方面具有其他治理主体无法企及的优势，占据着供给系统中最为核心的一环，是供给系统这一"自组织"的"他组织"者，政府应发挥元治理、主导协调的作用。元治理意味着发挥政府宏观调控的作用，站在全局的高度对公众体育需求做出快速回应，建立与动态复杂的公共体育服务供给系统相适应的政府。除了纯公共体育产品的直接提供以外，政府更多是扮演规划者的角色，把微观事务管理交给市场与社会主体，放权社会，发挥政府在组织建设和制度创新上的优势，激发非政府主体参与公共体育服务供给的积极性与能动性，建立多元协同治理机制，提升公众服务满意度。主导协调意味着核心与协同中枢，但并非包揽一切、取代其他主体，而是相当于人体的神经系统，是"他组织"者，在内部协调各级政府、不同部门之间的关系，在外部协调政府与体育市场组织、体育非营利性组织的关系，鼓励公民参与公共体育服务治理实践。

政府作为"元治理者、主导协调者"，在协同供给中的职能主要体现在以下几个方面：

（1）制度供给

公共体育服务协同供给作为复杂适应性系统，系统从无序走向有序离不开制度的强力支持。制度供给不仅体现在政府及其体育行政部门制定宏观层面的公共体育发展方针、规划、法律法规（如体育法、体育事业发展规划、全民健身计划）等方面，更为重要的是基于治理而非管控的原则制定微观层面的限制性与激励性措施（如各部门职责、公共体育资源的分配与协调方式、决策制度、监督问责制度、绩效评价制度、信息公开制度等），从而有利于不同层级政府、不同部门、不同主体、不同供给环节的协同。

（2）引导协调

一方面通过政府扶持、财政税收等杠杆支持、鼓励体育企业、体育社会组织、公民个体等主体积极参与到公共体育供给实践中，并协调各主体在需求表达、决策、融资、生产、监督问责、绩效评估的环节进行优化排列组合；召集多方协商会议，制定行动目标、行为标准以及实现目标的方法，充当非政府主体的培育者与多元主体合作的召集者与助成者。另一方面，各主体存在着不同的价值目标与利益诉求，各主体的自利性动机往往容易造成各主体之间的利益冲突与矛盾纠葛、个体利益与整体公共利益的失衡。政府需要建立协商沟通平台，化解冲突与矛盾，兼顾个体利益与整体利益，应充当利益的协调者与矛盾的化解者。

（3）法律监督

在公共体育服务供给过程中，由于市场机制的导入与多元供给主体的存在，一些公共体育服务领域不可避免地带有营利性特征，容易造成"假、冒、伪、劣"公共体育服务的滋生，损害公众的体育利益，致使公共体育服务的公益性与社会性丧失。因此，为公众提供优质的公共体育产品，保障公众体育权益与公共体育利益的实现，离不开强有力的监管。作为公共权力行使部门的政府组织，其监管最具权威性，需要建立健全一系列法律法规，确立公共体育服务的服务标准、质量标准、收费标准、市场准入等规章制度，约束与监督供给主体在公共体育服务供给过程中的行为，以保障公民体育权益与公共体育利益的实现。

要发挥上述职能，需要处理好各级政府、不同部门之间的关系，合理划分中央与地方、不同职能部门之间的职责与权限范围。在处理不同部门之间的关系上，鉴于当前公共体育服务供给涉及的部门众多，各部门之间存在着职责与权限不明确、职能重叠交叉的情况，部门利益倾向严重，容易导致争功诿过、扯皮推诿、问责无源等问题。因此，需要在法律法规的基础上明确政府各部门的职责，推行决策部门与执行部门适度分离，建立议事协调机构并完善部门之间的协同机制，构建部门之间的信息共享机制和利益协调与补偿机制。

2. 体育营利性组织（市场体系）：互利双赢

体育营利性组织，亦称体育私营组织、体育市场组织、体育私人部门。E. S. 萨瓦斯在《民营化与公私部门的伙伴关系》中提出的"民营化"为体育营利性组织参与公共体育服务供给提供了理论基础。简而言之，民营化可更多依靠民间机构而更少依靠政府来满足公众的需求。与其含义相近的表述是"市场化"，包含三层含义：决策与执行分开；打破垄断，公共服务由多元主体供给，公平竞争；消费者对公共服务有选择权和可选的资源。

体育营利性组织作为市场的主体构件，是公共体育服务协同供给的重要主体，科学的角色定位有利于发挥其在协同供给过程中的正向潜能。体育营利性组织是公共体育服务供给的生力军，在公共体育服务供给过程中，其可以利用自身的灵活性、自主性为公众提供大量的准公共体育产品，有效地弥补"政府失灵"。当前，公众的体育需求在日益增加，政府的财政支出却相对在减少，在有限的财政资源状态下，要实现公共体育产品与服务的有效输出，就必须借助市场、社会、公民的力量，把一些技术性较强、政府做不好的也做不到的事务交给市场和社会，政府没必要亲力亲为，亲自"划桨"，应在不放弃公共政策制定、监督调节等职能的情况下，以公共体育利益为依归，通过一种合理的机制来激活市场和社会力量，并形成伙伴关系。

毋庸置疑，作为生力军的体育营利性组织介入公共体育服务供给实践中，有利于发挥政府与市场各自的比较优势，提高公共体育服务供给质量与效率，满足公众多元化、个性化的体育需求。但是这也存在一些诸如由于政府与体育营利性组织信息上的不对称而出现"道德风险"与"逆向选择"、公平性与公正性流失、市场不足与市场过度的问题，使其供给质量与效率难以得到有效的保障。

为了更好地发挥体育营利性组织的优势，又要避免其不足，我们将体育营利性组织的角色定位于"互利双赢"。原因在于体育私人部门以利润的追求作为内在的动力，寻求利润的最大化，但是在公共体育供给过程中引入体育营利性组织主体进行市场化改革，不是单纯地为了营利，更应是为了促进公共体育服务的优质发展，为广大公众提供更多、更优质、更满意的产品与服务。因此，互利双赢体现在两个方面：一方面满足体育营利性组织追求利润的动机，使其能获得丰厚的利润回报；另一方面实现公共体育服务供给成本最低与效率最大化的效果。简言之，既要考虑体育私人部门的利益，又要兼顾民众的满意度。为了实现互利双赢，需要注意如下问题：

第一，合理界定体育营利性组织供给范围，发挥其在准公共体育产品生产环节的竞争优势。体育公共产品是一种公益物品，对于纯体育公共产品的供给，如奥运争光项目、体育后备人才的培养、体育法规、科学研究、弱势人群的健身服务以及现阶段无法市场化的田径、举重、射击等运动项目应该由政府承担，不宜推给体育营利性组织进行市场化。而在诸如体育技能培训、体育基础设施建设、体育场馆、体育信息服务、体质监测、公民健身等准公共体育产品领域，应发挥体育营利性组织的资金与成本优势，进行专业化的生产与经营，通过政府给予补贴与政策优惠或者与政府合作提供等方式，使体育非营利性组织获得利润回报，优化体育资源配置，提高供给的质量。

第二，发挥体育营利性组织在决策、绩效评估环节的优势。公共体育服务协同供给对公共体育服务的决策与绩效评估环节提出了更高的要求，体育非营利组织在市场调研、信息获取与分析、项目的可行性分析、审计评估方面具有专业技术与经验，要实现互利双赢，需要发挥其在供给实践中的决策和评估、履行独立判断能力的专业优势。

第三，对体育营利性组织进行有效监督，发挥政府"有形之手"的作用。体育营利性组织参与公共体育服务供给不一定能带来效率，关键在于公平竞争，以竞争带来效率的提升。政府应该建立公平竞争的环境，确定质量与数量标准，加强信息公开，对营利性组织的绩效进行有效监控。

3. 体育非营利性组织：补充共享

体育非营利性组织隶属于非营利组织，非营利性组织（NPO）有非政府组织（NGO）、公民（市民）社会、民间组织、第三部门、慈善结构、自愿组织等多种说法，但实质上并无区别，具有非营利性、自治性、志愿性、民间性、组织性的特征。体育非营利性组织是体育领域的非营利性组织，是独立于政府与市场之外不以营利为目的的体育社会组织，包括体育社团（如体育总会、单项运动协会、体育科学学会、人群性体育协会等）、体育基金会、体育民办非企业（如民办的体育学校等）、未在民政部门登记的体育社会组织（亦称草根体育社会组织）等。关于非营利性组织的角色定位，戴维·奥斯本、特德·盖布勒提出"非政府组织承担一些政府部门不该做或做不好，企业做却未必有效的社会事务"。盖伊·彼得勒在《政府未来的治理模式》中强调用政府的力量去培育和发展更多的第三部门，用来提供公共物品。具体到体育非营利性组织，其参与公共体育服务供给是政府和市场之外的第三条道路，政府在供给中需要改变角色，打破垄断供给，让体育非营利性组织成为重要的治理主体，形成合作治理模式，利用其灵活、精干、专业及高效的优势承接政府的公共体育服务职能，以弥补政府失灵与市场失灵，更好地满足民众多方面的体育需求。

毫无疑问，体育非营利性组织的出现打破了传统公共体育服务供给中政府与市场二元并存的局面，形成了政府、市场、社会三足鼎立的局面。因此，我们把体育非营利性组织的角色定位于"补充共享"，补充在于体育非营利性组织是公共体育服务治理不可或缺的一员，在一些领域发挥政府和市场无法企及的作用，可弥补政府与市场的治理盲区；共享在于其非营利性、自愿性、民间性的特征。

萨拉蒙在《公共服务中的伙伴：现代福利国家中政府与非营利组织的关系》中提出的"第三方治理"理论为非营利性组织参与社会治理奠定了理论基础。公共体育服务引入体育非营利性组织这一治理主体，是希望充分发挥其治理上的优势。在公共体育服务协同供给中，体育非营利性组织的优势主要体现为：

第一，贴近民众，满足特定群体的利益要求。

体育非营利性组织倡导奉献精神，以公益价值为目标导向。其公益价值取向使其与公众之间能获得更紧密的联系，更能建立信任关系。一些体育非营利组织如老年体育协会、残疾人体育协会以社会弱势群体或边缘群体为服务对象，使其更能获得公众的支持与认可。贴近民众，获得民众的认同感也是其获取社会支持的重要提前。体育非营利性组织目标单一明确，针对特定的社会问题或社会群体，可以满足特定群体的利益要求，缓解公共体育服务的需求压力。

第二，行动灵活，数量众多，服务范围广泛。

体育非营利性组织往往具有行动方便、反应更迅速、适应环境能力强、根植于社会、数量众多、服务范围广、覆盖面宽的特点，行动灵活，相比于政府组织更能快速捕捉公众体育需求并对其进行有效应答，弥补政府与市场失灵。

第三，组织专业性。

针对特定问题、照顾特定对象，使得体育非营利性组织在其服务的特定领域积累了丰富的经验，具有组织专业性。一般而言，专业性组织更具效率与效能。因此，在公共体育服务治理中应发挥其专业效能，提升供给质量。

当然，体育非营利组织也存在自身的局限性，在参与供给过程中也面临着如下现实问题：

第一，体制上政社不分、管办分离不彻底。

长期以来我国的体育管理体制中实行的是各项目管理中心与体育协会"两块牌子，一套人马"，政府体育行政部门掌握着重要资源与决策权。这种政社不分、管办不分的体制上的弊端是体育社会组织依附于体育行政结构，削弱了体育社会组织的主体地位，使其功能未能有效发挥，影响了公共体育服务供给绩效，这也有悖于协同供给的理念。

第二，未形成有利于体育非营利组织发展的长效机制。

当前体育非营利性组织承接政府及体育行政部门公共体育服务职能的方式主要是政府购买与委托服务。然而，购买与委托服务在体育领域还是新鲜事物，处于初始阶段，政府向体育社会组织购买服务并未形成科学规划，缺乏法律依据保障、严谨的购买流程与系统的绩效监督与评价机制。此外，体育非营利性组织承接服务存在的资金不足、设备与人才匮乏的问题依然没得到有效解决，缺乏稳固的资源配置机制。

第三，在法律方面缺乏刚性支撑。

当前我国在社会体育组织管理法律和法规方面只有一些零星的、不成体系的临时规定，尚没有出台有针对性的较为全面的《社会组织法》，在《社会团体登记管理条例》《民办非企业单位登记管理暂行条例》等条例中对体育社会组织的实体性规范也显不足。即使在《体育法》中对社会体育组织的定位、发展的职能与性质等方面也缺乏详细明确的阐述。再者，体育社会组织作为政府购买的客体并未在《政府采购法》中体现，没有将其列入购买的范围，使得政府向体育社会组织购买服务在法律上缺乏依据与保障。一些基层体育社会组织依据《社团登记管理条例》的相关条款也无法正式进行登记。在民政部门登记注册的体育社会组织数量占实际总数量的 8％—13％，对其人员、经费、活动开展情况难以进行有效的管理。由于在法律方面缺乏刚性支撑，体育社会组织在发展速度、规模以及在公共体育服务治理中功能作用的发挥受到了极大的制约，不利于其桥梁与纽带作用的发挥。

第四，在自身内在方面存在着能力不足的问题。

其一是专业人才缺乏，没有固定的人才渠道，体育非营利性组织的从业人员大多是以兼职为主，专职人员很少，缺乏足够的专业培训与教育，人员专业素质普遍不强。其二是资金、设备等方面的缺乏。其三是内部管理松散，缺乏规范性。其四是独立自主性缺乏。其五是部分非营利性组织受营利性动机驱使，偏离了非营利性的宗旨。这些内在能力上的不足与缺陷导致体育非营利性组织在公共体育服务供给中存在承接服务能力不强、目标不明确、供给效率低等问题，也影响了政府和公众对其的认同度及其公信力的提升。

为了更好地发挥体育非营利性组织在公共体育服务治理中的"补充共享作用"，提高其承接公共体育服务的能力，有如下建议：

第一，政府从不擅长的领域退出，在体育社会组织能做好的领域，坚决让位，做到政社分开，形成"小政府、大社会"的治理格局，对具有"官方"与"半官方"的体育非营利性组织，彻底脱钩，消除体制上的弊端。建立促进体育非营利性组织发展的长效机制，在财政、税收、投资管理、法律等方面加大对其引导与扶持的力度，建立监督机制，在绩效考核上引入由专家、学者、媒体代表、社会大众构成的第三方评估机构，促使其不断强化内部管理，提高供给质量。

第二，体育非营利性组织要加强自我建设，创新自我管理，建立激励与约束机制，完善责权清晰的法人制度，增加自身的专业性与独立性，提高自治能力。充分发挥其在公共体育服务治理中的效率和社会层面上的优势，释放其在供给方面的正向潜能，使其在公共体育服务供给中承担自己最优化的职责，构建与政府的伙伴关系。

4. 社区（体育自治组织）：承上启下

社区是社会学的基本范畴之一，其概念目前学界尚未统一（据统计大约存在着100多种定义）。美国社会学家帕克和麦肯齐认为社区是社会团体中个人及其社会制度的地理分布。范中桥把社区定义为"聚居在一定区域内的人所构成的一个生活共同体，彼此之间形成多种复杂的社会关系，产生一定的心理认同感与归属感"。社区具有政治、经济、文化、服务等多重功能，本质上是社会组成部分与治理单元。

社区参与公共体育服务供给主要依托社区居民委员会、体育工作站、体育服务站（体育服务中心）、社区体育俱乐部、社区草根体育组织、社区协会等组织。居委会是社区的组织管理者，是主体性自治组织，加强基层党组织与政府的领导，提高社区居委会自治能力是社区建设与发展的关键。居委会代表着全体社区居民的利益，具有基层性、群众性、自治性的特征。社区工作站与服务站常作为居委会的工作机构，在居委会的指导下开展工作，抑或是工作站作为街道办事处在社区的派出机构完全独立于居委会，成为与居委会并行且分担不同职能的组织。社区居委会在体育工作站、体育俱乐部、体育服务站的密切配合下，可以组织社区居民开展体育健身活动，处理社区体育事务，为社区居民提供体育设施、健身指导、体育活动、健身知识与信息等方面的公共体育产品。

国外在公共体育服务供给方面十分重视社区的作用，在加拿大多伦多地区，公共体育服务基本上是由该区的 81 个社区组织提供，体育业余赛事、体育技能培训、体育需求的表达等主要依赖社区，政府主要提供财政上的支持。在我国也出现了一些典型的具有代表性的社区公共体育服务供给模式。例如，安徽铜陵采取的学校、社区、政府三结合的模式，学校负责场地设施、师资方面的内容，政府对场地开放的学校给予一定的资金补助，社区为学校学生的实习与思想教育提供平台，通过三者的结合，有效解决了社区在公共体育服务供给中的资金、场地与人力资源不足的问题；深圳盐田区实行的是"一会两站""议行分设"（决策和执行分离）的模式，"一会"是指社区居民委员会，主要负责公共体育服务供给的内容、供给的方式、供给的数量等，并由社区居民与体育组织进行决策，而具体执行的任务则委托给"两站"，即社区工作站与社区服务站。

作为公共体育服务供给主体，社区应扮演何种角色？发挥何种作用？社区是社会的治理细胞，是一切社会工作的最终落脚点，承担着满足社区全体居民体育需求、维护社区全体居民体育利益的职责，社区在公共体育服务供给过程中应发挥穿针引线和治理桥梁的作用，协助基层政府为社区居民提供优质的体育产品与服务。

"上面千条线，社区一根针，一切工作最终要落实在社区，贯彻在社区"是对社区角色与地位的很好的诠释。社区在公共体育服务治理中有着易于动员社区成员、信息收集、信息发布、资源整合、利益协调以及管理与交易成本低等方面的优势，是"自上而下"与"自下而上"结合的重要主体，充当着承上启下的角色。具体表现为：其一，承上以协助政府。对上而言，收集第一手资料并表达、递送给政府及体育行政部门，充当居民体育需求的表达者、体育权益的伸张者与维护者，积极开展社区全体居民的体育自助与互助，协助基层政府提供社区公共体育服务。社区干部在了解居民信息、获取居民的体育意愿和诉求方面更具优势，他们可以代表居民意愿，根据社区自治组织（居委会、居民代表大会）的决议，向政府表达居民体育需求、提供决策建议、反馈政府意见，抑或同政府进行博弈。其二，启下以联系群众。对下而言，社区可以把国家体育政策、体育发展目标、政府体育职能转变与社区居民的体育权益相联系，充当国家体育政策和法律法规的宣讲者、健身知识的传播者、公共体育活动的组织者与服务者的角色；协助体育职能部门落实全民健身政策，组织居民开展形式多样的体育健身活动，提高社区居民体育参与的积极性与健康水平。

5. 公民：有效参与

公共体育服务协同供给与公民参与具有强大的关联性，作为重要的治理主体之一，公民及其参与，是协同供给中的重要一环。公民作为公共体育服务的对象（消费者）与多元供给主体，其特殊的双重身份在公共体育服务供给中起着举足轻重的作用。高效有序的公民参与有利于提高公共体育服务供给的绩效，化解公民日益增长的体育需求与供给不足的困境，缺乏公民的参与，公共体育服务将失去协同的对象与基础，治理的低效将不可避免。公共体育服务供给实践中的公民参与是指公民个人或公民团体有序参与公共体育服务治理的过程，是政府主导下的公民个人及其组织自治的过程，在此过程中实现了公民从被管理者到积极的参与者角色的转变。把公民的角色定位于有效参与有三个层面含义：第一，参与的范围广，利益相关者的公民都可以参与协同供给的过程；第二，参与的程度深，公民有权参加公共体育服务供给实践的全过程，表达自身体育需求、参与政府决策制定与执行、对公共体育供给活动进行监督、对供给绩效进行评价与反馈；第三，参与过程有序。

现实中，公共体育服务中公民参与的情况不容乐观，存在着诸多困境，体现为：

第一，公民参与精神匮乏——囿于动机、意识与能力限度。

首先是动机功利、理性不足。漆国生指出公众参与公共服务过程的基本动机和动力是追求个人效用最大化。由于参与集体行动需要花费公民一定的时间、精力等成本，作为"经济人"的公民更倾向于做一个"搭便车者"，存在着"理性的无知"，在参与中往往把自身利益放在第一位，很少关心自身在公共体育服务实践中发挥的作用，在涉及公共利益的公共事务问题上，更多的是寄希望于政府，不愿参与公共服务，即使参与了也是消极对待。这种功利的价值取向违背了公共体育服务的公益性目标，制约了公民参与能力的提升。其次是参与的主体意识、权利与责任意识认识不清。其习惯性地把自己定位为被管理者与单一的消费者的角色，主观认为参与也只是表面工作，对公共体育服务政府决策不会产生任何干预。公民参与公共体育服务治理不是出于社会责任和对权利与义务的认知，而是为了表达自身利益或解决自身问题，缺乏正确的主体意识、权利与责任意识。再次，公民的参与素质与能力不足以回应有效参与的现实需求。这主要体现在两个方面：其一是公民缺乏应有的知识储备与体育专业技能，信息的获取能力与分析能力不足，理解沟通能力不强，由于个人在教育程度、财富与社会地位等方面的不同，公民参与的能力表现出明显的差异性，在一定程度上影响着公民参与公共服务的广度与深度；其二是参与行为主要表现为分散的个人化而非组织化，参与的组织化程度不高，未能形成有效的参与网络。

第二，公民参与渠道狭窄，参与程度不深，信息不透明，参与成本高。

社会结构与公民价值取向的多元化，客观上要求建立多元化、多层次的参与渠道以表达公民的需求偏好与利益诉求。然而，现实的公共体育服务供给实践中，存在着参与渠道狭窄、参与不畅、参与机制不完善等问题。在参与环节上，主要体现在供给环节（如参与体育设施经营、承办体育赛事、开展体育指导培训等），而忽略了关键的决策环节。在监督与绩效评估环节也存在着有效性与自主性不足的问题。此外，政府与公民之间的"信息不对称"使得政府透明性不够，公民知情权难以保证，公民参与实践的信息成本过高，制约了公民参与的兴趣与积极性。

第三，公民参与缺乏法律法规的支撑保障。

在公民参与公共体育服务治理的实践中，法律法规体系不健全，制度的保障作用不力的问题比较突出。地方政府在公共体育服务治理过程中探索性地制定了公民参与的相关规定，但系统性不足，随意性较强，公民参与的广度、深度取决于政府的重视程度，效度上情况不一。甚至会出现忽视公民参与权，把其转变为政府的自由裁量权的问题。

为了化解当前的参与困境，实现公民参与公共体育服务的职能，需要在如下方面做出努力：

　　第一，塑造积极的公民精神、提升参与能力。

　　公民精神的培育取决于公民对权利、义务的认知与认同，其核心是公共意识与公民责任。权利与义务相辅相成，公民在被赋予参与国家体育公共事务的权利的同时，也必须承担相应的责任，维护公民的公共利益。只有树立了公民的参与意识、主体意识、权利与责任意识，才能有效消除公民参与的动机问题。公民参与能力的提升除了通过教育与学习培养以外，更重要的是向公民与社会放权，引导公民由分散的个体参与走向以体育社会组织为依托的参与网络。分散的公民个体在诉求表达、权利维护上相对于公民组织与团体有其先天不足。参与网络的形成有利于整合公民的力量，提升公民在公共体育服务供给过程中的权利保障能力、对话沟通能力、利益与目标协调能力。

　　第二，构建多元的参与渠道，增强信息透明度，降低参与成本。

　　公共体育服务从实质上来说就是一个以公民需求为导向的，发挥各主体资源禀赋，协同供给体育公共产品与服务的过程。在供给全过程中需要形成多元化的参与渠道。针对公民参与渠道狭窄、运行不畅等问题，一方面可以采用传统的诸如人大、政协、街道、居委会、市民信箱、热线电话、广播电视等渠道以递送公民的体育诉求；另一方面可以借助现代电信技术，充分利用互联网平台与手机移动终端，构建渠道多元、立体与高效能的公民参与网络（如多媒体服务平台、政府会议直播等）。同时，进一步完善信息公开制度、听证制度、查询制度、行政决定公开制度、服务承诺制度等。解决公民参与实践中公民与政府信息不对称的问题，进一步完善信息公开法律法规、流程与组织体系、信息回应机制、政务公开考核机制等。加强电子政务特别是信息服务平台的建设，利用互联网这一信息共享平台，创新公民参与实践的模式，使其通过电子政务更直接、快速、准确地传递信息，降低公民参与实践的信息成本，激发公民的参与意愿与积极性。

　　第三，坚持"以人为本"的理念，健全相关法律法规。

　　政府应充当公民参与积极倡导者的角色，在实践中改变"我决策你执行"的传统路径，问情于民、问需于民、问计于民、问绩于民，注重公民的平等参与权与话语权，塑造公民参与文化，引导公民参与公共体育服务实践。此外，国家应设立专门的法律法规以弥补我国现行法律中没有专门针对公民参与的立法，明确公民参与的权利范围、具体的实施路径与程序保障等，同时，在公民参与公共体育服务决策、生产、监督与问责、绩效评估等方面亦应设立相应的规章制度。

　　（二）相互关系

　　公共体育服务协同供给中，政府与非政府供给主体之间并非领导与被领导的从属关系，而是协作互动的伙伴关系。这种伙伴关系是指众多主体中（政府及体育行政部门、体育营利性组织、体育非营利性组织等）两个或两个以上主体间任何的合作关系，以确认并进而寻求一种解决共同问题的联合途径。只有深度依赖伙伴关系的构建，才能有效应对现实中公共体育服务治理的复杂性、动态性与多样性的问题。具有伙伴关系的各主体之间形成网络状的组织结构，分散在网络节点中的各主体实现在不同地点不同供给领域的功能与物质的耦合。在这种网状结构中，政府及体育行政部门发挥着主导作用，相当于人体的神经系统，一方面在公共体育服务治理过程中发挥引导功能，通过制度创新去引导、规范、协调各主体的供给行为，促进协同供给模式的构建；另一方面，发挥"元治理"的作用，实现政府从微观管理者向宏观调控者、从裁判员向运动员、从全能政府向有限高效政府转变，致力于对多元主体参与公共体育治理实践总体的指导。非政府供给主体相当于人体的各功能系统，各司其职、各尽所能，密切配合神经系统，发挥各自的功能优势与资源禀赋，实现协同增效的整体行动。当前，我国市场经济体制仍不完善，社会团体发育还不成熟，体育市场主体成熟度不高，体育非营利性组织在公共体育服务治理中能力较弱，社会认同度不高，公民有效参与不足，因此需要政府在政策、财政上给予引导与支持，提高非政府主体参与体育治理实践的能力。

第二节　公共体育服务供给机制的演化与变迁

一、特征与动力：公共体育服务供给机制演化

公共体育服务作为我国社会时代发展的重要内容以及我国体育事业进步的关键要素，在不同的时间节点和发展阶段都发挥着促进人民健康幸福、保障群众生活质量的作用。新时代公共体育服务机制的演化与行政体制改革、国民经济发展、社会制度进步、大众体育需求扩展有着密不可分的联系，良好管理体制的运行、生产水平的提升、经济资本的助推、社会组织的强化、健身需求的增加、科学技术的进步、消费理念的升华等都将会直接或间接牵引着公共体育服务机制的嬗变。在社会发展的各个时段，受到不同环境背景与各类意识形态的影响，公共体育服务供给模式是存在较大差异性的。相对而言，机制演化的内容特征与动力要素顺应着公共体育服务发展的逻辑规律，认知机制演变的内涵及外延将更有助

于解析公共体育服务供给的发展历程与未来趋势。

（一）公共体育服务供给机制演化的特征分析

1. 供给主体

公共体育服务的供给主体是指提供民众体育健身锻炼等相关服务活动的供给方与供应者。在公共体育服务供给发展进程中，起初主要是政府部门作为公共体育服务供给的单一中心主体，既扮演"决策者"又扮演"管理者"和"执行者"等多重身份，几乎囊括了所有公共体育服务活动的施令与操作。随着我国改革开放政策的实行，市场经济逐渐起步，社会组织不断壮大、扩充，人民生活水平得到快速提升的同时政府部门已无法凭借独一力量承担起公共体育服务供给的重任，以市场与社会组织为主体来提供公共体育服务的情况就此显现，打破了政府组织全权负责公共体育服务供给的局面，有助于增加公共体育服务供给的质量与效率、激发市场竞争活力。至此公共体育服务供给主体呈现出多元化角色，政府行政部门、市场企业（营利性体育组织）、社会组织（非营利性体育组织）等构成了提供公共体育服务活动的主体单位。

2. 供给方式

公共体育服务供给方式的演化是伴随着供给主体的不断增加而多样发展的。起初主要是采用科层制上传下达的"直线命令"管理模式，政府部门直接提供公共体育服务内容，依据行政上层合法决策进行"硬式"公共体育服务供给。随着我国政治体制逐步改革，政府机构内部之间开始尝试单位部门相互协作供给公共体育服务，增强了协同合作性质的供给方式；再加之经济的快速发展与各业态逐渐繁荣，政府与市场企业、社会团体组织合作供给公共体育服务的行为得到验证，政府购买服务普遍受到地方政府部门青睐；特许经营、合同外包、凭单与补助等形式的应用也极大充裕了公共体育服务的供给方式，以此可弥补地方政府供给不充分的短板，相对减轻了行政机构的财政压力；同时，在市场经济演化背景下公私合伙制（PPP）模式更是目前所推崇的有效供给手段之一，而志愿服务、捐赠、非营利性收费等公共体育服务供给方式也开始有所呈现，混合多元化供给已成为当下公共体育服务供给发展的主流方式。

3. 供给内容

公共体育服务供给内容的演化同样是由纯粹单一性到层次多样性的发展过程，供给内容领域也是随着供给主体与方式的多元而变得愈发丰富。初始公共体育服务仅仅是纯公共健身服务活动、纯体育事业服务供给，围绕着政府行政部门直接进行供给服务，强调公共体育活动的服从性、集体性。改革开放后我国政府更加重视群众体育与竞技体育的发展，公共体育场地设施、群众体育组织活动等供给服务开始明显增加，再伴同市场经济结构的升级，生产消费性的公共体育服务供给内容逐渐浮现，顺应人民的现实体育需求，大众体育赛事组织、锻炼健身指导活动等服务供给开始增多，相应配套的体育信息服务与体质监测服务等内容也有所拓展。至此，公共体育服务供给内容在各环境要素的需求下演化出公共体育场地设施服务、体育锻炼健身指导服务、公共体育组织服务、公共体育信息服务、公共体育赛事服务、公共政策法规服务、国民体质监测服务等一系列内涵体系。

4. 供需矛盾

供给与需求的矛盾是相互依存、相互适应又相互对立存在的，公共体育服务供需矛盾的演化发展是对立统一的辩证过程。新中国成立初期，供需矛盾并未出现端倪，但随着市场开发与社会繁荣，公共体育服务需求逐渐开始层次化、多元化、个性化，公共体育服务选择偏好日益广泛，同时市场失灵、社会失灵等问题的出现，深化了公共体育服务需求与供给不充分之间的矛盾。在社会流动、地域参差发展等相关要素的影响下，公共体育服务需求受益群体的复杂性与差异程度逐步加剧，所以选择较为恰当并具有针对性的协同供给模式才能更好地突破供需闭塞。不过可观的是，伴随我国政府部门对于群众体育发展的愈发重视，当下体育供给侧改革得到推进，更多关联制度和政策正在完善过程当中，民众参与公共体育服务的供给方案拟订、需求偏好表达等也正予以实施，赋予供给模式的创新会在未来使公共体育服务供给更加人性化、科学化、实际化。

（二）公共体育服务供给机制演化的动力分析

1. 行政体制的管理改革

我国行政体制管理改革是公共体育服务供给机制演化的内在动力因素。初期公共体育服务的供给由政府行政机构全权包揽，政府作为唯一的供给主体既承担着管理职责又扮演着生产者的角色。随着时代的推进，市场机制的引入虽然逐步打破了政府行政部门对于公共体育服务供给的垄断，政府的职能与规模也在不断拓宽发展，但政府财政压力过大、服务供给能力低的问题依旧未能得到有效解决；同时，公共体育服务碎片化与政府部门组织的功能异化也开始浮现，传统公共体育服务供给管理模式已无法很好地适应人民对于体育锻炼的需求。不过进入21世纪后，随着我国行政管理体制的深化改革，本着为人民服务宗旨的"服务型政府"理念促进了公共体育服务供给机制向着多元化、协同化发展。

2. 经济发展的快速运行

我国经济发展的繁荣与商品消费能力的增长是公共体育服务供给机制演化的关键动力因素。随着我国的改革开放，原先的计划经济过渡为社会主义市场经济体制，私营部门开始承担起公共体育服务的部分供给职能；加之受到经济全球化与市场政策活力的助推，公共体育服务供给市场化模式加速形成，多样化的公共体育服务产品供给拉开序幕，政府部门与市场主体合作参与服务供给的形式也由此显现，经济发展的快速运作时刻促进着公共体育服务供给机制的变革与创新。

3. 社会组织的发展壮大

我国社会组织等第三部门的发展壮大是公共体育服务供给机制演化的间接动力因素。起初我国的社会资源较为匮乏，体育社会团体组织发展几乎未能得到应有的重视，社会组织参与公共体育服务的供给也未曾谈起。而在我国改革开放之后尤其是党的十四大确立了建设社会主义市场经济为发展目标以来，体育社会组织的数量与规模逐步拓展，体育社会组织运行的体系环境不断完善，社会体育指导员的工作范围也在快速加宽，如此体育团体等社会力量的主体培育与强大对公共体育服务发展起到了催化作用；同时，伴随社会制度的健全，我国第三部门非营利性供给、志愿供给等也逐渐在公共体育服务发展中凸显，为此社会组织合作参与公共体育服务的供给机制获得重构与萌发。

4. 民众增长的健身需求

我国民众日益增长的体育锻炼需求是公共体育服务供给机制演化的基本动力因素。随着经济繁荣、社会演进以及人民生活水准与健康意识的提升，群众逐步增长的体育健身需要与落后的公共体育服务供给之间开始产生矛盾，公共体育服务供给客体偏好的差异性扩大，无论何种供给主体都很难单方面覆盖民众的全面公共体育要求，公共体育服务供给侧改革势在必行，由此混合公共体育服务供给模式逐渐开始显露。除此之外，网络信息化、全球资本化等新兴载体的发育也促进了民众对于体育健身需求的延伸，间接推动着公共体育服务供给机制的革新与优化。

二、历程与阶段：公共体育服务供给机制的变迁

新中国成立以来，无论是政治、经济还是社会、文化等领域都经历了翻天覆地的变化，社会制度蜕变的影响延伸至各个方面，尤其我国公共体育事业的发展经历了从贫瘠匮乏到丰富完善的逐步变迁，公共体育服务供给机制也经历了从新中国成立初期的一片空白到目前的多元参与的变迁历程。基于此，依据主要的政

策变革、重大的历史事件、关键的时间节点、社会经济的发展水平等因素（改革开放政策的实行、社会主义市场经济体制的确立、北京奥运会的成功举办），我们将公共体育服务供给分为四个发展阶段，由此总结各阶段公共体育服务供给的背景、模式、特征，从而为新时代公共体育服务供给的发展趋势、困境与出路做出定位和辨析支撑。

（一）政府单一供给建立阶段（1949—1978 年）

自 1949 年新中国成立至 1978 年中共十一届三中全会确立开始实行改革开放政策的这一时期，我国的公共资源较为短缺匮乏，社会制度与经济建设处于起步阶段，"公共体育服务"的概念尚未明确提起，政府部门是公共体育服务供给的单一主体。所以此一时期的政府行政组织扮演着多重角色，对群众体育的发展更加强调行政命令式的领导模式，主要由 1952 年成立的国家体委与中华全国体育总会负责与督促全国的体育事业工作的推进，相关体育产品的供给由政府机构全权包揽，同样也由政府单位出资建设。该阶段的公共体育服务供给发展较为隐晦，还缺乏适当的竞争动力机制，体育事业的公共服务能力和供给水平较低。

（二）部门合作供给初探阶段（1979—1992 年）

自 1978 年开始实行改革开放政策至 1992 年提出以社会主义市场经济体制为建设目标的这一段时期，我国明确了以经济建设为中心的发展工作任务，群众体育事业领域也得到了相应的重视。虽然公共体育服务供给的发展环境得到了一定的改善，但在建设初期我国的公共体育事业还处于恢复阶段，人均体育消费实力与体育市场贸易水平受"路径依赖"等因素影响发展依旧缓慢，政府行政单位仍然是此时公共体育服务的主要供给主体。不过此阶段供给渠道的狭隘与财政压力的增大使得国家体委等行政单位已经逐渐意识到公共体育服务不能仅采取单一供给模式，行政机构内不同部门间的互补式供给模式开始形成，以弥补公共体育服务供给短缺的现象，公共体育服务合作供给处于初探阶段。

（三）市场嵌入供给萌发阶段（1992—2008 年）

自 1992 年我国提出以社会主义市场经济体制为建设目标开始直至 2008 年北京奥运会成功举办的这段时期，我国的经济水平、社会文化、科技力量等得到快速发展，在此背景引领下体育事业迅猛前进，群众体育的社会化与市场化进程突出，相关体育场馆设施、体育俱乐部、体育培训单位等组织逐步转为半企业化以及企业化运行模式，市场嵌入公共体育服务供给发展获得有力实施。市场的融入扩大了公共体育服务供给的资金来源渠道，丰富了服务产品结构，提升了公共体育服务供给的竞争力度，同时随着《全民健身计划纲要》与《体育产业发展纲要》等文件的颁布实施，公共体育服务多元供给模式初步成形，政府部门的职能改革促进了市场及社会资本力量参与公共体育服务供给的动力。此阶段公共体育服务供给处于快速发展时期。

（四）多元混合供给发展阶段（2008 年至今）

自 2008 年北京奥运会成功举办后直至当今的这段时期，人民的生活水准稳步提升，加之各类社会环境等因素影响，我国群众对于体育运动的热忱与体育服务的需求日益增长，政府、市场、社会组织等公共体育服务供给主体范围逐渐拓宽，开始构成公共体育服务多元混合参与供给模式的雏形，全民健身与体育产业高速发展联动了政府购买公共体育服务的运行，特许经营、公私合作制等新型公共体育服务供给模式开始呈现，同时还包括第三部门在内的众多社会民间体育社团、非营利组织以及志愿团体也是公共体育服务供给发展的有力助推者。但是在公共体育服务快速迈进的背后依旧面临着民众对于体育健身多样化需求与服务供给发展不充分、不平衡之间的矛盾等问题，当前公共体育服务的资源还有待于继续整合优化，服务的供给体系与供给标准也亟须建立健全。

三、趋势与困境：新时代公共体育服务供给机制发展

回顾新中国成立以来公共体育服务供给机制的演化与变迁规律，我们认识到公共体育受国家政治、经济、文化等多重因素的影响而产生了服务供给模式上的巨大蜕变，在进入新时代后公共体育服务事业的发展稳步前进，目前公共体育服务供给朝着多层、多元、多维方向发展，但同时也面临着相应的聚力困境与向上瓶颈，所以如何突破公共体育服务供给机制的发展阻碍？如何提升公共体育服务供给的运作效率？如何甄别与选择适合当下我国国情发展的公共体育服务供给路径？这些问题都还有待于仔细斟酌与思索。

（一）新时代公共体育服务供给机制发展的趋势分析

随着我国供给侧结构性改革的持续进行，公共体育服务供给机制也一直在变动升级，整体来看未来更加全面的多元协同供给是发展的必然趋势。目前我国部分地区已经逐步实施公共体育服务合作协调式供给发展模式，下面以具有先行示范作用的常州市公共体育服务供给发展模式为研究案例进行论述分析。

常州市作为江苏省的地级市，经济较为发达。常州市尤为重视公共体育服务体系的实施建设，积极探索公共体育服务合作供给发展途径，注重体育消费市场

和社会团体组织的打造与构架，先后出台了促进公共体育服务合作供给的政策文件，要求部门之间相互协调合作，着重实行政府购买公共体育服务的方式，采取招投标手段鼓励市场与社会组织投入公共体育服务的供给体系中，拓宽服务供给的资金来源渠道，丰富服务供给的内容样式，同时尽力完善公共体育服务的监督与绩效评价机制，并建立起相应的奖惩与信任管理制度。

一方面，在"服务型政府"理念下，常州市政府部门的职能转变得到进一步实施，相关行政机构鼓励市场企业单位与社会组织机构加大对公共体育服务供给的力度，政府部门开始由"操作执行者"转向为"监督管理者"的角色，在依旧由政府主导的情境下，政府部门首要供给公共体育服务的职能有所弱化，市场与社会组织的供给能力开始加强；另一方面，常州公共体育服务供给主体越发呈现出多元发展形态，由政府部门、市场、社会组织承担公共体育服务供给的主要职责，在供给主体多元成长的同时供给内容也呈多样化、多层次发展趋势，借助当地的政府购买服务政策，私营部门参与公共体育服务供给的数量快速增长，自发性、公益性、志愿性等第三方体育社会团体在公共体育服务供给中也开始崭露头角。此外，我国的许多地方政府也正在发展公共体育服务混合多元供给模式，将公共体育资源进行优化整合，顺应服务供给主体间的协调合作，为此多元协同供给趋势将会是公共体育服务未来发展的内在逻辑与现实选择。但同时不得不承认的是，目前公共体育服务协同供给机制还未全面更新完善，现有的服务供给机制还存在一定的运行缺陷与弊端。

以常州公共体育服务供给机制发展状况来看，目前部分显现出"政府—市场—社会"三轮协同驱动公共体育服务供给运作的结构态势，同时以此纵观全国公共体育服务供给发展，虽然受到经济水平影响存在东、中、西部的地域差异，但可瞭望供给机制发展或得以延伸出网格化、整体性、多中心几大主流方向。(1) 网格化公共体育服务供给。尝试建立起一种平等互惠、权责明晰、合作共赢的弹性网格化空间结构，促成公共体育服务供给主体之间协商共治的发展新格局，采用协同合作机制破除分割式供给情境，优化公共体育服务供给结构的资源配置。(2) 整体性公共体育服务供给。借助有效沟通共享渠道使得供给参与者凝聚成"命运共同体"，此种"共生原则"紧密地将公共体育服务政策、资金、人才、技术等资源整体运作从而实施供给，保障各供给主体自身利益的同时助推公共体育服务均衡发展。(3) 多中心公共体育服务供给。双边或多方维度的公共体育服务供给联合塑造以寻求"善治"机理，让供给主体发挥供给的自组织效用，突出各个公共体育服务供给参与部门的中心枢纽效能，尽可能全面满足群众的实际体育锻炼需求。

（二）新时代公共体育服务供给机制发展的困境分析

目前公共体育服务进入以政府部门为主导，政府与市场、社会组织等主体混合多元供给的局面，供给的内容与形式更加丰富多样，但依旧存在着相关机制运行问题未能得到有效解决。结合当下供给的现状分析主要有以下几个方面发展困境：服务供需不平衡，缺少合理的表达机制；供给权责不清晰，缺乏明确的定位分工；监督管理不完善，缺少标准的评价体系。

1. 服务供需不平衡，缺少合理的表达机制

公共体育服务的供给模式不完全等同于其他公共服务，由于有关体育资源的行政垄断特征，其属性不能完全由市场进行充分供给，在现有的公共体育服务供给体系中，通常供给客体处于"被动"接受的状态。此类自上而下的决策供给模式无法准确了解客体所需的内容与范围，容易造成公共体育服务供给和需求的信息不对称，从而导致供需失衡。需求表达机制的不健全使得公共体育服务供给决策在一定程度上存在盲目性，欠缺服务供给的靶向性。尤其近些年众多地方政府行政部门将群众体育发展状况纳入绩效评估的考核指标中来，在强调拓展实施公共体育服务供给的过程中大多根据上层指示与自身利益进行供给决策行为，未能准确识别民众对于体育锻炼的实际需求，致使公共体育服务供给总量的增长与群众体育发展不相匹配。所以，缺少合理的公共体育服务供给表达机制将无法保证供给和需求的平衡发展。

2. 供给权责不清晰，缺乏明确的定位分工

我国的公共体育服务供给由计划经济时代政府的"大包大揽"演化为当前社会主义市场经济的"混合多元"模式，虽然政府部门的职能得到一定程度的转变，但受传统公共体育服务供给机制的影响，部分地方行政部门提供公共体育服务的方式依旧较为滞后，在多元合作供给方面容易对市场和社会组织实行过多的行政干预，"越位"与"错位"情况时常发生。此外，多元供给主体功能定位的模糊、市场的趋利行为与社会组织能力不足等问题，使混合多元供给在缺乏相应的权责分工机制下容易产生利益体矛盾冲突局面；同时，公共体育服务各供给主体的管理部门之间交错重叠，协调较为困难，有时并不能做到真正意义上的政府、市场、社会组织多元协同供给。

3. 监督管理不完善，缺少标准的评价体系

合理有序的监督管理可以使公共体育服务供给运行机制更加高效，科学的评价体系也可较为准确地认知及反馈民众对于公共体育服务的满意度等现状。但当

前公共体育服务供给领域并未形成健全的评价标准，尤其对于当前所趋向的混合多元协同供给模式还缺乏完善的绩效评估指标，这则容易削弱政府部门、市场、社会组织等供给主体的自身约束力和行动力，致使出现多方"博弈"失衡的局面。同时，当下公共体育服务的治理方式与环境也无法较好地同供给机制相匹配，典型的科层制管理手段缺少运行操作的科学性，难以实际满足民众对于体育锻炼的多样化诉求，加之相关激励机制和问责机制的缺失，使公共体育服务供给动力不足、无的放矢，严重影响了公共体育服务供给的运作效率。

（三）对新时代公共体育服务供给机制发展的思索

随着我国全民健身热潮的到来，民众对于公共体育服务质量提出了更高的要求。公共体育服务的目标与导向是以人民为中心开展的，从供给侧协作视角提高服务供给运行的效度与满意度，突破原先一直存在的服务供给与需求不匹配的问题；同时，合理的治理体系是公共体育服务供给良性运作的重要保障，主体合作间的信任与责任价值是防止供给过程出现"碎片化"现象的关键要素；此外，科学的绩效评估是强化公共体育服务供给可持续发展的重要方式，是提高服务供给决策机制的主要前提，所以健全由多方共同参与的监督评价体系是维护公共体育服务有序供给的保证。伴随着国家治理体系与治理能力现代化的推进，公共体育服务供给模式的发展也得到顺应。尤其在强调协同供给方式下，多元主体参与的供给在整体网络化制度运行中不仅能深化合作信任与协调沟通，还可以充分发挥各供给主体的资源优势，有力提高公共体育服务的供给效能。

1. 时刻以人民为中心，构建公共体育服务多元协同网络供给结构

公共体育服务供给的导向必须是以人民为中心，深入了解民众对于体育健身的多元化需求方向，重视民众参与公共体育服务的体验感，广泛扩展群众涉及公共体育服务的渠道，通过宣传教育培育人民对于体育健身的认知与社会体育底蕴，使民众对于公共体育服务从被动接受转为主动迎合，理顺各参与方的协作关系，提高民众对于体育锻炼的表达机制。在政府部门的支撑引导下，树立以人民的实际体育需求为导向的公共体育服务协同供给机制，降低公共体育服务供给交易的成本，引入公平竞争机制与志愿服务方式，合理倡导社会体育资源的整合配置，采取多种举措激发市场与社会的资本和技术优势力量，将原先规模与范围不大、能力较弱、分散式的供给主体进行结构调整优化，聚焦人力、财力、物力资源实施集中供给。

多元协同是公共体育服供给的主要趋势，也是供需耦合的内生动力。公共体育服务协同供给的操作多样复杂，要明确各参与方之间的权责范畴，清晰供给主

体的功能定位，处理好政府部门与市场及社会组织之间的协调关系，同时还要做好中央与地方各级政府部门之间的运行设计规划。在实际操作过程中，政府部门要转变意识，保证各方在多元协同合作中的平等地位，摒除原先政府部门全权负责、大包大揽的局面，摆脱对于体育资源的垄断与过度干预的现象，强化政府与市场及社会组织等供给部门之间的沟通互联机制，准确识别市场、社会、民众的三方诉求，加深供给主体的相互信任，突出整体的公共体育利益，搭建起公共体育服务供给平台系统，完善体育资源的补充利用，全面提升服务供给的效率，营造公共体育服务多元协同供给的弹性网络结构。

2. 不断巩固公平与效率发展，推进公共体育服务均衡供给

"公平"与"效率"直接关乎公共体育服务资源的整合、分配、再利用，供给非均衡的属性使得"效率"成为公共体育服务供给发展的首要目标。为提高服务的效率，推动公共体育服务的均衡供给，需要让市场起到资源配置的决定性作用，达成公共体育服务市场竞争行为；同时，要拓宽公共体育服务供给的资金来源，树立公共体育金融预算体系，加大平衡性财政支出保障，完善公共体育服务财政税务制度，做好"事前、事中、事后"的全方位嵌入规划，平衡事权与财权的关系，明确公共体育服务收入与支出的分配范畴，健全多层次、规范化的公共体育服务财政转移支付机制，努力实现公共体育资源分配的帕累托最优效应。

由于目前公共体育服务供给的针对性与精准性不足，加之地缘性差异以及经济发展不平衡等因素，致使公共体育产品供给长期处于参差不齐的状态。因此，须加快地方政府部门的服务型体系建设，培养与扶持地方社会体育组织的发展壮大，吸收更多的社会力量加入公共体育服务的供给过程中来；通过"自上而下"与"自下而上"相结合的决策表达手段增加公共体育服务供给的靶向性，着力关注城市与乡镇之间公共体育服务的统筹与均衡发展，尤其须拓展农村公共体育服务的承载范围，建立偏远地区公共体育产品的利益补偿机制，也应重视青少年、老年人、残疾人、社会基层流动人员等部分特殊群体的公共体育服务保障，在全社会的边界下维护好城乡居民公共体育服务的基本权益，促使公共体育服务和谐顺畅供给。

3. 持续优化运行管理模式，提升公共体育服务供给质量

公共体育服务供给的最终目的是满足广大人民群众日益增长的体育锻炼需求，学界所倡导的"多中心"治理迎合了当下供给趋向。公共体育服务高效化发展需要建立健全科学合理的运行管理机制，积极发挥政府部门在公共体育服务供给过程中的引导监督作用，协同各个中心部门的功能运作，规范公共体育服务供

给的运行责任与操作流程；从兼顾"发展与秩序"的视角将民众对于公共体育服务供给的满意度纳入各级政府的绩效考核中，通过评价反馈改善公共体育服务的供需匹配性，进行核心服务供给的整体性调整，纠正相关供给主体的偏差行为，持续强化民主监督参与，使公共体育服务供给的资源配置和运作效果更佳清晰透明。

健全公共体育服务供给的协调机制、推动供给决策行为的标准化与专业化是提升公共体育服务质量的重要手段，从"内生"维度丰富公共体育服务供给方式、创新供给内容，从"外生"层面激发各供给主体参与的积极性，同时应重视公共体育服务的人力资源保障，完善相关人才队伍建设，增加基层供给服务人员的职业化水平，从人才政策扶持、薪酬制度改革、职称公平评定等方面采取措施以增加工作人员的整体专业素质。此外，要因地制宜地建设公共体育服务供给的志愿者队伍，培育高质量的非营利性公共体育服务供给组织。在信息化发展的时代背景下，创建"互联网＋公共体育服务"平台将极大地增强民众参与体育锻炼的便捷性，"大数据＋智慧体育信息"的合理使用为传统体育服务的转型升级提供了创新思路，通过供给侧的多方协调融合提高民众对于公共体育服务的获得感与幸福感。

第三节　国外公共体育服务协同供给的经验与启示

一、国外主要发达国家公共体育服务协同供给的运作模式

相对于我国公共体育服务供给机制的变迁历程，国外公共体育服务体系建设发展起步较早，并经过了长期的经验积累和资本积淀，不同发达国家已经基本形成了一套较为完备的公共体育服务供给运作模式。其中，供给主体随着时代进程与社会制度的演变而逐渐多样化，供给的形式与内容同样获得了丰富拓展。在市场与民众的现实需求推动下，部分发达国家的公共体育服务协同供给模式应运而生。每个国家由于其政治体制、市场资本、社会环境、历史文化等内外部因素不尽相同，所以公共体育服务协同供给运作形式也会不一致，但最终目标都是以满足群众对于体育服务与产品的需求为导向的。本书选取具有代表性的美国、英国、日本、澳大利亚四个国家的运作模式进行分析，以探索其相关内容。

（一）美国公共体育服务协同供给的运作模式

美国公共体育服务的发展时间较长。受工业革命的影响以及第二次世界大战后政府行政改革的推动，美国社会福利体系形成并发展。20 世纪 60 年代末，美国经济运行出现"滞胀"现象，公共体育服务供给并不能与民众的实际需求相匹配，在"新公共服务"理论的影响下，为减少财政压力、增加管理效能，美国各级政府部门开始进行"权力下放"的调整，并广泛拓宽公共体育服务的供给渠道，积极鼓励社会力量加入公共体育服务的供给当中，逐步形成了政府、市场、社会三方协同供给的局面。政府部门主要负责公共体育服务相关政策的制定与修正，宏观上监督与引导公共体育服务供给的内容和方向。例如，"健康公民"计划是在美国联邦卫生与社会服务部共同引导的框架下，促进地方政府、企业单位、社会组织以及其他众多专业健康机构等部门多方合作，以此提高公民的健康生活水平；同时，在法律保障与市场化成长推动下，激发公共体育服务协同供给的良性竞争，市场与社会组织在同政府部门的合作中达成自治，特许经营、社区合作组织（CDG）供给等"同盟"模式得到推广，由此美国公共体育服务是以政府部门为基础地位，让市场与社会组织作为主要供给"安排者"，实现公共体育资源的优化配置。

（二）英国公共体育服务协同供给的运作模式

英国的公共体育服务体系是在第二次世界大战后期逐步建立的。1965 年，英国体育理事会咨询委员会成立，指出公共体育服务是社会福利供给的重要部分，并支持非营利组织加入服务供给体系。但随后政府财政赤字迅速增长，政府部门与非营利组织的公共体育服务供给开始削弱，由此市场部门的经济带动作用得以凸显。在经历制度的变迁与发展过程中，英国政府一直持续鼓励企业与社会组织或者志愿主体参与公共体育服务，目前政府部门主要是在政策与资金上予以监管保障，具体由体育社会组织和市场执行供给服务。在英国各级政府财政投入之外，市场与社会组织的介入也强化了公共体育服务供给的资金来源，并且英国各种类型的体育俱乐部数量众多，其中涉及广泛的志愿者队伍加入社会体育的指导工作，与部分体育基金会成立合作伙伴关系，同时在坚持民众需求导向的前提下，重视协同供给决策，不断获得反馈信息以改善公共体育服务的运行效率。此外，英国社区体育的运作较为高效，多数体育场地设施的所有权归为当地社区，并由地方政府部门负责日常管理工作，企业也会加入社区体育的公共体育服务供给体系中，多以合同外包服务、凭单制以及特许经营权的形式运行，进而促进了政府部门、市场与社会组织等多元主体间的协同合作交流。

（三）日本公共体育服务协同供给的运作模式

自 20 世纪 50 年代起，日本社会经济水平开始复苏并快速发展，在 1961 年颁布《体育振兴法》与 1964 年举办东京奥运会的共同推动下，日本群众体育事业得到促进，公共体育场地设施和体育指导员的数量加倍扩充。此外，日本体育社会组织网络不断发展壮大，各层级的体育协会、单项体育协会、学生运动联合会等成为公共体育服务供给的主要组成部分。其中，日本体育协会为最高级的体育社会组织，主要在政府主管部门的引领下负责执行社区体育活动开展、体育指导员培育、青少年体育服务等工作内容，并会定期向政府管理方汇报体育工作开展及财政使用情况。相对于其他国家的公共体育服务供给模式，日本更加注重政府部门在多元供给体系中的主体责任，并且会通过合同约束各个公共体育服务供给主体的责任边界。尤其在公共体育场馆服务方面，在严格的制度框架下日本政府通过项目融资模式引入社会资本，采用"指定管理者"的方式进行公共体育设施的建设。政府行政主管部门也会规定供给各方的参与条件，提高多元合作供给参与角色的针对性。而且日本政府非常重视对于公共体育服务的监督与评价，多元服务供给的监管体系由政府部门主要负责，社会组织与社区单位进行配合协作。

（四）澳大利亚公共体育服务协同供给的运作模式

澳大利亚属于联邦制国家，并实行联邦政府、州级政府以及地方政府三级公共行政管理体系。自 20 世纪 70 年代开始，澳大利亚各级政府为了应对因不断增加的公共财政支出而产生的一系列问题，采用新公共管理理论对公共服务领域进行全面改革，并倡导多元化的发展模式，涉及公共体育服务领域的供给主体逐渐开始多维度延伸。澳大利亚的各级政府之间也通过协调合作提高公共体育服务的运作效率，联邦政府主要负责全国范围的公共体育服务宣传与推广工作，地方政府协同州政府做好公共体育服务活动的组织工作。澳大利亚较为重视体育社会组织在供给公共体育服务过程中的载体作用，其中由联邦政府组建的澳大利亚体育运动委员会帮助扶持了众多基层体育社会组织的成长，通过社区与体育社会组织相结合的模式协同运作群众体育活动，以此构成了不同层级之间体育社会组织的网络体系。此外，在"活跃澳大利亚"促进计划的推动下，地方政府、学校单位、体育设施供应商之间形成了多元参与公共体育服务供给的"网格化"系统，在供给运作效率得到提升的同时也推动了澳大利亚青少年体育事业的发展。

二、国外公共体育服务协同供给的必要条件与共性特征

发达国家公共体育服务协同供给机制的发展受到政治制度、经济环境、社会文化等因素的影响，其协同供给运行方式的偏向性或许有所差别，但公共部门与社会力量协同生产体育服务的总体目标都较为一致。其普遍依托于外部网络组织与社区体育的创造性，并结合社会资本力量和技术资源手段提高公共体育服务质量。在开放式的多元参与供给行动中，地方政府部门、私营部门、非营利组织等供给主体的联通形成了协同合作关系，公共体育服务协同供给得以顺畅运行。同时，我们通过对主要发达国家公共体育服务协同供给机制的分析判断，探析出相似的运作共性特征，即多数都将公共体育事业作为社会发展水平的重要参照指标，以制度创新发挥非政府部门的供给力量，多渠道拓宽公共体育服务协同供给的合作参与方，而且较为明晰地确立协同供给主体之间的权责边界，在此制度框架下采用协同机制驱动供给参与的行动意识，并十分重视对执行过程的监督评价。

（一）以制度创新发挥非政府部门的供给力量

大多数西方发达国家在公共体育服务供给机制的历史发展进程上原先都是由政府部门进行单一化供给。但到一定的发展阶段政府的财政支出不足以完全满足人民日益增长的体育锻炼需求，尤其是一般性公共体育设施的后期管理维护难以获得经费保障，并且在新公共管理理论影响下政府部门开始逐渐将公共体育服务供给的操作方过渡给非政府组织，尝试将更多的市场主体引入公共体育服务供给运行中，部分公共体育服务的活动与产品供给不再由政府部门负责具体执行，市场参与方通过招投标以及获得补贴等方式运作服务内容，私营部门以组织承办公共体育赛事活动或者赞助营销手段获得经济价值。此外，国外部分发达国家的政府部门还较为重视社区与体育社会组织之间的合作关系，充分发挥民众体育社会组织的供给力量，多数采用"民办公助"的运行方式将公共体育资源有效分配到社区中，可基本满足社区民众日常的公共体育服务需求。

（二）多渠道拓展公共体育服务合作伙伴关系

我们通过总结发现，群众体育事业发展较好的国家通常都较为注重政府部门与市场或社会组织之间的多样化合作。当前多途径寻求跨部门协同已成为发达国家公共体育服务供给的普遍制度安排，主要以合同外包、特许经营、凭单制、政府补贴、志愿服务等方式呈现。比如公共体育服务供给采取招投标方式与私营部

门产生合作，共同签署合同协议，借助市场力量提供公共体育服务；政府部门还会赋予特许经营权，使私营部门在特定的权限范围内提供相应的公共体育服务，政府部门对此进行监督管理；此外，政府部门会以发放体育消费券的形式，促进民众更多地参与到公共体育服务中，然后与供给主体通过现金兑换来回收消费券；政府部门也会以贷款担保、税收优惠等方式对参与公共体育服务的市场或社会组织予以适当补助；另外还包括地区体育志愿队伍可与社区、社会组织一起多方面协同提供公共体育服务的产品与活动。

（三）明确公共体育服务协同供给的权责边界

多方主体在进行公共体育服务供给合作时，时常会寻求自身利益的最大化。政府部门要保障公共体育事业发展的公平与效率，而一般市场私营部门会追逐经济利润，合作伙伴关系的成立或许可以增加公共体育服务的运作效益，但也容易导致组织利益的分歧与风险分担的不合理性。所以，发达国家通常都较为重视公共体育服务协同供给参与各方的利益协调，明确主体权责边界，尽可能地保证公平与责任；同时，借助法律体系监管对公共体育服务供给主体的市场定价行为与服务供给质量进行明确界定，给予市场主体在招投标中相对的平等地位和适宜环境，在各个供给主体合作前制定严格的规则制度。例如，美国地方政府部门在公共体育服务合作供给立项的先前阶段会充分论证项目的可行性，一般对参与方的资质、标准、绩效有明确的考量，并且提前设定好合作间的风险分担机制，明确公共体育服务多元协同供给主体的功能定位和边界结构。

（四）协同驱动公共体育服务供给的行为意识

西方现代公共服务理论强调合作供给的效率与竞争机制关联密切，致使公共体育服务协同供给主体在实际运作过程中能够体现自身的资源优势，各个供给主体部门由此受到协同意识的调动，彼此之间的协同关系得到逐步加强。经济条件的不断趋同发展助推了公共体育服务的市场化、社会化潜力被激发，协同供给的融资渠道与技术途径得到拓宽，协同供给的整体行动意识获取有效驱动。例如，英国在不同行政层级的教育部门、体育部门、卫生部门等政府机构与私营部门、社会组织或志愿组织之间建立了网络化战略伙伴关系，并突出公共体育服务"供应链"的行动计划与决策作用，提升了协同合作供给的目标导向意识；日本是以政府部门的责任主导调动了其他供给主体的参与积极性，在制度安排下政府部门、市场和社会组织之间协调互动，深化协同供给目标的行为一致性与包容性，使得公共体育服务的资源配置趋于合理。

（五）重视公共体育服务协同供给的监督评价

发达国家为保障公共体育服务合作供给机制的顺畅运行，通常都会对其采取严格的监督管理，政府部门会依据较为完备的法律体系与政策规定开展督查工作，并成立职责明确的公共体育服务管理执行机构，包括市场与社会组织在内的供给参与主体会对自身内部组织进行监督评价，且需要定期向管理机构汇报资金使用范围、服务进展程度等相关内容情况。此外，社会民众也会对公共体育服务的参与供给方予以密切监督，所反馈到的信息会及时传递给监督管理机构，由此进行下一步运行模式的矫正方案制订。多方综合所形成的监督网络保证了公共体育服务协同供给的公开透明性。同时，合理的绩效评价也是促进协同供给高效运转的动力之一。管理机构注重采用协同过程与结果价值相结合的评价形式，动态监测公共体育服务供给主体的行动标准与内容质量，执行实时绩效直接与相应奖励或问责挂钩的激励手段，推动公共体育服务协同供给的持续发展。

三、国外公共体育服务协同供给对我国的启示

发达国家公共体育服务协同供给是在一定时期的发展演化与历史积淀下所形成的稳固势态。尽管不同国家在政治制度、经济环境、文化理念等方面有所差异，但我们可以依据我国国情与现实发展情况汲取发达国家公共体育服务协同供给的良好运作经验，借鉴其相关条件要素与共性特征，再参照新时代公共体育服务供给机制的内涵现状获得协同供给的运行启示。这主要包括提高供给主体的自身实力，完善各个参与方的制度建设，拓展公共体育服务协同供给的资源渠道与组织框架，明晰供给主体之间的规则边界，增强合作与竞争意识，树立全面的监督管理体系与绩效评价标准。

（一）提升公共体育服务协同供给主体的自身能力与制度建设

我国相关体育企业与体育社会组织在经济快速发展的背景下不断成长，但无论是数量还是质量都未能与当下人民日益增长的体育健身需求相匹配，在与政府部门和市场企业进行协同供给过程中可能会存在协同不力的现象。公共体育服务协同供给是由一定量的个体单元集合构架而成的多元聚力稳定系统，但当其中某一环节或者单一主体的能量不足以承接协同供给的角色时，整体供给质量将会受"木桶效应"影响而大幅降低。所以，要提高供给主体的自身实力以及加强有关制度建设，以增加供给主体本身的服务价值；注重协同供给的运作规章和行动秩序管理，多方面提升供给主体之间的相互信任程度，避免协同供给运作的"内卷

化"状况；优化协同供给的制度环境，建立协同供给的财政资金扶持政策，适当引进复合型人才以保证公共体育服务协同供给的内在创造活力。

（二）丰富公共体育服务协同供给的运作模式与网络组织框架

原先公共体育服务供给内容主要是由政府部门单方提供，随着市场与社会组织融入公共体育服务中，供给的组织模式呈现多元混合化趋向。但相对国外发达国家多维公共体育服务供给发展运作模式来说，我国目前的公共体育服务供给还需要拓展协同角色，丰富供给的合作组织脉络，整合公共体育资源要素，加强政府部门与市场和社会组织各个供给分支机构的协同，摆脱传统供给思维模式，探索服务供给的多方融资渠道，充分挖掘市场和社会组织在公共体育服务协同供给中的作用机制，构建起公共体育服务多元合作模式的组织框架，将"碎片化"供给进行模块集合，形成协同供应链网络，尝试延伸服务协同供给链条，借鉴国外协同供给的多元素应用措施。新时代公共体育服务管理机构可引导搭建供给主体合作的参与协调、执行决策、监督评价的组织平台，并持续深化与民众需求端的沟通交流，发挥各个协同供给主体的资源优势，提高公共体育服务供给运作的组织效能。

（三）健全公共体育服务协同供给之间的功能定位与规则边界

国外发达国家在公共体育服务协同供给运行过程中比较注重协同参与方之间的权责划分，明确各自的职能定位，制定较为清晰的规则来界定公共体育服务供给主体的行动内容。改革开放以来，我国政府部门由起初"全能政府"模式发展到"有限政府"模式，接着开始向"服务型政府"模式逐渐转变。在目前市场经济发展背景下，政府部门需要做到宏观的政策调控、规则的制定保障、标准的评价监管，释放一定的权力，由市场和社会组织参与承接公共体育服务供给，并保证市场与社会组织在协同供给中的相对独立性，防止错位、越位现象产生。供给主体在协同过程中还应把控好与多部门之间的关系，厘清自身的功能定位与权责边界，可以设立供给部门的清单机制，避免政府、市场与社会组织相互间的责任重叠或职能交叉。健全协同供给的资金分配与预算制度，可依据不同供给主体在协同过程中的权责承担比重进行风险边界的划分，推动公共体育服务协同组织的有效治理。

（四）强化公共体育服务协同供给主体的行动意愿与竞争机制

公共体育服务协同供给将多方参与主体的优势资源进行重构整合，建立多元协同共治关系。从国外发达国家协同供给运作特征来看，通常公共体育服务供给参与各方的积极性会得到有效调动，彼此之间存在较高的行动信任与目标认定关系。因此，新时代公共体育服务供给在运作过程中要持续深入市场化与社会化，激发供给主体的协同行动意识，发挥供给参与的竞争机制，将公共体育价值创造作为新时代公共体育服务供给体系改革的主要方向；参照体育强国的建设目标引导社会力量参与公共体育服务供给，维护好社会资本的监督落实，增加协同供给主体之间的认同契合程度，扩大参与方相互利益的交织范围，从本源上保证公共体育服务合作与竞争的有效性；适当放宽公益性供给参与方的准入门槛，加强对自愿供给队伍的措施保障；同时，也要考虑到我国地区经济发展不平衡等现实特征，合理调整各个协同供给主体的参与资源比重，促进公共体育服务协同供给的均衡性、适应性运行。

（五）创新公共体育协同供给的监督管理体系与评价标准系统

合理的监管和绩效评估是促进公共体育服务多元协同供给质量提升的重要保障，关键是要明确监管的内容与评价的标准。目前很多国外发达国家非常重视对于公共体育服务合作供给过程的监督评价，主要由政府部门、第三方专业评估机构、供给主体本身、社会民众或媒介构成多维监督评价格局，并在监督评价的指标内容、操作方式、反馈信息、应用执行等方面不断完善流程标准。为加强新时代公共体育服务多元协同供给运行的流程化与高效化，我们可创新监督管理与评价标准的体系建设，严格规范协同供给的操作流程，清晰供给主体间合作的资金经费与服务类别，透明供给参与方的招投标机制，加强监督管理的政务公开，客观判断民众对于协同供给运作内容的满意程度，树立针对公共体育服务协同供给主体的准入、建设、劝退、黑名单制度，联通内外部管理与评价系统形成网络化监督模式，全方位推动公共体育服务协同供给治理的科学高效与现代化发展。

第四节　公共体育服务协同供给模式的内在逻辑：
形成理由、影响因素与实现机制

一、公共体育服务协同供给模式的形成理由分析

公共体育服务协同供给模式的形成将会受到一定客观因素的影响，势必存在支撑条件对协同供给产生作用。在理论价值意义上多方跨界的优势资源整合是公共体育服务协同供给形成的趋向势态，在实践操作上也有利于公共体育服务资源

的合理配置。在目前的社会发展形式下，公共体育服务快速增长的需求助推了协同供给模式加速形成，这也是公共体育事业发展的必要之道。在多元体系中的协同供给将会提高任务的可行性，也会衍生出更复杂的发展类型。

1. 公共体育服务协同供给形成的条件性

从协同学理论的视角出发，公共体育服务协同供给单元之间需要具备相容性与互补性等，在协同目标引领下各协同部门之间的互相兼容程度是协同效应的主要体现。譬如当单元 X 与单元 Y 所形成的协同兼容程度为 Z，则可以体现为 $Z=X \cap Y \neq \emptyset$（$\emptyset$ 为空集），那么在有 N 个协同单元相容的状况下 $X1 \cap X2 \cap X3 \cdots XN \neq \emptyset$（$\emptyset$ 为空集）选择成立，表示 N 个协同单元可互相兼容，体现协同单元之间的相容性越高将更易于形成协同共同体。同时，若协同总体的功能作用是 F，协同单元 X、Y 的单个功能作用分别为 FX 和 FY，功能集合为 P，则当 $P=FX \cup FY$ 时，满足实现协同互补的功能目标条件；当 $P>FX \cup FY$ 时，协同作用满足之外还存在溢出效应；当 $P<FX \cup FY$ 时，表示协同单元之间的互补功能未能发挥应有水平。所以政府部门、市场与社会组织等各个供给单元的优势资源协同效应须大于各个单元资源的协同成本，即是协同供给模式成立的基本条件。

2. 公共体育服务协同供给形成的必要性

协同供给模式的运用是打破传统供给"堡垒"、发展我国公共体育事业的重要途径。在传统模式的公共体育服务供给环境中，存在供给主体单一、供给资源配置与运用不合理、供给方之间的协调不到位等相关弊端。通常政府部门行政命令式的公共体育服务决策机制会影响民众对于体育锻炼需求的正常表达，此种自上而下的直线型操作难以得到群众体育的真实反馈，也容易造成政府供给部门错位、越位的现象发生。同时，在纯公共体育服务供给之外又由于市场企业等营利组织较有趋利偏向，加之我国市场监管体制目前还不十分健全，容易致使市场供给公共体育服务的质量与作用效能较低。另外，我国部分体育社会组织存在资本与人力等自身发展问题，因此第三方单一供给公共体育服务又略显薄弱。所以在目前民众对于体育锻炼的需求急剧增长并呈现复杂性的情况下，公共体育服务的总体供给能力亟须得到有力提升，要通过协调共进的合作关系，强化公共体育服务供给主体资源协同，明晰多元协同的策略选择及其影响因素。这对于促进全民健身工作实施乃至建设健康中国具有一定的战略要义。

3. 公共体育服务协同供给形成的可行性

协同合作的本质是在明确目标导向的情境下各协同参与方相互配合，进行能量补充以完成相关项目任务。公共体育服务的各个供给主体间若要顺利进行协同合作，那么政府部门、市场与社会组织等供给主体应具备提供相应公共体育服务产品的基础能力，此外还需在各供给主体间赋予互融耦合性，形成彼此间的兼容合作关系，尤其是目标行为的一致性与利益获取手段的通向性。协同目标直接关系到各参与方相互协作的效能，更是协同运作的基础。公共体育服务协同供给在广义目标导向上是可达成共识的，是为人民提供满意及高质量的公共体育服务产品。但在利益获取的方式上，政府部门须满足公共体育服务的公益性质，市场供给诉求实际利益以获取利润，社会组织则起到组织群众社团活动、实现公益性质等的桥梁作用。所以在多元协同合作的关系中满足不同供给主体利益、寻求各方利益的平衡交互点至关重要，有利于构建协同黏合机制，实行协商共建模式，助推公共体育服务供需平衡的发展。

二、公共体育服务协同供给模式的影响因素分析

公共体育服务协同供给运行模式中所涉及的因素复杂多样，各协同单元之间的沟通、交互、联系等受到不同因素的影响而变化。无论是宏观环境或是微观环境，其协同要素对协同供给的运行发展都会起到正反作用。当环境的影响处于正面作用时，公共体育服务的协同供给模式趋于实现，相关因素将会朝有利方向促成，协同效应将会扩大；而当环境的影响处于反面作用时，公共体育服务协同供给模式将会不易实现。

（一）公共体育服务协同供给的宏观环境影响因素

社会发展中的众多事物都会在相应的宏观环境下受到影响。首先，公共体育服务协同供给所受到的宏观环境影响主要是在政治背景层面予以呈现，尤其在持续稳定的政治环境中，公共体育服务协同供给模式才可以得到充足进步。当具有相对稳固的行政机构给予公共体育服务协同供给政策扶持时，协同供给发展将会顺应社会制度环境发挥其优势；同时，管理制度的先进性也将会对协同供给运行模式产生支撑作用，特别是社会法制健全程度直接关乎公共体育服务协同供给的规范标准。其次，社会经济水平的高低也将会左右协同供给的协同力度。市场在公共体育服务的协同供给中具有举足轻重的作用，也是供给资金来源与先进技术的重要保障，因此，公共体育服务协同供给与区域经济发达程度呈正相关关系。再次，科学技术进步对公共体育服务协同供给的发展具有推动效应，"互联网＋体育"以及公共体育服务平台等互融模式的采用将促成协同供给服务日渐成熟完善。最后，公共体育服务供给相互协同在另一种层面可归纳为观念意识的协同，故社会的人文环境与意识形态将会决定协同状态下的具体行为特征，这也是公共

体育服务协同供给顺利运行的客观要素之一。

（二）公共体育服务协同供给的微观环境影响因素

公共体育服务协同供给模式落实到操作层面所受到的影响因素更为复杂。首先，在各个协同供给主体间存在着众多垂直与水平网络关系，结构中彼此信任程度是协同供给运行的关键要素。沟通合作能力也是影响协同效果的主要一环，尤其在参与方对于权责划分的认知上，若缺乏沟通机制又存在越位、失位、错位等互相定位模糊的情况，容易造成合作天平向某一方倾斜，从而导致协同供给资源配置出现不均衡、不合理的现象。其次，各公共体育服务供给主体的协同意识程度会对协同运行质量产生关联性影响，各参与方目标趋向所形成的共同意识也将决定协同供给的发展走势。再次，在公共体育服务协同供给运行中，实施参与人员的专业水准与职业素养对协同效果将会产生实质性的影响，相关人才的引进、培训、安置与协同供给的合理执行密切相关。最后，供给主体间的监督管理评价和激励手段等要素也是协同供给持续发展的重要推动力，完备的部门监管评价体系将帮助供给单位不断获得协同供给的关键信息反馈，适当的激励办法也将提升协同供给主体的参与积极性，以此可以增加各参与方继续协同合作的意愿。

三、公共体育服务协同供给模式的实现机制分析

公共体育服务协同供给模式的生成需要一定的现实环境基础作为运行保障，在相应的制度框架下参与的供给主体将协同要素进行资源整合，发挥各自的资源禀赋。从政府部门、市场与社会组织为主要供给方的角度来看，公共体育服务协同供给的实现形式得到不断创新和变化，在协同目标一致性的情境下多元供给参与者组成利益相关整体，以法律政策、管理制度与体系环境等要素作为实现背景，体现公共体育服务协同供给中核心机制运作的实现手段，促进各供给主体之间的协调关系，使得公共体育服务协同供给的层次与质量得以提升。

（一）公共体育服务协同供给实现的主体角色

1. 基于政府与市场协同供给视角

在政府部门与市场相互协同供给公共体育服务的层面，主要通过政府部门购买或补贴私营部门以及采取公私合作制模式来实现公共体育服务的协同供给。政府部门要为服务供给营造出优良环境，确立清晰的合作流程与监管机制，明确私营部门的准入资质，保障与私营部门的互联互通；私营部门也需要发挥其资金与技术优势，合理分担公共体育服务供给的风险，完善体育市场资源在公共体育服

务中的有效配置。合作双方还需要确立部门之间的权责，积极扩大政府部门与市场组织的合作范畴。

2. 基于政府与社会组织协同供给视角

在与社会组织构建的关系模式上，政府应突出"守夜人"的职责。政府委托代理与购买服务成为社会组织参与公共体育服务的主要方式，在推动政社分离的情境下积极鼓励社会组织成为公共体育服务的关键供给方，并于权益保障的基础上，实现合作主体间的横向价值需求以及各供给主体间的利益合理划分，同时提高体育社团与协会的人才素质建设，健全各体育社团协会的登记备案制度和组织发展规划，强化在政府部门引导下的社会组织的内在供给实力，全面配合与政府机构的协同供给发展。

3. 基于市场与社会组织协同供给视角

市场与社会组织是社会治理体系的重要构成要素，深化社企协同合作是推动公共体育服务发展的有效途径之一，主要有企业购买社会组织为公众提供的体育服务产品，或者企业与社会组织共同开发项目供给公共体育服务。在行政政策的指引下，社企合作的环境氛围得到充分培育，铸就企业联合社会组织提供公共体育服务的使命感与责任感，维持两者相互间的联络沟通机制，降低对政府部门的资源依赖程度，以企业技术服务多元化和社会组织服务标准化的角度探索创新性供给模式。

4. 基于公共体育服务多边协同供给视角

公共体育服务协同供给的系统任务是如何更好地协同运作，在政府部门、市场与社会组织以及民众之间形成的利益相关体下，重点是要维护好不同参与主体之间的相互利益。首先，顺畅的多元协同供给机制是主体协同创新的关键因素。重视民众对于体育锻炼的表达机制，突出整体的公共体育利益，完善服务供给的跟进监督与反馈机制，强调公共体育服务中的政策保障、组织结构、场地设施、人力投入、经费渠道、信息发布等资源的协同互补。其次，为实现公共体育服务协同供给，各主体要发挥协同优势效能。政府部门需要推进自身职能转化，深化体育管理体制的改革，加快服务型政府的建设步伐，在政策的引领下充分发挥市场与社会组织的作用，协调好供给主体间的利益分歧；市场组织要利用自身资金和技术推动地区间公共体育服务的规模活动；社会组织也要提升内在实力，深化体育社会组织团体的体系建设。此外，协同供给间的关系环境也是促进协同供给实现的客观要素。增强供给主体相互间的资源信息沟通，适当采取外部激励措施提高供给主体对公共体育服务供给的参与动力，扩大协同供给的参与范围，达成政府部门、市场、社会组织、民众之间公共体育服务的参与互动网络，保证协同主体的和谐共生关系。

（二）公共体育服务协同供给实现的基础环境

1. 公共体育服务协同供给的法律基础

公共体育服务协同供给的法律基础主要是指支持保障各供给主体进行协同合作的有关法规与政策文件。我国宪法明确规定："国家发展体育事业，开展群众性的体育活动，增强人民体质。"政府部门作为公众利益的代表，直接或间接行使着公共体育服务的供给义务，以满足人民群众切实的体育锻炼需要。随着民众对于体育的多样化需求快速增加，公共体育服务逐渐可由政府部门提供向市场与社会组织过渡。以政府购买模式为例，现有的《中华人民共和国政府采购法》中，明晰了政府采购的原则、采购的行为手段，以及促进廉政建设、保护采购当事人合法权益、维护国家利益而框定的一系列规范性法律条目。在推进公共体育服务协同供给方面，中央和地方政府也颁布了系列政策文件，如《全民健身条例》《健康中国行动》《体育强国建设纲要》中都有提及积极鼓励市场与社会组织的功能作用，协同政府部门做好增强人民体质健康、发展民众体育健身事业的服务保障工作。目前针对合作供给领域的相关法律基础还需要补充完善，未来在协同发展的细则上，需要更为完善的法治监督系统与治理方式，以使公共体育服务协同供给管理有法可依、有章可循。

2. 公共体育服务协同供给的管理制度

实现公共体育服务协同供给的高效运行，需要在政府部门的引导下，结合市场与社会组织构架起有效的管理制度。通常由于信息的不对称性因素存在，体育行政管理部门与执行机构并不能全部清楚民众的实际需要，加之协同参与方常出于自身利益的考虑，容易造成协同供给的公共体育服务产品导向严重偏差，因而一套完备的公共体育服务管理制度是实现协同供给良性运作的必要保证。公平与效率作为公共体育服务协同供给的运行根本，要做到核实各供给参与方的行业资质与标准，给予与其相对等的供给机会与实施条件，同时要因地制宜即分区域、分模块依据不同属性特点开展管控工作。此外，对于政府部门的自我监管或是对市场与社会组织的责任管理也尤为重要，供给主体要承担起与各自权利相对等的管理责任，在公共体育服务整体上对服务供给产品的定价、内容和后期维护等要进行有力的监督管理。因此，绩效评价与实时反馈是实现有效协同的关键，可约束参与人员的不当行为，避免缺位、越位等情况发生。科学合理的制度安排是促进政府、市场、社会组织协同供给公共体育服务的主要推力，也是保护民众体育合法权益的重要手段。

3. 公共体育服务协同供给的体系环境

公共体育服务协同供给体系客观地说是一种多元供给主体将公共体育资源进行有效协作配置的集体行动过程，所寻求的是平等协作关系，包括对协同服务的目标、内容、权利、责任、手段、规划等一系列要素环境做出相对趋同的路径动作及认知判断。政府部门需要包容多元公共体育服务供给主体的存在，并鼓励、扶持、培育市场与社会组织参与公共体育服务协同供给。协同供给的社会网络关系在操作运行中才得以完善，对于公共体育服务发展较成熟的供给主体应起到引领组织作用，而对于供给能力不足的主体单位还需要强化自身实力，起到协作、支持、辅助等作用。但在协同关系上，无论何种供给参与主体都要遵循相对平等的关系原则。实现公共体育服务协同供给的过程也是对原有合作意识、思维理念的转变，不仅要矫正各供给参与主体的功能定位与权责划分等相关内部环境要素，还需要厘清政府与市场、社会组织的外部环境关系，净化协同供给的市场竞争体系，助推供给主体之间协同组织网络体系的形成。

（三）公共体育服务协同供给实现的运行机制

1. 组织协调机制

公共体育服务协同供给体系的各参与方在功能定位、机构属性、发展背景等方面并不相同，在不加以组织协调的情境下产品目标、质量、内容等都会产生较大差异。行动上的不一致将降低运行效率，因此，需要采取组织协调机制促成各参与方的行为一致性。借用政治、经济、文化等多种协调手段促使供给运行制度化、合理化、流畅化，以法律契约、合同订立等方式来让各个供给主体之间的权责关系得以明晰划分，推进供给主体之间的协商组织关系建设，加强对责任、权利、利益关系的协调，可实现供给主体资源要素的合理分布，发挥其各自在公共体育服务多元协同供给中的优势。

2. 表达决策机制

公共体育服务协同供给模式发展最根本的推动力还是来源于广大民众对于体育锻炼的诉求与渴望。依据"公共选择"定理，供需平衡的最优关系是消费者的边际效率之和与服务供给产生的边际转化率画上等号。要达到协同供给的效率最大化，需求与决策就要有机结合。有效的表达机制可以较全面地反映公共体育服务协同供给相关主客体的要求，也是达成公共体育服务协同供给决策目标的正确导向基础，在政府部门引导下以横纵向融合凸显协同供给的表达决策形式，避免协同供给的"非合作博弈"现象，使公共体育服务协同供给表达决策机制得以科学化运行。

3. 沟通共享机制

公共体育服务的各个协同供给主体在相互合作过程中是要具有一定的协作规划与共同目标意识的，其中高效的沟通机制是供给主体之间目标明确、思想统一、行动联合、运作团结的关键保障。层级间的商议行为在供给主体的内部或是外部都要时常发生，这种双向乃至多向的互动沟通是协同供给运作的内在助推力，其中信任理念便是关系增持的重要砝码。供给主体通过沟通交互共享自身的合作资源（例如政府部门的政策信息资源、市场企业的资金技术资源、社会组织的人力组织资源等），组成地区间的公共体育服务协同供给资源共享信息库，尤其在民众极为关切的体育政策实施、体育场馆服务、体育经费投入等相关资源运用方面可提高协作互通能力，降低沟通共享的联络成本，使公共体育服务协同供给的优势资源得以不断优化配置。

4. 监督评价机制

完善的监督评价机制是实现公共体育服务协同供给健康运行的关键一环。在目前公共体育服务相关法律法规未能十分健全的背景下，愈发增多的市场企业与社会组织进入协同供给服务的角色中，容易导致违背契约精神的投机行为发生。在以政府部门为主导，市场与社会组织及民众共同参与的情况下，监督评价机制的设立至关重要，其可以有效维护协同供给的行动秩序。因此，要采取合理监管手段约束协同供给主体间的不良举动，强化协同供给运作的内部审查制度，增强各参与方之间监管的对称性，提高协同资源的使用信息透明度，明晰各供给主体之间的资金使用及执行进度等状况，为后面阶段的协同供给决策运行与激励行动提供改善的依据。

5. 激励保障机制

在公共体育服务协同供给过程中，每个供给主体和主要参与方都存有各自不同的利益诉求，在科学的绩效评价体系下，合理规范的激励保障机制是促进公共体育服务协同供给高效运行、持续深化协同合作的重要条件。激励是指对于公共体育服务供给运行的系统内部，通过对相关操作行为依照标准进行奖赏、惩罚、问责，以此促使协同供给要素之间的动力得到增强；保障则是针对公共体育服务协同供给体系顺利运行而采取的相关维护机制，其中包括人才保障、技术保障、文化保障、资金保障、退出保障等。因此，通过激励保障行动将个体诉求与整体诉求相统一，可以满足不同供给主体对自身发展的需要，从而提高公共体育服务协同供给的前行动力与决策水平。

第五节　新时代公共体育服务协同供给的创新发展路径

一、公共体育服务协同供给的创新发展理念

基于前文关于公共体育服务协同供给的理论与实证研究，网络化治理理论引入协同供给的运作机制当中，可推动政府部门职能的加速转换，突破行政机构对公共体育服务的协调与监管困境，让市场与社会组织等多元协同供给主体可充分发挥各自机制的优势作用，于同一畛域内形成"政府—市场—社会"三轮协同驱动公共体育服务供给运作的结构态势，并遵照相应的网络化组织原则加强供给主体之间责任、关系、资源等要素的协同供给，以此最大限度地体现公共体育服务多元协同供给的组织创新价值。尤其是在如上海市等协同资源存储量较大的区域环境中，网络化治理作为要素禀赋的助推驱动装置，更加容易催生资源优化配置，从而促进公共体育服务协同供给效能价值的创造。

（一）网络化治理下公共体育服务协同供给创新发展的目标与原则

网络化治理下公共体育服务的协同供给模式试图建立一种权责分明、平等合作、互助互惠的弹性网络创新结构，达成公共体育服务多元供给主体协商共治的新发展格局，在保障各参与方自身利益的同时，运用协同合作机制打破碎片化供给局面，整合促成公共体育价值资源的最优化配置，满足人民群众对于体育锻炼的最切实需求。此外，公共体育服务的协同供给创新是要遵照一定的准则与原则来运作的。首先，协同供给主体之间的相互信任关系是合作的基础原则，也是网络化治理开展的根本协调机制，其将减轻供给主体相关优势资源的"排他性"，起到降低协同合作交易成本的作用；其次，网络化治理中有效的沟通共享渠道将会使多元供给参与方形成凝聚集合体，此类共生原则可推动相关公共体育政策、资金、技术、人才等协同资源环境的交叉运用，完成公共体育服务供给主体之间的良性关系互动；再次，由于各个公共体育服务供给参与主体的职能与利益方向不同，各自职能定位与调和原则的参照至关重要，政府部门寻求公益程度的提升，市场企业谋求溢出利润，社会组织追求其特殊价值与公共存在感，网络化治理强调的行动协调原则是实现公共体育服务协同供给价值的途径保障；最后，公共体育服务协同供给运作是在一定的规范框架内实施开展的，权责划分与信息对称所寻求的相对平等原则是网络化治理进程的必然安排，也是助推各协同要素发

挥实际效能的重要过程体现。

（二）网络化治理下公共体育服务协同供给创新发展的外延与形态

目前社会的发展呈现多元化趋势，内外部治理逐渐开始要应对更多宽泛而又复杂的局面。结合我国公共体育事业发展的特征与属性，人民日益增长的体育健身需求应与更高效的公共体育服务供给相呼应。传统单一供给模式的弊端激发了公共体育服务协同供给合作模式的组织构建，而双边或多方维度的联合塑造也需要"善治"机理，以解决存在的众多不合理因素。网络化治理机制在公共体育服务供给方式的形态转换中得以嵌入，能够在供给主体的合作过程中发挥出资源整合等多种功能效应，从而强化各主体间的协调、信任、目标、责任等相关关系。同时，网络化语境下的公共体育服务协同供给创新发展也将呈现出相应的弹性组织形状。首先，就是清晰供给主体的权责关系与分担机制，明确各方的相关边界问题，保持长期合作的稳定势态，梳理供给参与主体的利益导向，依据其不同的特点制定及划分好对应的责任风险承担内容，化解协同过程中的分歧与冲突，实现集体行为的目标一致性；其次，在协商联盟框架下，公共体育服务协同供给运作的制度规则边界将会起到较为关键的约束保障作用，规则的设立可确保供给主体行动的限定关系，深化协同供给体系的制度标准建设，以此注重对供给主体开展惩罚与激励措施，提升不同参与方的融入积极性；最后，在实际协同供给操作中，关系渠道的疏通与联络作为网络化治理的中心环节将会对公共体育服务的协同供给起到"黏合"作用，改进后的反馈循环形式将推进协同供给主体的责任落实，"闭环思维"的存在及完善也会优化供给参与方的准入与退出机制，最大限度发挥公共体育服务协同供给的弹性网络结构效能。

二、网络化治理下公共体育服务协同供给创新发展的核心要素

原先单一的公共体育服务供给渠道无法充分满足人民群众对于体育锻炼的多样化需求，因而产生多元协同的集体福利行为。以福利多元主义理论为切入点，可认为公共体育服务的多元福利供给单位主要来自政府部门、市场及社会组织等几大要素主体，并倡导政府提供保障福利、市场提供技术福利、社会组织提供机会福利的三角福利模型，以此与民众关联集合所形成的多边共生福利体系在网络化治理机制的映衬推动下实现创新突破。公共体育服务协同供给不再完全倚靠上传下达的科层制运行手段，而是在更宽广的场域内通过特点定位发挥各自主体不同的核心优势功效。

（一）以人民群众的体育锻炼需求为协同导向——中心要素

公共体育服务事业的发展要始终贯彻"以人民为中心"的思想理念，将人民群众的实际体育锻炼需求作为主要出发点和落脚点，有效提高公共体育服务供给的效率。因此，群众的多元化体育健身切实需要是公共体育服务协同供给系统的主要序参量对象，并且应起到中心支配作用，同样也影响着公共体育服务协同供给的力量导向。所以在公共体育服务供给主体协同操作进程中务必要深入当地民众，了解地区群众的实际体育诉求，展开全面客观的民众体育健身需求的内容调查，选择最恰当的公共体育服务协同供给方式。与此同时，要让民众更多地参与到协同供给政策的制定过程中来，契合普通百姓对于公共体育服务的多元化期待；通过协调合作尽可能缩小公共体育服务供给的城乡差距，维护供给内容与项目上的层次平衡。以民众实际体育需求为协同供给的一致性导向促使政府部门、市场与社会组织摆脱碎片化供给的困扰，保证多元参与主体在正确的协同轨道上有序运行。此外，要强化对公共体育服务协同供给过程的监督，突出有关民众意见的表达与反馈机制，扩大表达途径，收集合理的民众体育服务诉求和建议，依照相关制度适度调整公共体育服务协同供给的行动决策。

（二）以政府部门的组织引导监督为协同基础——主导要素

在公共事业发展领域中，由于存在"非竞争性"与"非排他性"特质，政府通常作为公共服务和公共管理的组织者与引导者，满足群众对于公共利益的追求。在网络化治理语境下强调的公共体育服务多元供给主体的互动协商合作，政府部门在其中处于主导地位，需要支持与指引其他供给主体的和谐参与，并与其形成相辅相成的立体网络组织结构，以参与者的身份同市场、社会组织等多元供给主体达成良好的合作伙伴关系，在合作界限里发挥"元治理"的功效，尝试摆脱体制内部的行动局限性，推动各级行政机构由资源直接提供者到资源监督调和者的转换，不断健全公共体育服务多元协同供给的操作流程和行为方式，满足民众对于公共体育服务的差异化需求。此外，在网络化治理机制中政府部门将会对不同供给参与主体强化政策条目与法律规则的督导监管，完善公共体育服务协同供给的绩效评估标准，为相应的市场与社会组织供给主体提供必要的政策倾斜，维护公共体育服务供给的协同秩序，积极组织培育协同参与者的运作能力，规范引领多方供给资源的协调配置，提升协同过程中的信息对称效应，控制好公共体育服务协同供给系统的整体导向。

（三）以市场企业的责任效率运作为协同载体——充分要素

市场主体在公共体育服务协同供给过程中占据关键地位，通常在公共事务

"政府失灵"状态下市场将发挥至关重要的作用，作为公共体育服务一种有效的供给渠道，市场供给主体的参与能带动关联组织发挥协同竞争的优势机制，可提高公共体育服务协同供给的生产效能。绝大多数的市场主体参与公共体育服务协同供给的任务与目标都以获取行业利润为主，市场企业的营利性质决定了其所提供的服务产品大多为准公共体育产品，介于纯公共体育产品与私人体育产品之间，构成了公共体育服务供给主体间的效率化与竞争化形式，不过源于市场主体参与的趋利性等因素，要通过法律法规的监督以确保公共体育服务协同供给链条的合理合法性。此外，市场主体在协同参与公共体育服务供给的同时也应注重自身的责任行为意识，发挥自身的资源优势，提供行业技术经验，做好公共体育服务协同供给的资源配置载体。在网络化治理背景下，市场主体也将受到政府部门与社会民众的管控监督，形成以公共体育利益为目标的服务责任体系，与其他公共体育服务供给主体一起共同打造新型协同合作的治理框架模型。

（四）以社会组织的灵活多元配置为协同纽带——调节要素

社会组织是除政府与市场以外的第三方供给主体，在整个公共体育服务协同供给运行中起到调节润滑的作用，有效补充了服务供给的空白地带。社会组织的运作不以营利为目的，与基层民众的实际体育生活相接壤，能映衬出人民群众的基本体育利益需求。其公益、志愿、自治等多种属性可以在协同参与供给的过程中体现公正公平性，将公共体育资源高效灵活配置，拉近政府与市场的组织关系，大大降低公共体育服务协同供给的成本。在网络化治理下社会组织与其他供给主体组成多边网络关系，以信任互动为前提开展供给合作，并于监督关系中形成制衡力量、于依存关系中达成理解支持，通过协调纽带促进合作供给目标的利益实现。

三、网络化治理下公共体育服务协同供给创新发展的主要思路

公共服务的协同供给在网络化治理框架下将转换原有运作思路，规避传统模式中的合作敏锐度不高、供给时滞性等现象，加强协同供给参与主体的行动积极性，获得更加快速敏捷的机制反应能力，形成多元集合的一致性供给目标。在推行公共体育服务协同供给创新过程中，要凭借网络化治理机制深入做好协同规则的设计与执行、协同意识的驱使与激励、协同环境的培育与契合、协同关系的促进与维护、协同价值的拓充与体现等相关工作，应顺应协同创新发展规律，打造多元供给网络的组织体系结构，最优化满足民众的体育利益需求，实现公共体育服务效能价值的扩大化。

（一）夯实公共体育服务协同供给的管理规则

公共体育服务协同供给规则的完善直接关乎供给运行的效率高低，为此要通过制度层面提供一个合理的网络合作框架。我们应按照目标导向、质量保证、成本节约、体系创新等原则设计及健全协同供给的合作实施方案，丰富协同供给管理流程方式，克服供给主体责任落实困境，厘清协同参与者之间的关系，明确各自权责分配情况。政府部门应清晰自身职能，做好公共体育服务协同供给的事务监督管理工作，将相应执行操作者的角色归于市场与社会；同时，参与公共体育服务协同供给的企业与社会组织要巩固内部管理水平，提升自身的协作能力。此外，各个供给主体也要在协同制度中依据合作的规范秩序实施运作，从而强化行业监督准则，降低参与者违规风险，避免出现越权干涉与推卸责任的现象，让公共体育服务的协同供给主体在规则边界内运行活动，呈现网络化治理的安全保障机制。

（二）激发公共体育服务协同供给的动机意识

协同意识是公共体育服务协同供给的动力源泉。高效的协同反应需要供给主体有跨部门的网络行动意识，意识的驱动在于供给网络体系的协调平衡，除存在的纵向管理外要适当延伸公共体育服务协同供给的横向合作分支，合理放宽协同参与准入机制，提高供给主体之间的良性竞争水平，调动更多协同资源融入公共体育服务的合作供给领域中。同时，要进一步通过法律规范体育行政机构、体育企业单位、体育非营利组织等群体参与公共体育服务供给的协同行为意识，并明确协同参与的准入资质与合作内容等要素，对符合政策的供给主体予以税收优惠与财政补贴；管理机构应依据协同供给结果定期展开表彰奖赏与问责处罚，激发公共体育服务供给的合作规范意识，从而在协同网络关系中增强主体间的合作信心与协调能力。

（三）营造公共体育服务协同供给的资源环境

资源环境要素是促进公共体育服务协同供给模式发展的必要条件，也是保障公共体育服务协同供给主体和谐共生的必备能量。我们应从法律政策层面持续优化公共体育服务体系制度建设，完善社会力量参与公共体育服务协同供给的监管标准，提高对上级单位所颁布政策的协同贯彻执行能力，依法维护供给合作参与各方的自身对等权益。不断拓宽协同供给的融资渠道，加大合作项目专项资金的扶持力度，同时要确保公共体育服务协同供给财政运作的相对独立性。运用分布式数字技术、信息化网络平台等方式，深化公共体育服务协同供给主体之间的沟通交流，提升供给合作的办事效率。此外，可创建地方公共体育服务供给的协同创新孵化基地，促进协同人才队伍的建设及培育，适时开展对于项目合作人员的轮岗制度，使其熟悉协同供给的流程环节与操作内容，打造更多能满足公共体育服务协同供给创新需要的复合型人才。

（四）升华公共体育服务协同供给的组织关系

公共体育服务协同供给的运行将涉及多个参与机构，需要平衡维护好各供给参与方的自身权益，保持良好的协同组织关系。不同协同供给主体要及时明确利益的表达诉求，参照责任内容合理分担公共体育服务供给的协同操作风险，以平等协商原则化解相关合作分歧与冲突，将协同合作过程中的"负和博弈"转向为"正和博弈"。每个合作项目也可设立协同工作小组，以专门解决合作供给过程中所遇到的相应问题。推动公共体育服务供给的协同网络关系构建，减少交流联络的成本效应，增添互利互惠的多元供给合作渠道，全面提升各个供给参与方之间的信息沟通水平，以此加强相互信任与理解程度，扩大信息对称以防止"囚徒困境"合作局面出现，并稳固协同合作契约关系，实现各供给主体优势资源的互助共享，使得公共体育服务协同供给的网络组织体系更富有弹性。

（五）实现公共体育服务协同供给的多元价值

公共体育服务协同供给运作将发挥出不同供给主体的优势作用，打破各自原先碎片化的运作状态，整合关联资源以达成公共体育服务协同供给的创新模式，满足逐渐提升的群众体育多样化需求。为更广泛地实现协同的多元价值，还要增强制度保障功效，完善公共体育服务协同供给项目的顶层设计，从多个维度把控好协同运行的内容进度，在相应流程环节上降低协同成本。同时，要丰富协同供给整体效能的绩效评估手段，对规模较小、能力较弱的参与主体开展扶持引导，对诚信度不足、协同意识不够的供给单位实施管控监督，以协同整体的循环运作进而联动各供给参与主体的自身建设。此外，不同区域要依据当地具体的社会经济环境，合理谋划好协同供给的参与主体与服务内容，体现合作供给组织灵活与应变的网络弹性机制，协调公平与效率的正确价值导向，以此全面提升公共体育服务协同供给的创新发展效能。

四、网络化治理下公共体育服务协同供给的具体创新发展策略

公共体育服务协同供给的创新发展以网络化治理为驱动机理，在破除传统分割式供给形式的同时也着力解决多元供给主体协同运行不畅等相关问题，试图构建一项多边网络的协调组织体系，并以人民群众的实际体育需求为中心目标，推动政府部门、市场和社会组织等多元供给主体更为合理地协同参与公共体育服务

运作。为促进新型公共体育服务协同供给模式的长期可持续发展，我们可从理念、制度、渠道、能力、保障等五大组织层面加快公共体育服务协同供给的创新培育，重塑及优化协同供给的网状化运作方式，以沟通与信任、权责与标准、信息与资源、协作与选择、监督与评价等方面为着力点提出公共体育服务协同供给创新的发展策略，全面打造协同共治的创新性格局。

（一）遵循协商沟通与行为信任，践行公共体育服务协同供给的创新理念

网络化治理下的公共体育服务协同供给转变了原先较为机械的合作供给模式，并在协同合作的机制范畴内进行了"由分块到整体""由配合到协商""由命令式管理到服务式治理"等形式调整。协同关系与配合程度的改善将催生公共体育服务新型合作供给理念的变化，因此须遵循和呼应公共体育服务协同供给的运行规律。首先，在网络化治理的框架下要及时了解人民群众对于体育的真实需求与内容偏好，以此为目标打造公共体育服务协同供给的关联利益集合体，让更多的民众加入协同供给的网络体系中，达成相对平等的服务供给理念；其次，要在协同合作系统中倡导互利互惠、协商共赢的正确价值观念，开展公共体育服务协同供给项目的精神文化建设，引导培育各供给主体之间的深度信任关系，协同供给参与方也要积极转换工作思路、恪守规章制度，提升各层级单位的公信力与诚信度，加大与各协同机构之间的沟通交流，可通过咨询会、协商会等形式完成参与方之间的对话谈判，获取集体选择后的统一行动方案；最后，各协同供给主体还应着力于共同价值理念的促成，规避由于文化差异与站位视角不同而产生的协同思维或行为分歧，一定程度上加强合作的理解与兼容程度，提高公共体育服务协同供给活动的凝聚力和向心力。

（二）明晰任务权责与参与标准，规范公共体育服务协同供给的创新制度

公共体育服务的各个协同供给主体在网络化治理语境下以公共体育利益为目标而展开多边合作，由于不同供给参与方对于利益追求的视角各不一致，因此应基于制度层面在合理的界限内明确其权责对等关系，对供给主体的活动行为、参与范围、实施规模等要素予以内容划分，清晰自身协同供给的任务分配与功能定位。首先，各个协同供给参与主体都应该建立起相应的部门权责清单制度，明确公共体育服务供给的职能责任。政府部门主要负责标准与政策的制定，组织协调好公共体育服务协同供给项目的引导、准入、审查、扶持、评估等保障工作，在实际操作过程中要避免过多的行政干预；市场与社会组织要不断改善协同参与公

共体育服务的生产方式，从资金、技术、人力、信息层面保证公共体育服务供给的质量与效率。其次，还要进一步完善公共体育服务协同供给的法律法规制度，通过统一立法强化各供给参与主体的职能标准，加强公共体育服务协同供给运作规范、监管准则等内容的规定，维护协同供给参与机构的相关权益。最后，各供给主体在加强紧密联络的同时也要适当保持独立自主属性，并设置公共体育服务协同供给的分权制衡机制，对超出权限边界的行为要予以问责处罚，依据不同功能定位情况展开职责关系区分，防止协同供给过程中的交叉与错位现象。

（三）整合系统信息与优质资源，扩充公共体育服务协同供给的创新渠道

网络化治理下的公共体育服务协同供给相关信息资源的整合利用并非简单的收集与叠加，而是将资源进行模块化协调配置，并构成信息共享的有机网络体系；同时，跨部门的合作联系要求构建新型信息环境与信息系统，因此充分拓展公共体育服务协同供给的多元信息资源渠道将至关重要。首先，要保证信息渠道的顺畅秩序，公共体育服务协同供给单一项目中要建立统一的执行标准，健全供给主体之间的信息公开与共享机制，增强相关体育领域信息资源渠道的可靠性；其次，财政资金是公共体育服务协同供给创新的必要支撑力量，要持续改善协同供给中的财政转移支付结构，按照地区公共资源和协同参与的实际情况调整支付投入的次序与比重，还要加大优惠政策以吸纳更多的外围资本，完善协同供给经费的筹措机制，提升公共体育服务协同供给的财政资源配置保障；最后，要积极采用信息化的工作方式，通过不同供给参与方的电子信息门户实现资源整合与分享，推动公共体育服务协同供给的资源信息平台创建，让更多的供给合作伙伴以跨行业、跨部门的方式实施优势资源的组织协调，对协同供给的决策内容、行动路径、资源范畴实施"网格包络"管理模式，形成快速匹配与互动反馈的稳态结构，促进公共体育服务协同供给的信息数字化运作。

（四）优化网络协作与伙伴选择，增强公共体育服务协同供给的创新能力

公共体育服务协同供给创新的主要任务是从供给侧视角提升协作供给的效能，以满足群众的体育锻炼需求。为此应以公共体育福利最大化原则加强协同供给的高质量发展，巩固各个供给主体的参与协作能力，扩大行业内的良性竞争势态。首先，公共体育服务协同供给的参与主体应不断在专业运作本领、网络融入技能、合作供给水平等方面强化实际操作能力，完善机构内部的体制机制建设，保证自身参与供给产品的创造质量，提高风险防范与控制能力，定期对工作人员

开展继续教育培训，深化参与机构与个体的组织创新能力，提升公共体育服务协同供给核心组织优势；其次，公共体育服务协同供给的竞争机制作用是以供给间的竞争行为促成合作效率的提高，应适时融入市场竞争战略的管理方式，在政府行政单位发挥主导作用的前提下推进公共体育服务参与力量间的相互竞争，采取优胜劣汰的原则选取协作伙伴，以降低合作成本及优化服务供给品质；最后，公共体育服务的各个参与主体除了要提高协同行动效率外，还要与外部社会环境和文化形态紧密契合，选择妥当的合作伙伴在相符环境下因地制宜实行协同供给内容运作，提升社会民众对于政府体育主管部门、企业及非营利组织的价值认同，凸显公共体育服务协同供给的社会效益。

（五）推进立体监督与过程评价，巩固公共体育服务协同供给的创新保障

针对公共体育服务协同供给的监督评价将会起到机制保障作用，也是促进协同供给长效发展的前提条件，应在公共体育服务协同供给的项目中建立过程监督体系，对政府部门、市场企业、社会组织等协同供给主体实施监管与绩效评估，及时反馈和矫正协同供给的运作轨迹，助推不同供给主体的高效合作。首先，要集合系统内外部的监督管理力量，形成网络状的立体监管模式，管理机构需要合理灵活运用检查、座谈、调研、评议、暗访等监督方式，也可采用外部第三方机构独立督查形式，以维护利益关联体的自身权益；其次，要强调公共体育服务协同供给过程中相关政务、财务、人员等要素的规范透明，采取科学的过程评价手段，制定完善的评价标准，树立动态的管理测评系统与查询机制，并在协同供给的投入成本、行为意识、实施效果、价值溢出等方面进行细则评估，参照评估结果对供给参与机构或个体实施奖励惩戒机制，完善退出机制的行动保障；最后，要设立公共体育服务协同供给监督的公示公开制度，加强多边协商、投票、审议等民主化监督，保证事前、事中、事后全流程系统监管模式，达成各方参与的多元监管体系，确保公共体育服务协同供给顺畅有序、标准规范、稳定可持续地健康运行发展。

第六节　小结

公共体育服务供给机制的演化内容与变迁历程。首先，从供给主体、供给方式、供给内容、供需矛盾四个维度分析了公共体育服务演化的特征内容，并从行政体制的管理改革、经济水平的快速运行、社会组织的发展壮大、民众增长的健

身需求四个角度解析了公共体育服务演化的动力来源；其次，以政策变革、重大的历史事件、关键的时间节点、社会经济的发展水平等因素为主要依据，对公共体育服务供给机制的变迁历程进行了年代划分，以此对其展开变迁路径的剖析，认识到受经济、政治、文化等多重要素的影响，公共体育服务供给机制得以变革；最后，从公共体育服务供给模式蜕变的规律着手，探析出公共体育服务供给机制发展的趋势，即在政府部门、市场企业、社会组织等多方参与主体共同作用下所形成的协同供给势态，且认为当前依旧存在服务供需不平衡、缺少合理的表达机制、供给权责不清晰、缺乏明确的定位分工、监督管理不完善、缺失标准的评价体系等发展瓶颈，以此思索公共体育服务如何更好地提高供给质量与效率。

国外公共体育服务协同供给的经验与启示。首先，国外发达国家公共体育服务发展起步较早，供给运作机制相对成熟，由此选取了美国、英国、日本、澳大利亚作为研究案例，对其公共体育服务协同供给模式进行探析；其次，通过对国外主要发达国家公共体育服务协同供给共性特征的凝练总结，得出相应的运作内在规律，包括以制度创新发挥非政府部门的供给力量、多渠道拓展公共体育服务合作伙伴关系、明确公共体育服务协同供给的权责边界、协同驱动公共体育服务供给的行为意识、重视公共体育服务协同供给的监督评价等内容；最后，结合我国国情与公共体育服务供给的发展现状，在借鉴国外公共体育服务协同供给的良好运作经验的基础上，获得优化新时代公共体育服务协同供给发展的几个方面的启示：提升公共体育服务协同供给主体的自身能力与制度建设、丰富公共体育服务协同供给的运作模式与网络组织框架、健全公共体育服务协同供给主体之间的功能定位与规则边界、强化公共体育服务协同供给主体的行动意愿与竞争机制、创新公共体育协同供给的监督管理体系与评价标准系统。

公共体育服务协同供给模式的理论构架与内在逻辑。首先，从条件性、必要性与可行性视角切入，分析公共体育服务协同供给模式的形成理由，认识到协同供给模式的形成需要一定的基本条件与现实基础，以及供给主体间的耦合行动与相互对应关系的可行空间；其次，分别从宏观与微观双层视角探讨公共体育服务多元协同供给模式的相关影响因素，分析通过关联影响介质正向推动或反向阻滞协同供给模式的形成与发展，尤其是协同环境影响的组成变量因素对协同效应产生的规模变化；最后，分别基于政府与市场、政府与社会组织、市场与社会组织以及多边合作等维度对公共体育服务协同供给主体角色进行分析，再从法律基础、管理制度、体系环境等方面探析公共体育服务协同供给的实现要素，并从组织协调机制、表达决策机制、沟通共享机制、监督评价机制、激励保障机制等五个方面，全面剖析公共体育服务协同供给实现的内在驱动方式，在相应的制度框架下达成供给主体间优势资源要素的配置整合。

网络化治理下公共体育服务协同供给的创新发展路径。首先，以网络化治理下公共体育服务协同供给的创新发展理念为切入点，阐明了促成公共体育价值资源的最优化配置，满足人民群众对于体育锻炼的最切实需求的目标，以及信任合作、有效沟通、协调行动、权责对应等相关原则，并对公共体育服务协同供给创新发展的外延与形态进行论述，强调协同供给的弹性网络结构效能；其次，对网络化治理下公共体育服务协同供给创新发展的核心要素展开探讨，依次以人民群众的体育锻炼需求为协同导向、以政府部门的组织引导监督为协同基础、以市场企业的责任效率运作为协同载体、以社会组织的灵活多元配置为协同纽带，定义中心要素、主导要素、充分要素、调节要素；再次，构建出网络化治理下公共体育服务协同供给创新发展的主要思路，分别从协同的管理规则、动机意识、资源环境、组织关系、多元价值等五大方面展开深入分析；最后，谋划出网络化治理下公共体育服务协同供给的具体创新发展策略，通过遵循协商沟通与行为信任、明晰任务权责与参与标准、整合系统信息与优质资源、优化网络协作与伙伴选择、推进立体监督与过程评价等方式创新升级协同共治的网络组织结构，促进公共体育服务协同供给的长效发展。

第六章　新时代公共体育服务高质量供给
之质量评价研究

　　质量评价是公共体育服务质量持续改进的重要手段，也是新形势下各级各类公共体育服务组织面临的挑战。公共体育服务质量评价是指评定和估价公共体育服务绩效的过程和方法，是加强政府问责、提升政府绩效的重要管理举措，是建设"服务型"高性能政府的重要手段。我国《体育发展"十三五"规划》中明确指出要不断完善基本公共体育服务，以"全民健身"和"健康中国"为主要抓手，实施公共体育服务建设效果评估与社会公众满意度调查。同时，《全民健身计划（2011—2015 年)》和《全民健身计划（2016—2020 年)》均强调县级以上人民政府要加强全民健身监督检查，建立全民健身公共服务质量评价指标体系，对全民健身实施情况进行全面的评估。质量评价目前已成为深化政府管理体制改革，建立高效、廉洁的服务型政府的关键，受到各级政府及职能部门的普遍关注。

第一节　新时代公共体育服务高质量供给评价模式

一、追溯公共体育服务评价模式本末

（一）政府评价模式

1. 概述

政府评价模式是传统绩效评价的首选和惯用形式，也是符合我国基本国情的必然存在的评价主体。在公共体育服务领域内，政府兼具"供"与"评"双向职能，即公共体育服务的直接"供给者"与"评价者"。政府作为评价主体，其评

价模式主要有三类，即纵向评价、横向评价、自我评价。其中，纵向评价包含纵向的"自上而下"的上级评价与"自下而上"的下级评价。纵向上级评价，是上级政府对下级政府的评价，应属监督式评价的一种；纵向下级评价，则是下级政府对上级政府的评价，应属反馈式评价的一种。横向评价，即横向同一层级评价，是指相关政府部门间的评价，属互评式评价。自我评价，则是各级政府以自我意识的形式对其自身绩效开展评价的一种方式，属自评式评价。

2. 利弊分析

（1）纵向评价

纵向的"自上而下"的上级评价，其优势有：其一，知其然，也知其所以然。上级政府对整个公共体育服务绩效过程及下级政府的工作职能与运作方式了如指掌，又熟知绩效评价的整个流程，可以较好地保障公共体育服务高质量供给评价的准确与有效。其二，上级评价属于一种监督评价，监督下级政府的行为和绩效，设计奖励机制和惩罚措施，有利于调动下级政府实施公共体育服务的积极性和效率性。其弊端有：其一，绩效评价形式化；其二，政府错位、失位。上级评价属性偏监督职能，导致下级政府畏首不畏尾，唯上不唯下，只忙于应付上级政府，而忽视"下"——社会公众的心声，或者说只"向上看"，却忘了"向下看"，迷失了公共体育服务的方向，政府本位偏离轨道，错位、失位现象接踵而至。

纵向的"自下而上"的下级评价，其优势是上级政府接收评价"信号"，而后"'加工'→'处理'→'修正'→'调整'"，进而维持公共体育绩效评价的动态平衡。此外，下级政府是公共体育服务的落实者，能够"接地气"，进而有效地得到社会公众的反馈。其弊端是下级评价容易形成"傀儡式"评价或"讨好式"评价，扬长避短，使得反馈失效，绩效评价工作得不到动态调整，即政策与实施脱离，出现"两层皮"的扯皮现象，阻碍公共体育服务绩效工作的延续。

（2）横向评价

横向的同一层级评价，其优势在于强化了部门彼此间的交流沟通，相互借鉴，以助于更好地提供公共体育服务。与之同时，部门彼此间工作流程熟知，可以使其评价流程简单化、评价结果客观化、评价效率最大化。其劣势在于部门间都互为利益相关者，易出现"友情分"之疑。

（3）自我评价

自我评价，其优势在于政府自身开展评价，评价流程简练，利于节省成本，对评价内容、指标、标准熟知，易上手，可极大地提高评价工作效率；同时，发现自身问题，究其不足以弥补，探其差距以缩小，促其绩效工作的积极性与主动性，保其公共体育服务绩效工作畅通无阻。但自我评价往往会受限，因为政府自身既是"运动员"又是"裁判员"，容易出现对成绩侃侃而谈、突出业绩而回避不足的情况，不利于公共体育服务绩效评价工作的客观性与公正性。

（二）社会组织评价模式

1. 概述

社会体育组织是一种不以营利为目的，仅为社会公众提供公共体育服务且带有志愿性、公益性、服务性以及非营利性等特点的社会公益性组织，其中包含各种俱乐部、社团组织、各类单项组织等。社会组织评价本质上也属于"自我评价"，能够将自身认为最好的一面展示出来，突出自身提供公共体育服务的闪光点、创新点。社会组织评价代表着不同利益群体参与公共体育服务绩效的评价，有助于形成一种开放的、分权的以及呈现出多中心治理趋势的公共体育服务治理方式，具有不可取代的独特优势。

2. 利弊分析

利一，社会组织对公共体育服务过程实施跟踪评价，可以随时发现公共体育服务过程中存在的问题，并及时进行纠正，使公共体育服务损失降至最低；利二，社会组织自我评价能够各抒己见，了解公共体育服务执行情况，表达社会组织利益群体或公众最原始的心声及诉求，可以把握评价程序，提高评价效率，可以了解民心、民意，实现资源优配；利三，有利于社会组织各部门角色内化，即通过自我评价的实践，加深对公共体育服务职责、任务的认识和了解，自觉规范和约束自我行为，并对其自身提供的公共体育服务加以监督，寻其问题与不足，提出合理化、准确化改进措施，旨在提高公共体育服务绩效评价水准；利四，社会组织自我评价能够提高公共体育服务绩效水平，从而为外部评价创造良好的条件，有利于塑造体育行政部门高效廉洁的政府形象。

弊一是容易走过场，搞形式主义；弊二是突出成绩，"唯上不唯下"，隐藏不足；弊三是不公开，缺乏可信度；弊四是忽略外部公众的利益和意见，追求自身利益最大化。此外，社会组织自我评价还处于两难的矛盾状态：一方面，需要政府的引导与支持；另一方面，自我评价的"度"难以把握，以至于存在两种倾向，或政府干预过度，或政府引导不足，最终都会导致社会组织自我评价的客观性不够。

（三）社会公众评价模式

1. 概述

社会公众是公共体育服务的"受体"，直接切身感受服务、体验服务。一般而言，社会公众评价模式略带主观色彩，其往往采用两种途径参与公共体育服务高质量供给评价过程：其一是以"社会公众导向"为原则设计绩效评价指标；其二是基于社会公众满意度反映其绩效水平的高低。

2 利弊分析

其利是能够加强公民与政府之间的沟通，增强了公民的参与感与自我存在感，做到"政民互通"。

弊一，社会公众作为评价主体因其信息渠道获取有限而信息匮乏，缺乏专业评价知识与技术以及评价手段单一，其评价结果缺乏信度与效度；弊二，因社会公众层次参差不齐，不同层次的人会有不同的见解，进而导致人群的选择存在较大难度。而且，社会公众易受羊群效应的外部环境以及个人认知偏好与短见行为的影响，这也导致了社会公众评价的不确定性与不科学性。

（四）"第三方"评价模式

1. 概述

"第三方"是独立于第一方（供给者）和第二方（需求者）之外的一方，也常被称为"独立的第三方"。随着第一方与第二方评价的逐渐"失灵"，第三方以其自身特质，独树一帜。第三方独立评价模式，是一种由公共体育服务决策、执行部门以外的组织或个人独立进行评价的模式，具有现代社会治理的特征和架构，包括专业评估组织（包含各高校和研究机构）、中介组织、社会性评价机构、专家委员会以及由专家、学者和公民代表等共同组成的综合性评委会。

2. 利弊分析

其利：一是"第三方"独立评价是出于兴趣或学术目的进行的，其评价内容由评价者自主选择；二是"第三方"独立评价弥补了传统政府自我评价的缺陷，具有科学的技术、中立的立场、专业的评审，完善了公共服务绩效评价体系，提高了公共体育服务高质量供给评价结果的客观性和公正性，促进了服务型政府的建设。

其弊：一是"第三方"独立评价主体也面临着许多自体评价所未曾遭遇的评价标准的合法性、评价指标的普适性、数据获取的难度、专家评价运用受限等实质性问题；二是"第三方"评价模式"度"的调控难以把握，大多数"第三方"

研究机构均在政府委托下进行评价，这制约了"第三方"评价的独立性、真实性与客观性；三是第三方独立评价结果往往只能作为学术研究成果发布，体育行政部门对这样的评价本身就怀有一定的抵抗心理，所以评价结果不易被体育行政部门采纳。

二、多元主体合作评价模式的构建探讨

(一) 政府主导，协调多元主体合作评价模式间的相互配合

政府是公共体育服务的第一主体，地位举足轻重，要积极发挥主导作用，引领或指导其他评价主体参与评价。在发挥主导作用的同时，政府必须站在以人为本、全面协调发展的战略高度，进行顶层设计，设计出各个评价主体的评价方案。其中，涉及各个评价主体的责任划分、权力边界、评价比重等具体问题，政府在设计中都应给予清晰的界定与规划。可见，多元主体评价模式的核心为政府，它决定着整个评价模式的成功与否。因此，这也对政府的评价提出了更高的要求，要彻底摆脱传统的根深蒂固的政府评价决定论，要鼓励社会组织、社会公众、"第三方"评价主体参与评价，保持中立的立场，为社会组织、社会公众、"第三方"营造一个真实的评价氛围，以期能得出客观、真实的评价结果，进而就此调整供给，满足需求。

(二) 社会组织优化，发挥社会组织主体的重要补充作用

随着社会主义市场经济的发展，公共体育服务需求与日俱增，社会组织对公共体育服务供给的基础作用得到充分发挥，逐渐成为政府职能转移的主要承接者，同时，也发挥着评价的作用。在完善公共体育服务多元主体评价模式的过程中，要充分发挥社会组织这一评价主体的作用，协助、补充政府评价，进而清晰地对供给主体施以评价，以期能进一步了解公共体育服务供给情况与现实需求，也能够从侧面监督政府评价。而政府要积极对社会组织进行引导与支持，积极探索政、社合力评价的效果，充分发挥社会组织的主动性和积极性，以期能从官方的视角得到自下而上的评价结果。当然，政府在引导与支持社会组织评价的同时，要注意"度"的权衡，防止因过"度"而引起"傀儡式"评价、因欠"度"而引起"形式化"评价，最终以适"度"保障社会组织评价的客观性。

(三) 社会公众参与，回归社会公众的主人翁意识

社会公众是公共体育服务需求表达的主体，也是公共体育服务的直接利益相关者，公共体育服务多元主体评价模式的构建离不开社会公众的介入。事实上，

社会公众置于其中，见证着公共体育服务的始末，基础设施的建设、体育空间的构建、相关体育服务（运动处方、运动指导、营养搭配等）的配置等公共体育服务，大都是社会公众亲眼所见，亲身所感。因此，增强社会公众参与公共体育服务的评价在现阶段显得尤为重要。同时，政府要发挥主导作用，积极引导社会公众做出中观或者客观的评价，消除或避免"小农思想""自我意识"的左右，突破"个体利益""局部利益"的困境，加强社会公众的共识机制、表达机制、超自我实现机制、利益滞后机制等机制的建设，充分发挥社会公众在公共体育服务多元主体评价中的积极性、主动性、客观性和科学性，使社会公众真正成为公共体育服务的"目击者""监督者""批判者"和"评价者"，做到评价真实而有效。

（四）"第三方"协同，凝聚中介组织的协作互助合力

所谓"当局者迷，旁观者清"。政府、社会组织、社会公众三者身处公共体育服务之中，与公共体育服务互为利益相关者，是利益共同体，即"当局者迷"。而"第三方"则属公共体育服务的中介组织，如专业评估组织（包含各高校和研究机构）、社会性评价机构、专家委员会等，与公共体育服务没有直接或间接的利益关系，可以以"局外人"的身份，协同相关利益者，不"察言观色"地做出客观、科学、直观的评价，辅以参考，作为补充，即"旁观者清"。对于这类组织，政府应大力鼓励其发展，并给予其人才、数据、技术、资料、工作、结对帮扶等方面的支持，弥补"第三方"不足之处，为其创造一个优势发展空间，营造良好的社会发展环境，切实发挥其协同效用。同时，"第三方"的协同评价要明确自身的权利与义务，清晰界定公共体育服务多元主体评价模式中"第三方"评价模式的权力边界和评价范围，即哪些公共体育服务内容应由"第三方"评价，哪些不能由"第三方"评价，进而促进其依法、高效、有序地参与公共体育服务的评价。另外，"第三方"评价，仍要坚守政府主导评价的核心地位，确定自身评价的力度及比重，凝聚各"第三方"中介组织参与公共体育服务评价的合力，协同其他主体评价模式的评价工作。

第二节　新时代公共体育服务质量认证与持续改进

20世纪70年代以来，公共部门逐渐将工作重心转移到提供优质服务之上，改进公共服务质量和提高公共部门绩效成为当代公共管理改革的一项根本任务，也成为各国改革创新的趋势和衡量施政成效的重要指标。国外的实践经验表明，

公共服务质量持续改进可通过"服务宪章"给予公民服务承诺，为公共服务供给提供基准和参照；引入国际标准化组织（ISO）发布的质量标准体系，规范公共服务供给流程。而政府各部门采用含有多重关键技术和属性的质量认证模型改善公共服务已经成为世界各国的普遍做法，并为提高组织绩效、树立最佳标杆、提高顾客契合度等质量改进实践积累了宝贵经验。

党的十九大报告指出：我国经济已由高速增长阶段转向高质量发展阶段，高质量发展已成为经济与社会进入新时代的一个重要标志。新时代公共服务供给也将从"规模效率"向"质量导向"转变，加强公共服务管理，提高公共服务质量，才能切实提升公众的"获得感"。作为"健康中国"伟大进程的重要组成部分，高质量的公共体育服务是人民群众对"美好生活"的追求。"质量优位"必将向体育领域延伸，公共体育服务采用质量管理的理论与工具来引导推动服务质量的整体改善必将成为未来趋势。

以英国为例，随着对服务质量关注的持续上升，质量管理的工具与方法在整个英国公共体育与休闲行业被广泛采用，成效显著，其中包括英格兰体育理事会在1996年推出的英国体育与休闲质量计划（QUEST）。经过不断改进，QUEST由简单复制模仿商业卓越模型逐渐发展成为专门针对体育与休闲行业的服务质量认证与奖励项目并广受认可。对QUEST发展历程的梳理有助于掌握其发展背景及演化影响因素，为营造我国公共体育质量认证宏观环境寻找依据；对其运行现状的解析有助于把握未来趋势以建立项目框架，为我国公共体育服务质量认证的程序设计与主体选择提供参照；对其具体案例的解析有助于发现改进效果及存在的不足，为我国质量改进项目本土化落地与完善提供借鉴。

一、英国体育与休闲质量计划（QUEST）设计背景

（一）政策重点调整：成本控制向质量优位的转移

20世纪80年代，新公共管理运动日渐兴起，倡导将私人部门的商业实践在公共部门应用，重视成本控制、强调市场竞争。英国撒切尔政府不断改革试图重塑公共部门形象，1989年，强制性竞标（CCT）进入公共部门，使得英国公共服务成为一个开放领域，对于普通民众来说公共部门不再是唯一的选择。但是，强制性竞标容易造成地方当局与服务供应商之间为了竞争而忽视服务质量的局面。1997年5月，新当选的工党政府提出了地方政府的"最佳价值"倡议：所有地方当局通过最有效的手段提供质量标准明确的服务。"最佳价值"理念下的公共服务供给不再如CCT模式那样刚性，而是更加注重公共服务的效率和质量。

行业竞争增强、顾客对服务质量预期的提升意味着公共服务领域面临全新挑战。公共部门想要获得政府投入，必须展示出明显的经营效率，恰当地使用私营部门流行的质量管理手段才能成为一个有吸引力的竞争者，质量认证等级成为公共部门获得财政投入的重要指标。

（二）质量认证演化：产品质量奖到卓越模型的扩展

从 1991 年到现在，国际上大概设立了 25 个质量奖，其中大部分奖项的范围都扩展到了公共组织，有些国家还制定了专门的公共服务质量改进规划。1988年，欧洲质量管理基金会（EFQM）成立，并于 1991 年设立 EFQM 卓越奖，为企业与非营利组织提供持续改进的管理框架，帮助申请者明确自身与卓越标杆的差距并加以改进。这一模式逐步成为欧洲最广泛使用的组织管理框架，1994 年英国质量联合会（British Quality Foundation）发起的英国商业卓越认证就是在此基础上设立的。英国公共体育与休闲领域质量改进的努力也是在此基础上进行的尝试。

二、英国体育与休闲质量计划（QUEST）发展历程

（一）起步阶段

英国公共体育与休闲行业面对顾客需求、市场竞争以及资源紧缩的困境，鼓励体育组织实施持续改进，一系列质量管理的方法投入公共体育服务的实践中，并尝试开发一种针对体育与休闲行业的质量管理工具。1996 年 9 月，英国体育局（Sports Council）开始探索采用 EFQM 卓越模型设计关注顾客的公共体育服务质量模型，通过定义行业标准与最佳实践来鼓励与帮助体育休闲行业持续改进。后来，英国质量联合会推荐体育休闲行业运用这一质量模型进行自我评估，深受认可和支持，这便是后来的英国体育与休闲质量计划（QUEST）。

（二）完善阶段

2012 年伦敦奥运会后，英国民众出现了参与体育的热潮，但同时也面临体育不再是地方政府法定职能、政府财政预算紧缩的困境。通过政府补助来运营体育和休闲服务已经过时，体育和休闲行业必须全面改革以证明自身在财务收入和社会影响等方面的价值与能力。

红利殆尽的情况下，英国健康改革成为体育与休闲行业迎来的最大机遇：证明政府或社会对整个行业的投资"物有所值"的重要标准就是公共体育服务有助

于公众健康。整个体育与休闲行业应该成为全面发展健康的促进者而不只是运动与休闲的提供者。满足社区和个人提高健康水平、减少疾病概率的最基本需求，让经常参与体育的人更积极是不够的，应该提高不参与体育的人的积极性。QUEST 为展示自身不仅是自我评估和认证的工具，而且是公共健康事业的巨大推动者，做出了系列调整。其尝试摆脱照搬 EFQM 卓越模式的做法，努力设计出更为适合体育与休闲行业特性，又顺应时代要求的新模式：体育设施模式（The Facility Management model，简称 FM）与体育发展模式（The Sports Development model，简称 SD）。前者针对所有为顾客提供服务的体育设施，后者针对所有提供或促进体育参与的团队。

三、英国体育与休闲质量计划（QUEST）运行现状

（一）英国公共体育政策调整与 QUEST 响应

2015 年 12 月，英国政府颁布的体育发展战略强调政府投资的结果必须清晰且公开，明确要求关注以下结果：身体健康、心理健康、个人发展、社会融合、经济发展。同年，英格兰体育理事会发布了 *Towards an Active Nation：Strategy（2016—2021）*，围绕以上几个方面内容制定了明确的评估指标。QUEST 执行主任 Caroline Constantine 讲道：QUEST 需要适应行业环境变化与质量挑战，增强体育设施和组织评估内容的多样性与针对性，以提高公共体育服务质量。为响应政府与英格兰体育理事会对于社区与健康促进的结果导向，体育设施模式（FM）与体育发展模式（SD），分别调整为针对体育设施（QUEST for Facilities）和针对体育组织（QUEST for Active Communities）两大类评估项目，并且在评估手段中增加了神秘访客（Mystery Visitor）评估结果的权重来保证顾客体验得到充分提升；另外，评估级别中针对已获得优秀（Excellent）评级认证的设施与团队，在 Entry、Plus 认证等级之外设立了扩展项目（Stretch），鼓励持续改进、树立行业标杆。

（二）QUEST 评估过程

1. 自我评估（self-assessment）

自我评估被视为建立服务改进战略的重要出发点，既是正式评估前必须完成的要求，也是参评组织不断改进的工具。QUEST 官方网站中设立专栏介绍行业最佳实践、提供自我评估问卷及评估过程的任务标准与指导。以体育设施评估核心单元的清洁（Cleaning and Housekeeping）为例：神秘顾客评估从顾客视角的

洁净程度、关键区域的卫生条件、预防损伤与减少障碍、器材使用状态等方面进行评估；评估指南中关于卫生标准、标识展示、消防设备等事项提出最佳实践与操作建议。参加评估的组织分别就以上标准对自身状况进行自我评估。自我评估结果须在正式评估前 72 小时完成并递交给现场评估专家。

2. 外部评估（external assessment）

自我评估和自我改善被公认为公共服务改革和完善的基础，有助于带动整个部门养成持续改进的习惯，而外部评估依然是确保组织改进细节精准性的重要手段。受训的评审专家依据卓越原则围绕核心单元和可选单元最佳实践标准开展 1～2 天的评估，分为神秘访客访问（Mystery Visitor）和现场评估（on-site assessment）两项内容，做到客观测量和主观反馈相结合。"神秘访客"确保评估过程是以客户体验为导向的，包括电话咨询、服务预订、设施使用、客户投诉、失物招领等方面的评估；现场评估结合"神秘访客"报告与自我评估报告，采用改进的"戴明环"进行评估，最终确定认证等级并提出改进意见。

3. 报告分析（report）

评估报告会产生认证结果（Unsatisfactory，Satisfactory，Good，Very Good，Excellent）以及评估人员关于组织服务质量的改进建议。参加认证的组织还有机会分享基准信息，参加每一年度的全国标杆对照项目，明确自身优势并查找差距以及进行必要的改进。例如：威尔斯登体育中心 2012 年参加了 QUEST Plus 评估，报告中描述：神秘顾客评估于 8 月 5 日进行，分别对接待处、休息室、游泳池、更衣室等区域做出评估，发现设施数量充足、促销手段多样等优势，但电话预约系统、价格不明等事项有待提高。9 月 25 日和 26 日的现场评估围绕 7 个核心单元及 5 个可选单元进行了 PDRI 质量循环评估，分别做出了不同单元的等级评级，并与全国最佳实践做对照，最终获得了总体优秀（GOOD）的评级认证。

4. 周期复评（directional review）

评估不是结束而是开始，周期复评是持续改进的关键环节，QUEST 设计了首次评估后 12～15 个月内进行周期复评。针对体育设施的评估（QUEST for Facilities）设计了两次神秘顾客访问和无通知的现场评估环节，以确保所制订的改进计划正在进行中；针对体育组织的评估（QUEST for Active Communities）的周期复评包括一个正式的合作伙伴调查与员工参与的以改善为主题的研讨会，届时可进行最佳实践的交流与分享，以此激励组织不断完善，避免出现评估结束后的退步。

5. 标杆延伸（stretch）

对于取得"Excellent"认证的组织或团队，QUEST 设计了一个全新的为期两天的评估和验证延伸项目，帮助他们展示对当地社区的影响以及对国家战略的贡献。针对体育设施与针对体育组织的评估在扩展项目中都要经过两个阶段。在第一阶段中，参加扩展项目的组织必须进行 7 个核心项目的评估，达到以下要求的才能进入第二阶段：（1）通过健康与安全单元评估；（2）至少 4 个单元评级达到优秀以上；（3）获得总体优秀评级。第二阶段为验证日，作为持续改进的承诺，成熟而管理良好的设施和团队有信心将自身绩效与外部基准对照。验证专家和设施管理团队之间达成共享结论，可获得杰出（Outstanding）认证，成为行业标杆。

四、我国设立公共体育服务质量认证与奖励项目的现实紧迫性

（一）国家质量奖励关注产品质量

《质量发展纲要（2011—2020 年）》将建立国家和地方质量奖励制度，作为质量提升激励机制的重要手段。早在 2001 年，中国质量协会设立了"全国质量奖"来激励和引导我国企业追求卓越的质量经营。最初的评审标准基本以美国"波多里奇国家质量奖"卓越绩效模式为主。2004 年，我国《卓越绩效评价准则》国家标准正式发布，全国质量奖评审于次年开始采用此标准。几经修订后，从 2013 年起全国质量认证评审采用 GB/T 19580—2012《卓越绩效评价准则》国家标准，引导企业与组织关注质量管理的结果与过程。与"全国质量奖"由社会组织主办不同，2012 年 6 月设立的"中国质量奖"由国家质检总局负责组织实施，由此带动了我国各地设立政府质量奖，有效推动了区域经济社会发展的转型升级。截至 2017 年，"全国质量奖"评审已进行了 17 届，而"中国质量奖"也进行了 2 届，为传播质量管理理念，推动质量强国建设做出了重要贡献。然而，从这两项国家质量奖励设立的初衷来看仅仅是针对各类企业产品与服务质量的提升，未曾涉及我国公共服务质量。

（二）质量奖励向公共服务领域延伸

随着经济社会发展水平的提高，人民群众期待获得更高质量的公共服务，高质量的公共服务也是推动社会治理创新和进一步提升公共服务水平的重要保障。提供适合广大群众需要的公共服务是政府的重要职能，是推动我国经济持续中高速发展的"新引擎"，既能补短板、惠民生，也有利于扩需求、促发展，对于推

进以保障和改善民生为重点的社会建设也存在重大意义。近年来，一些学术机构也开始以"竞争性奖励"的形式推动公共服务质量的提升，如"中国地方政府创新奖""中国社会创新奖"等，实质性地激发地方政府进行公共服务质量改进与创新。在地方政府层面，深圳市龙岗区 2009 年设立我国第一个"区长公共服务质量奖"，旨在引导全区公共服务部门推进卓越绩效管理模式，提高本区公共服务质量整体水平，标志着地方政府的专业化公共服务质量认证开始出现。但是，与国外成熟的公共服务质量认证对照，我国的公共服务质量认证与奖励尚处于起步阶段。

（三）公共体育服务质量奖励专门化的现实要求

迄今为止，国家层面体系化、制度化的质量认证设计一直没有建立，利用"公共服务质量奖"激励相关部门改善服务质量的效果也未曾展现。公共体育服务质量也仅是在国家质检总局 2015 年发布的我国首个关于公共服务质量的评价报告中有所提及。尽管国家认证认可监督管理委员会和国家体育总局联合制定的《体育服务认证管理办法》自 2006 年 1 月 1 日起已经开始施行，但是目前国内仅有北京国体世纪体育用品质量认证中心、北京华安联合认证检测中心两家体育服务认证机构，认证内容也仅以各类场馆开放、商业健身俱乐部星级评定为主，专门化的公共体育服务质量认证与奖励并未涉及，认证结果的行业影响力与认可度有待提高。我国《体育发展"十三五"规划》中要求推进公共体育服务均等化、标准化、信息化，实施效果评估和满意度调查，明确了追求质量发展的方向，体现了质量持续改进的应有之义。因此，加快公共体育服务质量管理理论探索对推进实践进展极为必要，借鉴英国 QUEST 实践经验设计符合我国国情的公共体育服务质量持续改进项目是可行之策。

五、英国经验对我国公共体育服务质量认证与奖励项目设计的启示

（一）夯实质量管理理论基础，确立"质量优位"的公共体育发展战略

英国作为"评估性国家"，自公共服务改革以来就确立了公共服务的质量战略导向。体育与休闲行业面对"强制性竞争"和"最佳价值"等国家政策调整积极应对和不断改进，QUEST 也从无到有不断完善。2015 年 12 月，英国政府颁布了《体育未来：积极国家的新战略》，明确要求关注质量；英格兰体

育理事会作为英国公共体育服务供给体系的主导者及时发布了 *Towards an Active Nation：Strategy（2016—2021）*，制定了明确的公共体育服务质量评估体系。尤其是面对"健康改革"的重大机遇，QUEST 也相应做出了全面改革，这与目前我国"质量立国"，全面推进"全民健身"与"健康中国"的战略机遇相吻合。公共服务质量管理逐渐成为当代公共服务改革的重要趋势，质量认证作为质量持续改进的重要实现工具并未在我国公共体育服务领域发挥作用，这在很大程度上囿于体育界理论与实践对"质量优位"的国家战略调整反应迟缓，切入点分散。公共体育服务绩效评估、均等化、标准化等探索亟须纳入质量管理的体系中，质量管理与公共体育服务的相关性与可行性应该成为理论研究重点。公共体育服务必须与时俱进，不但要求数量与规模的增加，更需要确立关注质量的战略方向、制定质量导向的顶层设计来满足人民日益增长的美好生活需要。

（二）促进"政府—社会—市场"多元主体合作，确保专业水平与认证权威

起源于工商业的质量认证其权威性就在于第三方评估。在新的公共体育服务多元供给理念下，政府不再是公共体育服务的唯一供给者，并且其角色也更为丰富，社会组织参与公共体育服务供给的范围不断扩大、机会不断增加。

2010 年开始，QUEST 由英格兰体育理事会授权的 Right Directions 与 Leisure-net Solutions 共同运营，而这种"政府—社会—市场"的多元合作机制并不仅限于此，不同专业组织的广泛合作包括：UK Sport，The English Federation of Disability Sport（EFDS），Swim England，Substance，British Universities&Colleges Sport（BUCS），CIMPA 等。这些跨领域的专业合作在 QUEST 评估模式中均得到充分体现，确保了评估标准的专业性与权威性。2016 年，QUEST 宣布与英国特许体育运动管理学会（The Chartered Institute for the Management of Sport and Physical Activity，简称 CIMPA）合作同时召开年会的举措意义重大，因为后者是政府设立的英国体育行业顶级专业发展与领导机构，借助其优势能够更好地促进行业经验交流、扩大 QUEST 影响力。同年，Right Directions 要求所有员工和 QUEST 评估人员及秘密访问者必须为 CIMPA 会员，并遵守其规定的持续专业发展（Continuing Professional Development，简称 CPD）规则，每年必须参加培训获得学分，员工自身的持续改进与良好的职业发展才能提供质量更好的服务。目前，我国第三方评估体系并不健全，很大程度上也受制于评估主体数量不足与能力缺失。国家认证认可监督管理委员会批准的体

育产品与服务认证机构仅有北京国体世纪体育用品质量认证中心与北京华安联合认证检测中心两家，高等学校、科研院所、评估公司的专业优势有待进一步开发与融合。转变政府职能与能力培育相结合是我国公共体育服务质量奖励项目设立的必然要求。

（三）完善公共体育服务质量认证程序，发挥质量管理工具综合优势

公共服务质量认证模式的发展得益于工商业质量管理的积累。20 世纪 90 年代，企业管理领域质量认证项目逐渐成熟，取得了巨大成功，促使各国政府尝试设立公共服务质量认证来推动公共服务质量提升。当时英国公共体育服务质量认证在框架设计上缺乏创新性，QUEST 创立之初就几乎照搬 EFQM 卓越模型评估手段及流程。随着专业化要求日益提高，QUEST 综合运用各项质量管理工具，逐步确立了适合公共体育与休闲行业的评估模式，并成为英国体育与休闲行业首要的质量改进框架。我们从中不难发现，自我评估与专家评估、认证奖励与持续改进相结合的认证程序是公共体育服务质量认证的基础。自我评估促使组织明确自身优势与最佳实践的差距，进而明确改进方向；持续改进理念的引入与运用使 QUEST 质量认证奖励成为不断的挑战而不是结束。因此，综合运用质量管理工具并发挥差异优势才能实现持续改进的质量提升。

第三节　小结

本章运用谈古论今的方法，对我国公共体育服务绩效评价模式进行探析。谈古：依次就政府、社会组织、社会公众以及"第三方"四种评价模式进行历史性回顾。论今：探讨出公共体育服务绩效评价多元主体协同评价模式的构建，即：政府主导，协调多元主体合作评价模式间的相互配合；社会组织优化，发挥社会组织主体的重要补充作用；社会公众参与，回归社会公众的主人翁意识；"第三方"协同，凝聚中介组织的协作互助合力。

私营部门以服务质量为导向有利于提高市场竞争力，而公共服务的质量改进要求在考虑公共服务公共属性的前提下来提高效率，不仅仅强调社会公众满意度，还强调对服务过程、服务结果和影响的重视。党的十八大以来，党和国家从质量上对公共体育服务提出了新的要求。公共体育服务关注质量的未来趋势日益明朗，学术研究的前瞻性规定了公共体育服务研究亟须同质量管理理论

与方法相结合，质量认证与奖励项目就是最佳切入点。英国 QUEST 模式运行以来不断调整完善，其专业性与权威性受到了各方认可，并发挥了巨大的引领作用，其对我国公共体育服务质量提升具有重要启示作用，尤其是结果导向、运营机制、评估流程、质量工具、结果运用等制度设计具有显著借鉴意义。但是，"最佳实践"不能盲目复制，必须先加以理解然后再调整使其适应。因此，我国公共体育服务质量改进必须植根"国情"与"体情"，在此基础上以英国的成功经验为借鉴，以质量认证与奖励项目设计为重点，逐步实现"他山之石，可以攻玉"的初衷。

参 考 文 献

[1] 宋世明.工业化国家公共服务市场化对中国行政改革的启示 [J].政治学研究，2000 (2).

[2] 莱斯特·M.萨拉蒙，等.全球公民社会：非营利部门视界 [M].贾西津，魏玉，等，译.北京：社会科学文献出版社，2002.

[3] 肖林鹏.社会体育管理 [M].北京：北京体育大学出版社，2005.

[4] 郭玲玲.社区治理视阈下城市社区公共体育服务多元供给主体的研究 [J].武汉体育学院学报，2015 (1).

[5] 张旭光.刘鹏在全国体总工作报告中赞扬所取得的成绩——过去五年：科学发展成绩斐然 [J].体育时空，2014 (15).

[6] 张春合."管办分离"背景下的中国体育管理多中心治理问题研究 [J].体育与科学，2015 (5).

[7] 刘明生，李建国.城市社会体育组织参与体育公共服务的困境与对策 [J].上海体育学院学报，2012 (3).

[8] 刘东杰，徐敏宁.公共政策产出机制研究：基于多中心治理 [J].岭南学刊，2013 (3).

[9] 秦小平，陈云龙，王健，胡庆山.我国社会体育组织发展路径：基于政府购买体育公共服务的视角 [J].上海体育学院学报，2014 (5).

[10] 汤际澜.我国基本公共体育服务均等化研究 [D].苏州：苏州大学，2011.

[11] 葛晓梅.支持社会组织发展 推进政府购买公共服务 [J].蚌埠党校学报，2011 (2).

［12］周广仁.政府提供体育公共服务的新方式：我国政府购买体育公共服务探析［J］.吉林省教育学院学报（上旬），2012（3）.

［13］王英峰.英国体育管理组织体系研究［D］.北京：北京体育大学，2010.

［14］王占坤.发达国家公共体育服务体系建设经验及对我国的启示［J］.体育科学，2017（5）.

图书在版编目（CIP）数据

新时代公共体育服务高质量供给研究/张荣华著．—合肥：合肥工业大学出版社，2022.9

ISBN 978 - 7 - 5650 - 5420 - 4

Ⅰ．①新…　Ⅱ．①张…　Ⅲ．①群众体育—社会服务—研究—中国　Ⅳ．①G812.4

中国版本图书馆 CIP 数据核字（2021）第 179875 号

新时代公共体育服务高质量供给研究

张荣华　著　　　　　　　　　　　责任编辑　王　磊

出　版	合肥工业大学出版社		版　次	2022 年 9 月第 1 版
地　址	合肥市屯溪路 193 号		印　次	2022 年 9 月第 1 次印刷
邮　编	230009		开　本	710 毫米×1010 毫米　1/16
电　话	艺术编辑部：0551 - 62903120		印　张	13
	市场营销部：0551 - 62903198		字　数	280 千字
网　址	www.hfutpress.com.cn		印　刷	安徽联众印刷有限公司
E-mail	hfutpress@163.com		发　行	全国新华书店

ISBN 978 - 7 - 5650 - 5420 - 4　　　　　　　　　　　定价：68.00 元

如果有影响阅读的印装质量问题，请与出版社市场营销部联系调换。